A EXECUÇÃO EM face da Fazenda Pública

— DIGNIDADE E PROCESSO —

Conselho Editorial
André Luís Callegari
Carlos Alberto Molinaro
César Landa Arroyo
Daniel Francisco Mitidiero
Darci Guimarães Ribeiro
Draiton Gonzaga de Souza
Elaine Harzheim Macedo
Eugênio Facchini Neto
Gabrielle Bezerra Sales Sarlet
Giovani Agostini Saavedra
Ingo Wolfgang Sarlet
José Antonio Montilla Martos
Jose Luiz Bolzan de Morais
José Maria Porras Ramirez
José Maria Rosa Tesheiner
Leandro Paulsen
Lenio Luiz Streck
Miguel Àngel Presno Linera
Paulo Antônio Caliendo Velloso da Silveira
Paulo Mota Pinto

Dados Internacionais de Catalogação na Publicação (CIP)

C331e   Carvalho, Fabrício de Farias.
        A execução em face da Fazenda Pública : dignidade e processo / Fabrício de Farias Carvalho. – Porto Alegre : Livraria do Advogado, 2018.
        172 p. ; 23 cm.
        Inclui bibliografia.
        ISBN 978-85-9590-044-8

        1. Execução contra a fazenda pública. 2. Processo civil - Brasil. 3. Direitos fundamentais. 4. Dignidade processual. I. Título.

CDU 347.952(81)
CDD 347.81077

Índice para catálogo sistemático:
1. Execução contra a fazenda pública   347.952(81)
2. Processo civil : Brasil   347.91/.95(81)

(Bibliotecária responsável: Sabrina Leal Araujo – CRB 10/1507)

Fabrício de Farias Carvalho

A EXECUÇÃO EM FACE DA Fazenda Pública

— DIGNIDADE E PROCESSO —

livraria
DO ADVOGADO
editora

Porto Alegre, 2018

© Fabrício de Farias Carvalho, 2018

Capa, projeto gráfico e diagramação
Livraria do Advogado Editora

Revisão
Rosane Marques Borba

Direitos desta edição reservados por
Livraria do Advogado Editora Ltda.
Rua Riachuelo, 1300
90010-273 Porto Alegre RS
Fone: 0800-51-7522
editora@livrariadoadvogado.com.br
www.doadvogado.com.br

Impresso no Brasil / Printed in Brazil

Agradeço, primeiramente, a Deus, por conceder-me a saúde e disposição necessárias à realização dessa empreitada.

Aos meus pais, Carvalho e Elsie, pelo amor constante e recursos indispensáveis à realização dos meus objetivos e conquistas, certamente deles também.

À minha esposa, Rafaella, pelo amor, paciência e companheirismo.

Aos meus irmãos, Luciano e Gustavo, pela parceria.

Ao meu tio, Dr. Luiz Macêdo, do ICB/UFMG, pelo incentivo.

Aos que fazem o Centro Universitário Santo Agostinho, em Teresina – PI, nas pessoas da Profa. Yara Maria Lira Paiva e Silva, Profa. Antonieta Lira e Silva e Dr. Átila de Melo Lira.

Aos professores do mestrado do PPGD da Escola de Direito da PUCRS, em especial Ingo Wolfgang Sarlet, José Maria Rosa Tesheiner e Elaine Harzheim Macedo.

Ao Prof. Dr. Marco Félix Jobim, do PPGD/PUCRS, pela amizade sincera e por me apresentar à pesquisa científica e ao verdadeiro direito processual civil.

Ao Prof. Dr. Artur Torres, pela amizade e debate franco acerca do processo civil contemporâneo.

À Livraria do Advogado, pela confiança e apoio.

Enfim, a todos que, de qualquer forma, direta ou indiretamente, contribuíram para que esse livro "saísse do papel".

"Portanto, a jurisdição não pode significar mais apenas *iuris dictio* ou 'dizer o direito', como desejavam os juristas que enxergam na atividade de execução uma mera função administrativa ou uma "função menor". Na verdade, mais do que direito à sentença, o direito de ação, hoje, tem como corolário o direito ao meio executivo adequado".

Luiz Guilherme Marinoni

Prefácio

Teresina, capital do Piauí, com população perto de 851 mil habitantes, foi o local no qual o Programa de Pós-Graduação em Direito da Pontifícia Universidade Católica do Rio Grande do Sul pôde concentrar o seu Minter (Mestrado Interinstitucional), no Centro Universitário Santo Agostinho, à época ainda Faculdade, com suas áreas de concentração em fundamentos do Direito Público e do Privado e Teoria Geral da Jurisdição e Processo. Foi nesta, ligada ao estudo do processo, que tive a oportunidade de conhecer o Estado e sua Capital, assim como o de encontrar Fabrício de Farias Carvalho, mestrando à época e já professor na Faculdade sede do Curso de Mestrado.

Com a população referida, de perto de 1 milhão, foram 12 pessoas que me chamaram, em muito, a atenção. Eram os 12 mestrandos e mestrandas do Curso que estava por lecionar a disciplina de Processo e Constituição. Certo que dos 12, alguns não eram de Teresina, mas isso desimporta, pois já estavam aclimatados àquele ambiente acadêmico intenso, promissor e desafiador. As aulas lecionadas para este grupo estão marcadas pelo que de melhor pude tirar da docência nos últimos anos, em especial pelo respeito deles à pessoa do professor em sala de aula e fora dela.

Num mundo globalizado, pós-moderno, apressado e digital, em muitos dos locais que lecionamos estamos em constante competição com celulares, *tablets*, *notebooks* e demais itens que tencionam o ambiente de aprendizagem quando, não muito, uma cobrança é levada ao extremo desafio da intolerância, repercutindo, negativamente, no projeto de ensino e de aprendizagem de todos os envolvidos.

Em Teresina, posso afirmar, por experiência, que isso não ocorreu. Eram 12 estudantes sedentos por aprendizado e que nutriam o que de melhor se pode retirar do respeito entre professor e aluno. Mas de todos os que estavam engajados no Curso, um chamou-me mais a atenção: Fabrício!

Obviamente que, não desmerecendo os demais, Fabrício era da minha área de concentração e mais, meu orientando, razão pela qual nossas atividades transcenderam o ambiente de sala de aula para uma amizade que perdura até os dias atuais e que espero vá muito além. O respeito que Fabrício ainda tem por mim, lembra sua turma. Já foi devidamente autorizado a me chamar de Marco, mas ainda prefere o trato de Professor, o qual até mesmo eu tenho com alguns que me deram aula, embora hoje sejam alguns meus colegas, alguns meus amigos. Para reencontrar o Fabrício, espero ele aqui para cursar seu doutorado, quem sabe, ou a partir de um convite seu a retornar à Teresina, o que sempre farei com o maior gosto possível.

Fabrício anunciou, desde o início, sua paixão por abordar na dissertação um tema que unisse a dignidade da pessoa humana com o processo, em especial o rito executivo em face da Fazenda Pública. Conectando ambos os temas, chegou-se a ideia de um direito fundamental ao processo digno, pois processo sem dignidade não pode alcançar seu desiderato maior, que é distribuir justiça, se é que se pode algum dia isso ocorrer no plano processual, após as portas do Judiciário serem abertas ao jurisdicionado.

Criadas as bases para fundamentar o capítulo seguinte, Fabrício começou a escrever sobre suas preocupações em face do rito proposto em face da Fazenda Pública, ainda sobre os auspícios do CPC/1973 e na angústia das modificações para uma nova ordem processual civil brasileira, o que acabou por dificultar um pouco o estudo, mas nada que o autor não desse conta.

Produziu texto diferenciado para a academia, assim como para a prática, tendo defendido sua dissertação brilhantemente em Porto Alegre, com rigorosa arguição dos Professores-Doutores José Maria Rosa Tesheiner e Darci Guimarães Ribeiro, comigo na presidência dos trabalhos, logrando aprovação com louvor e recomendação à publicação.

A obra que venho, então, prefaciar é seu trabalho de mestrado já em sua versão comercial, o qual, diante do estudo produzido, terá a facilidade de ser uma das referências na matéria em sede de doutrina nacional.

Parabéns ao Fabrício pela obra, assim como à Livraria do Advogado, na pessoa do Walter, que aposta, sempre, em ótimos trabalhos monográficos como o ora prefaciado.

Porto Alegre, maio de 2018.

Prof. Dr. Marco Félix Jobim
Especialista, Mestre e Doutor em Direito (PUCRS).
Pós-Doutor em Direito (UFPR). Professor Adjunto da PUCRS – Graduação
e Pós-Graduação *Lato* e *Stricto Sensu*. Advogado.

Sumário

Apresentação – Artur Torres...13

Nota do autor...15

Introdução..17

1. Direito fundamental ao processo digno.................................21
    1.1. A perspectiva de processo qualificado, de Guilherme Botelho...................26
    1.2. O devido processo constitucional em Sérgio Gilberto Porto e Daniel Ustárroz...31
    1.3. A cooperação no processo de Daniel Mitidiero..............................32
    1.4. A proposta do formalismo-valorativo de Carlos Alberto Alvaro de Oliveira..35
    1.5. A pretensão à tutela efetiva, de Darci Guimarães Ribeiro.........................38
    1.6. O direito processual no Estado Constitucional..40
        1.6.1. O processo digno como direito fundamental...................................56
            1.6.1.1. A dupla perspectiva subjetiva e objetiva dos direitos fundamentais..58
            1.6.1.2. A multifuncionalidade dos direitos fundamentais.................60
            1.6.1.3. O processo digno na classificação funcional dos direitos fundamentais..62
        1.6.2. O conceito de dignidade processual e o modelo constitucional de processo na CF/88..64
    1.7. Garantias constitucionais processuais...71
        1.7.1. Devido processo legal...74
        1.7.2. Efetividade da tutela jurisdicional..78
        1.7.3. Duração razoável do processo...85
        1.7.4. Paridade de armas..88

2. A execução por quantia certa em face da Fazenda Pública.......91
    2.1. Efetividade da execução x garantias do executado..................................91
    2.2. A disciplina constitucional da execução em face da Fazenda Pública..........96
    2.3. O regime no Código de Processo Civil de 1973.....................................101
    2.4. O sistema no Código de Processo Civil de 2015....................................104
        2.4.1. Execução em face da Fazenda Pública com base em título extrajudicial..106

2.4.2. Defesa da Fazenda Pública: embargos à execução..........................108
2.4.3. Cumprimento de sentença que reconheça a exigibilidade de obrigação de pagar quantia certa pela Fazenda Pública..................110
2.4.4. Defesa da Fazenda Pública: impugnação ao cumprimento de sentença..112
2.4.5. Impossibilidade de atribuição de efeito suspensivo *ope legis* ao agravo de instrumento contra decisão que rejeita a impugnação apresentada pela Fazenda Pública...119
2.4.6. Ultimação da fase de cumprimento – expedição das requisições de pagamento...124
2.5. A execução contra a Fazenda Pública no direito estrangeiro....................126
   2.5.1. A sistemática no direito estadunidense..126
   2.5.2. O sistema português de execução contra o Estado........................127
   2.5.3. A execução contra a Fazenda Pública no direito alemão..................129
2.6. Medidas *de lege lata* para a efetivação do processo digno no âmbito da execução contra a Fazenda Pública...130
   2.6.1. O sequestro constitucional..131
   2.6.2. A intervenção federal..140
   2.6.3. O *contempt of court*..150
   2.6.4. Os meios executórios atípicos e a Fazenda Pública........................156

Considerações finais..161

Referências bibliográficas..165

Apresentação

Conheci pessoalmente o Professor Fabrício de Farias Carvalho, mestre em direito pela Pontifícia Universidade Católica do Rio Grande do Sul, numa dessas andanças que nos permite a atuação docente, mais precisamente no ano de 2015. Seu nome, competência e dedicação, contudo, já me eram presentes. Passamos, desde então, apesar da distância física que nos aparta, a manter contato profícuo.

Recebi, com elevada alegria, a gratificante incumbência de apresentar, aos estudiosos do direito processual, o seu mais recente trabalho: *a execução em face da Fazenda Pública – dignidade e processo*.

O autor, no capítulo inicial, demonstra, de maneira irretocável, a evolução doutrinária no que tange à aproximação da teoria dos direitos fundamentais ao estudo processual. E o faz, sublinhe-se, sem atalhos, trazendo à baila anotações acerca do pensamento dos principais expoentes da matéria.

Eis, então, que passa a enfrentar o espinhosíssimo tema da *dimensão processual da dignidade* (ainda timidamente explorado), com lucidez ímpar, preparando o terreno para, uma vez esmiuçado o modelo processual que se pretende para o século XXI, aproximar-se do sistema de *tutela executiva* promovida em desfavor da Fazenda Pública.

Doravante, o binômio efetividade/garantias do executado, a doutrina constitucional da execução em desfavor da Fazenda Pública, e os sistemas albergados pelas Leis 5.869/73 e 13.105/2015 são postos em revista, a partir de reflexões que vão iluminadas pelo estudo de direito comparado realizado pelo autor.

E as conclusões a que chega? Bem, quanto às mesmas, visando a evitar ato *egoístico*, convido a todos a desfrutar de prazer assemelhado ao que tive ao examinar os originais desse requintado e qualificado texto que ora apresento.

Resta-me, por fim: a uma, registrar que muito aprendi com a leitura do presente estudo; a duas, compartilhar minha sincera alegria ao receber o convite do Professor Fabrício; a três, consignar que, nem de longe, face à competência do autor e de seu texto, seria possível apresentá-lo a altura.

Parabenizo, ainda, a Editora Livraria do Advogado por, em mais essa oportunidade, permitir aos estudiosos do fenômeno processual o contato intelectual com uma das grandes promessas doutrinárias do país: *o douto de Teresina.*

Porto Alegre, maio de 2018.

Prof. Dr. Artur Torres
Laureado Dom Antonio Zattera. Especialista, Mestre e Doutor em Direito (PUCRS).
Pós-Doutor em Direito Processual Civil (UNISINOS). Professor de Direito
Processual Civil da PUCRS. Advogado.

Nota do Autor

A presente obra é fruto da dissertação de mestrado cursado no Programa de Pós-Graduação em Direito da Escola de Direito da PUCRS, concluído com êxito exatamente no mesmo ano em que foi sancionado o Novo Código de Processo Civil (Lei 13.105/2015), razão pela qual faz-se necessária a revisitação de alguns temas para se buscar traçar novas diretrizes de interpretação e aplicação do novel ordenamento.

Ressalte-se que o texto do presente livro foi originalmente escrito tendo por base a redação apresentada como Projeto de Lei do Senado – PLS 166/2010 –, razão pela qual, após a sanção presidencial, precisou passar por alguns ajustes de ordem estética, sobretudo revisão dos números dos artigos na versão sancionada.

Ademais, entre a conclusão do mestrado (junho/2015) até a data de finalização do livro (março/2018), o regime constitucional que trata o tema da presente obra – execução contra a Fazenda Pública – passou por significativas mudanças, a saber: i) a modulação dos efeitos do julgamento das Ações Diretas de Inconstitucionalidade (ADIs) 4357 e 4425 pelo Supremo Tribunal Federal (ocorrido em março/2015), que julgou inconstitucional em grande parte a EC 62/2009; ii) a promulgação das Emendas Constitucionais n. 94/2016 e n. 99/2017, que instituíram novas regras na sistemática de pagamento de débitos da Fazenda Pública oriundos de condenações judiciais, razão pela qual o texto original da presente obra teve que passar por novos ajustes.

Enfim, espera-se que a presente obra seja de alguma valia para estudiosos do processo civil contemporâneo, "(re)lido com os óculos da Constituição", notadamente acerca da tutela executiva em face da Administração, indicado para graduandos e profissionais que já atuam na área.

Teresina (PI), maio de 2018.

Prof. Fabrício F. Carvalho
fabriciocarvalho@fsanet.com.br
fabriciofcarvalho@gmail.com

Introdução

No atual estágio de evolução do Estado Democrático de Direito, com a inerente constitucionalização do processo, não se concebe mais que este permaneça como um espaço para insatisfações, frustrações ou mesmo atentatório à dignidade do jurisdicionado, vedando-se ao Estado um desempenho insuficiente na realização do direito fundamental ao processo digno, seja na perspectiva legislativa, impondo-se a edição de dispositivos legais aptos à otimização de tal direito e coibindo-se outros que lhe apontem uma limitação desproporcional, seja na atuação dos juízes, exigindo-se destes, no caso de inépcia legislativa, uma interpretação capaz de outorgar-lhe a máxima eficácia garantida pelo art. 5º, § 1º, da CF/88, tendo a dignidade da pessoa humana como vetor para qualquer interpretação condizente com a proposta constitucional em vigência.

O processo deve ser instrumento idôneo à realização do direito material, não apenas como mera técnica, na condição de ferramenta colocada à disposição do jurisdicionado para acionar o Poder Judiciário, mas um meio efetivo de lhe conferir a restauração do *status quo* ou correspondente reparação no caso de ameaça ou violação a direito seu. E uma efetividade completa, desde a fase de conhecimento, com o fito de certificar seu direito, com efetivo contraditório como possibilidade de influenciar no julgamento e evitar *decisões surpresas*, até a efetividade na hora de satisfazer materialmente o bem da vida que lhe foi assegurado, quando for o caso.

Trata-se aqui da tutela executiva, tema caro à efetividade – "não adianta só declarar direitos, é preciso cumpri-los" –, corolário do direito fundamental ao processo digno (art. 5º, XXXV, CF/88) e que se acredita ainda carecer de densificação normativa em alguns pontos, sobretudo quando o executado é o Estado, chegando-se por vezes a praticamente uma anulação de direitos fundamentais do cidadão. O trato do Poder Público em relação às dívidas oriundas de condenações judiciais chega a ser caricato, permanecendo o Poder Judiciário, a que compete o cumprimento de suas determinações, complacente com a situação que se instalou no país.[1]

Dessa forma, a presente pesquisa se propõe a perscrutar a atual sistemática da execução por quantia certa contra a Fazenda Pública – constitucional e legal, no CPC/1973 e no CPC/2015 – assim como sua aparente incompatibilidade com o feixe de garantias constitucionais processuais, trazendo como possíveis hipóteses a este problema uma histórica sacralidade estatal, que ainda pode ser sentida no texto constitucional e nas investidas legislativas nesta seara, sempre tímidas e demasiadamente protecionistas ao Estado.

Portanto, a presente obra se estrutura em dois capítulos, abordando inicialmente o direito fundamental ao processo digno, como corolário do Estado Democrático de Direito, extraído de uma teoria dos direitos fundamentais que encontra seu radical comum na dignidade humana, ideia que é estendida ao ambiente processual. Para se alcançar tal desiderato, traça-se um breve levantamento bibliográfico de processualistas contemporâneos que trataram da constitucionalização do processo, passando em seguida para um adequado enquadramento do processo digno na atual teoria dos direitos fundamentais, utilizando como suporte especialmente as obras de Robert Alexy e Ingo Wolfgang Sarlet. Em seguida, é trabalhado o conceito de dignidade processual, para os fins deste livro, e as garantias constitucionais processuais possivelmente envolvidas na execução contra a Fazenda Pública.

Em continuação, será abordada a sistemática da execução por quantia certa em face da Administração, lastreada em título judicial. Ressalte-se que não se incluiu na obra as demais formas de execução (fazer, não fazer e dar coisa diferente de dinheiro), já que seguem o mesmo rito comum, não havendo disciplina específica no particular. Portanto, será tratado o ordenamento constitucional sobre o tema, assim como o procedimento previsto no CPC/2015, cotejando-o com o CPC/1973, ressaltando as principais inovações.

Analisar-se-á, ainda, a mesma sistemática no direito estrangeiro, identificando pontos em comum com o ordenamento interno, para, em seguida e já finalizando, apresentar possíveis soluções *de lege lata* para a amenização da problemática, harmonizando o procedimento com as garantias constitucional-processuais. Serão avaliadas saídas como a ampliação do cabimento do sequestro constitucional para

---

[1] Segundo último relatório disponível do Conselho Nacional de Justiça – CNJ –, a dívida judicial da União, Estados e Municípios, representada por precatórios, superava, no primeiro semestre de 2014, 97 bilhões de reais. Disponível em: <www.cnj.jus.br>. Acesso em 21.05.2017.

além das expressamente previstas na CF/88, o cabimento da intervenção federal e do *contempt of court* como mecanismos de implementação da autoridade da decisão judicial, tão desprestigiada nesta seara, o que traz reflexos negativos perante a sociedade.

Espera-se, assim, que esta obra seja de alguma valia à comunidade acadêmica, eis que o tema possui grande repercussão jurídica, estando intimamente relacionado com os direitos fundamentais – ainda que em sede processual – bem como econômica e prática, pois trata de problema endêmico no Brasil enfrentado por operadores do direito, sobretudo advogados, que se deparam com a situação de total inefetividade do processo e aspiram a saídas jurídicas para os jurisdicionados.

1. Direito fundamental ao processo digno

Tais quais os demais ramos tradicionais, o direito processual civil brasileiro absorveu – e continua a absorver – os influxos do que a doutrina convencionou chamar de *neoconstitucionalismo*,[2] surgido na segunda metade do século XX com a mudança de paradigmas impulsionada pela substituição do chamado Estado de Direito Legal (Estado Liberal) pelo Estado de Direito Constitucional (Estado Democrático e Social de Direito), inaugurado no Brasil com a Constituição de 1934 e recepcionado com força ímpar pela Constituição de 1988, que pressupõe o caráter supremo da Constituição, como um sistema aberto de regras e princípios, dotada de eficácia plena e voltada à otimização e efetivação dos direitos fundamentais.

Na lição de Ingo Wolfgang Sarlet, existe estreita ligação entre os direitos fundamentais e o princípio do Estado social, consagrado pela Constituição, no qual "os direitos fundamentais sociais constituem exigência inerradável do exercício efetivo das liberdades e garantia de igualdade de chances (oportunidades), inerentes à noção de uma democracia e um Estado de Direito de conteúdo não meramente formal, mas, sim, guiado pelo valor da justiça material".[3] Neste sentido,[4] conclui que:

---

[2] Para aprofundamento no tema *neoconstitucionalismo*, consultar, com proveito, SARMENTO, Daniel. Constitucionalismo: trajetória histórica e dilemas contemporâneos. In: SARLET, Ingo W.; LEITE, George Salomão (Coord.). *Jurisdição constitucional, democracia e direitos fundamentais*. Salvador: Juspodivm, 2012; CARBONNEL, Miguel (Org.). *Neoconstitucionalismo(s)*. Madrid: Trotta, 2003; BARROSO, Luís Roberto. Neoconstitucionalismo e constitucionalização do direito (o triunfo tardio do direito constitucional no Brasil). *Revista de Direito Administrativo*. Rio de Janeiro, v. 240, 1-42, abr/jun. 2005; SARMENTO, Daniel. Neoconstitucionalismo no Brasil: riscos e possibilidades. In: *Por um constitucionalismo inclusivo*. Rio de Janeiro: Lumen Juris, 2010; CAMBI, Eduardo. "Neoconstitucionalismo e neoprocessualismo". In: FUX, Luiz; NERY JÚNIOR, Nelson; WAMBIER, Teresa Arruda Alvim. *Processo e Constituição*: estudos em homenagem ao professor José Carlos Barbosa Moreira. São Paulo: RT, 2006, p. 662-683.

[3] SARLET, Ingo Wolfgang. *A eficácia dos direitos fundamentais*. 12. ed. Porto Alegre: Livraria do Advogado, 2015, p. 62.

[4] Sobre a função dos direitos fundamentais no Estado de Direito, Perez Luño ainda defende um "sentido y función de los derechos humanos en cuanto sistema de valores fundamentales (*Grundwerte*) que concretan y desarrollan la ideia de la justicia" (PEREZ LUÑO, Antonio-Enrique. *Derechos humanos, Estado de Derecho y Constitución*. 6. ed. Madrid: Tecnos, 1999, p. 15).

> [...] além da íntima vinculação entre as noções de Estado de Direito, Constituição e direitos fundamentais, estes, sob o aspecto de concretizações do princípio da dignidade da pessoa humana, bem como dos valores da igualdade, liberdade e justiça, constituem condição de existência e medida da legitimidade de um autêntico Estado Democrático e Social de Direito, tal qual como consagrado também em nosso direito constitucional positivo vigente.[5]

Assim, a partir do advento do Estado Democrático e Social de Direito[6] implementado pela CF/88, com o protagonismo dos direitos fundamentais na ordem jurídica, a aplicação e interpretação de todo o direito infraconstitucional ficaram condicionadas à concretização e realização daqueles, em um fenômeno denominado pela doutrina de *constitucionalização do Direito*.

Essa "irradiação das normas e valores constitucionais, sobretudo os relacionados aos direitos fundamentais, para todos os ramos do ordenamento"[7] se revela no direito processual em duas dimensões,[8] a saber:

> Primeiramente, há a incorporação aos textos constitucionais de normas processuais, inclusive como direitos fundamentais. Praticamente todas as constituições ocidentais posteriores à Segunda Grande Guerra consagram expressamente direitos fundamentais processuais. Os tratados internacionais de direitos humanos também o fazem (art. 6º, 1, da Convenção Europeia de Direitos do Homem e os arts. 8º, 10 e 25 do Pacto de São José da Costa Rica são exemplos paradigmáticos).
>
> De outro lado a doutrina passa a examinar as normas processuais infraconstitucionais como concretizadoras das disposições constitucionais, valendo-se, para tanto, do repertório teórico desenvolvido pelos constitucionalistas. Intensifica-se cada vez mais o diálogo entre processualistas e constitucionalistas, com avanços recíprocos.[9]

Logo, quanto à repercussão da nova dogmática constitucional – e teoria dos direitos fundamentais – no direito processual, identificam-se novos deveres do Poder Público em todas as esferas. Ao Estado-Juiz cabe a utilização da melhor técnica processual para atingir

---

[5] SARLET, Ingo Wolfgang. *A eficácia dos direitos fundamentais*. 12. ed. Porto Alegre: Livraria do Advogado, 2015, p. 62.

[6] Sobre o Estado Constitucional Contemporâneo, consultar: MACEDO, Elaine Harzheim. *Jurisdição e processo*. Porto Alegre: Livraria do Advogado, 2005, p. 126-131.

[7] SARMENTO, Daniel. Constitucionalismo: trajetória histórica e dilemas contemporâneos. *In:* SARLET, Ingo W.; LEITE, George Salomão (Coord.). *Jurisdição constitucional, democracia e direitos fundamentais*. Salvador: Juspodivm, 2012, p. 113.

[8] Acerca da constitucionalização do Direito Processual e sua dupla dimensão, ver, MITIDIERO, Daniel. *Colaboração no processo civil*. 3 ed. São Paulo: Revista dos Tribunais, 2015, p. 45-46; DIDIER JR., Fredie. *Fundamentos do princípio da cooperação no direito processual civil português*. Coimbra: Coimbra Editora, 2010, p. 72-74.

[9] DIDIER JR., Fredie. *Sobre a teoria geral do processo*: essa desconhecida. 2. ed. Salvador: Juspodivm, 2013, p. 122-23.

tal fim,[10] passando o Estado-Legislador a ter a obrigação de propiciar ao indivíduo um sistema procedimental previamente organizado capaz de tornar efetiva a proteção a estes direitos, tanto na prevenção quanto na reparação, assim como a edição de normas de direito material protetivas e procedimentais (prestações normativas), vinculando-se, ainda, o Estado-Administrador a uma atuação positiva para concretizar os direitos fundamentais, como, por exemplo, otimizando a administração da Justiça no momento de alocar recursos ao Poder Judiciário (prestações fáticas).

Em virtude da mudança de paradigmas acima demonstrada, o direito de ação, assegurado no artigo 5º, XXXV, da Constituição – estrategicamente posicionado no rol de direitos e garantias fundamentais – não pode mais ser pensado apenas como o direito a uma sentença judicial, inteiramente desvinculado do direito material e da realidade social que o cerca. Com a mudança do Estado legislativo, fundado na lei, para o Estado Constitucional, baseado na Constituição, esta "passa a ser examinada como o *mais* importante capítulo do Direito Processual, fundamento para que todo o Direito Processual seja construído",[11] e o acesso à justiça, que nos estados liberais burgueses dos séculos XVIII e XIX correspondia tão somente ao direito formal do indivíduo de propor ou contestar uma ação, sendo desnecessária a intervenção do Estado tipicamente abstencionista, na atual conformação passa a "ser encarado como requisito fundamental – o mais básico dos direitos humanos – de um sistema jurídico moderno e igualitário que pretenda garantir, e não apenas proclamar os direitos de todos".[12]

Dessa forma, da garantia de acesso aos tribunais (direito à tutela jurisdicional), contida no art. 5º, XXXV, da CF/88 e tida por J. J. Gomes Canotilho como concretização do princípio estruturante do Estado de direito, "deduz-se, sem dúvida, a exigência de um *procedimento justo e adequado de acesso* ao direito e *de realização do direito*".[13] Vem de Robert Alexy, analisando diversos julgados do Tribunal Constitucional Federal alemão, a síntese de que "direitos a procedimentos judiciais e administrativos são direitos essenciais a uma

---

[10] Sobre o tema, consultar, com largo proveito, MARINONI, Luiz Guilherme. *Técnica processual e tutela dos direitos*. 4. ed. São Paulo: Revista dos Tribunais, 2013.

[11] DIDIER JR., Fredie. *Sobre a teoria geral do processo*: essa desconhecida. 2. ed. Salvador: Juspodivm, 2013, p. 122.

[12] CAPELLETTI, Mauro; GARTH, Bryant. *Acesso à justiça*. Trad. e rev. de Ellen Gracie Northfleet. Porto Alegre: Sergio Antonio Fabris Editor, 1988, p. 12.

[13] CANOTILHO, J. J. Gomes. *Direito constitucional e teoria da constituição*. 7. ed. 11. reimp. Coimbra: Almedina, 2003, p. 274.

'proteção jurídica efetiva'".[14] Conclui J. J. Gomes Canotilho que "a garantia dos direitos fundamentais só pode ser efectiva quando, no caso de violação destes, houver uma instância independente que estabeleça a sua integridade".[15]

Na mesma esteira, a lição de Luiz Guilherme Marinoni e Daniel Mitidiero corroboram a exigência de um processo adequado e efetivo, uma vez que, "ao proibir a justiça de mão própria e afirmar que a 'lei não excluirá da apreciação do Poder Judiciário lesão ou ameaça de direito' [...] nossa Constituição admite a existência de *direito à tutela jurisdicional adequada e efetiva*. [...] É por esta razão que o direito à tutela jurisdicional constitui direito à 'proteção jurídica efetiva'".[16]

Nessa nova concepção, como um direito fundamental à própria efetividade dos demais, ao direito de ação são agregadas outras garantias fundamentais, como da celeridade e isonomia das partes, visando, em última análise, uma prestação jurisdicional efetiva, vinculando, dessa forma, os poderes Legislativo, Judiciário e Executivo na consecução deste intento. Neste sentido, Ingo W. Sarlet afirma que:

> [...] os direitos fundamentais não se limitam à função precípua de serem direitos subjetivos, de defesa do indivíduo contra atos do poder público, mas que, além disso, constituem decisões valorativas de natureza jurídico-objetiva da Constituição, com eficácia em todo o ordenamento jurídico e que fornecem diretrizes para os órgãos legislativos, judiciários e executivos.[17]

Assim, considerando que o acesso ao Judiciário deve-se dar por meio de "um *procedimento idôneo à proteção dos direitos*, até mesmo porque o direito à proteção não exige somente normas de conteúdo material, mas igualmente *normas processuais*",[18] a partir de 1988 a ideia do *processo justo* é consagrada no ordenamento jurídico interno, expressamente previsto no art. 5º, LIV, da Constituição Federal, sob a rubrica de *devido processo legal*.[19] Nas palavras de Luiz Guilherme

---

[14] ALEXY, Robert. *Teoria dos direitos fundamentais*. Trad. Virgílio Afonso da Silva. 2. ed. São Paulo: Malheiros, 2012, p. 488.

[15] CANOTILHO, J. J. Gomes. *Direito constitucional e teoria da constituição*. 7. ed. 11. reimp. Coimbra: Almedina, 2003, p. 274.

[16] MARINONI, Luiz Guilherme; MITIDIERO, Daniel. Direitos fundamentais processuais. In: SARLET, Ingo W.; ——; ——. *Curso de direito constitucional*. 2. ed. São Paulo: Revista dos Tribunais, 2013, p. 712-714.

[17] SARLET, Ingo Wolfgang. *A eficácia dos direitos fundamentais*. 12. ed. Porto Alegre: Livraria do Advogado, 2015, p. 150.

[18] MARINONI, Luiz Guilherme. *Técnica processual e tutela dos direitos*. 3. ed. São Paulo: Revista dos Tribunais, 2010, p. 144.

[19] Luiz Guilherme Marinoni e Daniel Mitidiero tecem fundamentada crítica à expressão *devido processo legal* contido na CF/88, ao passo que defendem a expressão *processo justo*, por ser mais

Marinoni e Daniel Mitidiero, o processo justo "é um *modelo mínimo* de atuação processual do Estado e mesmo dos particulares em determinadas situações substanciais. A sua observação é condição necessária e indispensável para a obtenção de decisões justas".[20]

Nessa perspectiva, ganha relevo a questão atinente ao cumprimento das decisões judiciais. A disciplina infraconstitucional do processo, na qual se dá densidade à normativa constitucional, além de prever meios idôneos à tutela das mais variadas exigências do direito material, de forma célere e justa (aqui englobando todo o leque de garantias, como procedimentos especiais, contraditório, ampla defesa, duplo grau de jurisdição, isonomia, etc.), todas com ênfase na fase cognitiva, também deve atenção ao cumprimento dos pronunciamentos judiciais – a tutela executiva.

Para J. J. Gomes Canotilho,

a existência de uma protecção jurídica eficaz pressupõe o *direito à execução das sentenças* (fazer cumprir as sentenças) dos tribunais através dos tribunais (ou de outras autoridades públicas), devendo o Estado fornecer todos os meios jurídicos e materiais necessários e adequados para dar cumprimento às sentenças do juiz. Essa dimensão da proteção jurídica é extensiva, em princípio, à execução de sentenças proferidas contra o próprio Estado.[21]

Atento a isso, o Código de Processo Civil de 2015 (L. 13.105/15) – CPC/2015 –, em um de seus primeiros artigos "vetoriais"[22] (dentro do capítulo Das Normas Fundamentais do Processo Civil), dispõe que "as partes têm o direito de obter em prazo razoável a solução integral do mérito, incluída a atividade satisfativa". Percebe-se o comprometimento legislativo com a tutela executiva, agora de maneira expressa.

O art. 139, IV, do CPC/2015, deixa isso claro ao prever que "o juiz dirigirá o processo conforme as disposições deste Código, incumbindo-lhe: [...] IV – determinar todas as medidas indutivas, coercitivas, mandamentais ou sub-rogatórias necessárias para assegurar

---

consentânea ao atual Estado Constitucional e com o caráter puramente processual do seu conteúdo. (SARLET, Ingo W.; MARINONI, Luiz Guilherme; MITIDIERO, Daniel. *Curso de direito constitucional*. 2. ed. São Paulo: Revista dos Tribunais, 2013, p. 700-701.

[20] MARINONI, Luiz Guilherme; MITIDIERO, Daniel. Direitos fundamentais processuais. In: SARLET, Ingo W.; ——; ——. *Curso de direito constitucional*. 2. ed. São Paulo: Revista dos Tribunais, 2013, p. 700.

[21] CANOTILHO, J. J. Gomes. *Direito constitucional e teoria da constituição*. 7. ed. 11. reimp. Coimbra: Almedina, 2003, p. 500.

[22] Os 12 primeiros artigos do CPC/2015 funcionam como *vetores interpretativos* do Código, que "devem servir à interpretação de todo o direito processual" (ALVIM, Arruda. *Manual de direito processual civil*: teoria do processo e processo de conhecimento. 17. ed. São Paulo: RT, 2017, p. 225).

o cumprimento de ordem judicial, inclusive nas ações que tenham por objeto prestação pecuniária".

Na mesma esteira, a tutela específica nas obrigações de fazer, não fazer e entregar coisa, bem como a possibilidade de imposição de qualquer providência que assegure a obtenção de tutela pelo resultado prático equivalente, a exemplo das *astreintes*, previstos nos artigos 497 e seguintes do CPC/2015, refletem este empenho do legislador. A despeito disso, em alguns pontos ainda se verificam insuficiências normativas no tema cumprimento de sentença, tão caro ao jurisdicionado, notadamente naquelas que contêm obrigação de pagar, merecendo especial destaque quando proferidas em desfavor da Fazenda Pública.

Buscando uma melhor conformação da promessa constitucional de um democrático acesso ao Judiciário, bem como um processo capaz de garantir ao indivíduo que teve um direito violado, pelo próprio Estado ou um terceiro, sua reparação apropriada, a doutrina vem se dedicando a apresentar concepções variadas acerca do "direito ao processo", dentre as quais destacar-se-ão os estudos realizados por Guilherme Botelho, Sérgio Gilberto Porto e Daniel Ustárroz, Daniel Mitidiero, Carlos Alberto Alvaro de Oliveira e Darci Guimarães Ribeiro.

1.1. A perspectiva de processo qualificado, de Guilherme Botelho

O direito ao processo não apenas como um direito subjetivo público de "provocar a jurisdição, mas, acima de tudo, como o de obter uma prestação jurisdicional 'qualificada'",[23] ou seja, informada pela tempestividade, adequação e justiça. Esta é a proposta de leitura do direito de ação na atual fase do Estado Constitucional apresentada por Guilherme Botelho na sua obra *Direito ao processo qualificado: o processo civil na perspectiva do Estado Constitucional*.[24]

Num primeiro momento, o autor disserta sobre a evolução do Direito Processual Civil brasileiro à luz das suas fases metodológicas, traçando um paralelo com as correntes culturais contemporâneas e situando o processo como fruto da cultura, para, então, constatar a influência desta na conformação daquele.

---

[23] TESHEINER, José Maria Rosa. *Prefácio*. In: BOTELHO, Guilherme. *Direito ao processo qualificado*: o processo civil na perspectiva do estado constitucional. Porto Alegre: Livraria do Advogado, 2010.

[24] BOTELHO, Guilherme. *Direito ao processo qualificado*: o processo civil na perspectiva do estado constitucional. Porto Alegre: Livraria do Advogado, 2010.

Apoiado na doutrina de Pontes de Miranda, o autor defende que o direito não é um produto estatal, mas um processo de adaptação social ao lado de outros instrumentos de controle social, como a religião e a moral, assim como política, economia, artes e o próprio conhecimento. Nesta senda, no direito processual, como palco da "atuação da lei perante a sociedade e, tendo suas normas natureza instrumental e o escopo primordial de realização de justiça",[25] os influxos culturais sobrelevam, na medida em que é a própria sociedade que vai eleger os procedimentos adequados a cada situação de vida, de acordo com as necessidades e prioridades por ela eleitas.

Na segunda parte de sua obra, Guilherme Botelho se dedica a analisar o modelo constitucional do processo civil brasileiro e o direito ao processo no estado constitucional, tecendo ainda breves apontamentos sobre a teoria dos direitos fundamentais, para, então, enquadrar nestes o direito de ação e, por fim, apresentar as principais características do processo prometido pelo Estado Constitucional.

Enfim, na terceira parte de sua obra, é apresentada sua ideia sobre o processo civil devido pelo contemporâneo Estado Constitucional. Admitido como "terceiro estágio evolutivo desde a assimilação do direito à tutela jurídica como direito abstrato e autônomo do direito substancial",[26] o direito ao processo qualificado pregado por Guilherme Botelho reflete o modo contemporâneo de pensar o processo, suplantando as ideias anteriores que o enquadravam inicialmente como mero direito de provocar o Judiciário (direito de ação) e posteriormente como direito subjetivo público ao conjunto pré-ordenado de "normas, atos e posições subjetivas que integram este interesse jurídico protegido continuado".[27]

Resgatando a ideia de *tutela qualificada*, cunhada por Ada Pellegrini Grinover,[28] o direito ao processo, que de há muito não era mais entendido como mero acesso ao Judiciário, agora também está comprometido com os resultados provocados no mundo dos fatos, e não mais apenas com os meios.

Neste sentido, Guilherme Botelho assenta que:

[...] o direito de ação, a partir de sua perspectiva constitucional, qualificada pelo conteúdo dos demais direitos fundamentais processuais, não se constitui apenas em

---

[25] BOTELHO, Guilherme. *Direito ao processo qualificado*: o processo civil na perspectiva do estado constitucional. Porto Alegre: Livraria do Advogado, 2010, p. 18.

[26] Idem, p. 133.

[27] Ibidem.

[28] GRINOVER, Ada Pellegrini. *As garantias constitucionais do direito de ação*. São Paulo: Revista dos Tribunais, 1973, p. 157.

uma garantia de meios, abrangendo também seus resultados [...] Por isso, ao se falar em processo qualificado, não se faz menção apenas aos meios ou técnicas pré-ordenadas, qualificados pelos direitos informativos do processo civil, umbilicalmente ligados ao Estado Constitucional, como também aos resultados transformadores proporcionados pelo processo no mundo sensível.[29]

E conclui afirmando que tanto os meios quanto os resultados devem ser tempestivos, justos e adequados, como consequência inarredável de todos os direitos informativos do processo prometido pelo Estado Constitucional. Todavia, importa salientar que Guilherme Botelho não está se referindo ao direito ao processo tal como expresso no art. 5º, XXXV, da CF/88, mas sim a um direito com conteúdo potencializado pelos adjetivos citados: tempestividade, justiça e adequação.

Por processo tempestivo, Botelho entende um processo feito "por meios e resultados sem dilações indevidas", é aquele que "proporciona, portanto, uma tutela jurisdicional sem tais dilações".[30] Assevera ainda, com base na doutrina de José Vicente Gimeno Sendra, que o direito à razoável duração do processo, expresso na Constituição brasileira desde a EC nº 45/2004, pode ser encarado como "um direito subjetivo constitucional autônomo, mas instrumental do direito à tutela jurisdicional [...] Dirige-se ao Poder Judiciário, mas compromete os demais Poderes do Estado".[31]

Na visão de Guilherme Botelho, a estreita observância de prazos ou enxugamento do sistema recursal, apesar de ter um potencial de racionalizar o tempo de duração do processo, não se revela a solução para a falta de tempestividade da prestação jurisdicional no Brasil, o que só ocorreria com mais investimentos no Poder Judiciário, dotando-o de pessoal e instrumental aptos a desempenhar as atribuições a contento.

Quanto à justiça, outro adjetivo qualificador do processo no Estado Constitucional, o citado autor busca apoio na obra de John Rawls[32] e sua teoria dos quatro estágios de concretização dos princípios da justiça para demonstrar que "é na atuação do direito por meio do processo, a última oportunidade de mitigar a imperfeição da justiça procedimental".[33]

---

[29] BOTELHO, Guilherme. *Direito ao processo qualificado*: o processo civil na perspectiva do estado constitucional. Porto Alegre: Livraria do Advogado, 2010, p. 136-137.

[30] Idem, p. 145.

[31] Idem, p. 146.

[32] RAWLS, John. *Uma teoria da justiça*. 2 ed. São Paulo: Martins Fontes, 2002.

[33] BOTELHO, Guilherme. *Direito ao processo qualificado*: op cit., p. 149.

Como vaticina Dinamarco, "a eliminação de litígios sem o critério de justiça equivaleria a uma sucessão de brutalidades arbitrárias que, em vez de apagar os estados anímicos de insatisfação, acabaria por acumular decepções definitivas no seio da sociedade".[34] Não se trata aqui da justiça das leis, que já enfrentaram um primeiro juízo de valor do legislador, mas de um procedimento justo, materializado por uma justa decisão.

Dessa forma, considerando a disposição do processo à realização da justiça ao caso concreto, este intento somente se verificará quando constatadas a justiça material ou substantival e a justiça processual da decisão. Por justiça material entenda-se a "correta escolha (hierarquização) da regra e dos princípios aplicáveis ao caso e a correta verificação (investigação) dos fatos"[35] e a estrita observância aos princípios processuais, a exemplo da ampla defesa, contraditório e isonomia, refletem a justiça processual.

A adequação é o último adjetivo do processo qualificado de Guilherme Botelho, para quem talvez seja "a mais relevante das características de uma norma processual".[36] Sobre o tema, Luiz Guilherme Marinoni assenta que:

> Como o direito à efetividade da tutela jurisdicional deve atender ao direito material, é natural concluir que o direito à efetividade engloba o direito à preordenação de técnicas processuais capazes de dar respostas adequadas às necessidades que dela decorrem.[37]

Saliente-se, outrossim, que a adequação deve ser verificada em três frentes, simultaneamente, a saber: subjetiva, objetiva e teleológica. Quanto à adequação subjetiva, o processo deve afinar-se às partes. Nas palavras de Galeno Lacerda, "cumpre que o instrumento se adapte ao sujeito que o maneja: o cinzel do Aleijadinho, forçosamente, não se identificava com um cinzel comum".[38]

No ordenamento jurídico, como exemplo da adequação subjetiva podem-se citar os prazos diferenciados para a Fazenda Pública ou a competência *ratione personae*. Por adequação objetiva entende-se

---

[34] DINAMARCO, Cândido Rangel. *A instrumentalidade do processo*. 14. ed. São Paulo: Malheiros, 2009, p. 347.

[35] BOTELHO, Guilherme. *Direito ao processo qualificado*: o processo civil na perspectiva do estado constitucional. Porto Alegre: Livraria do Advogado, 2010, p. 150.

[36] Idem, p. 154.

[37] MARINONI, Luiz Guilherme. *Técnica processual e tutela dos direitos*. 3. ed. São Paulo: Revista dos Tribunais, 2010, p. 114.

[38] LACERDA, Galeno. O código como sistema legal de adequação do processo. *Revista do Instituto dos Advogados do Rio Grande do Sul*: comemorativa do cinquentenário (1926-1976), p. 163.

que o processo também deve-se amoldar ao seu objeto. Segundo lição de Sérgio Mattos, "aqui importa, sobretudo, a relação jurídica material que é objeto do processo, sua natureza, sua especificidade, suas peculiaridades, o que influi necessariamente nas regras de processo sobre os poderes do juiz, os direitos e deveres das partes".[39] Os diversos procedimentos especiais previstos no CPC são o reflexo da adequação objetiva.

Por fim, tem-se a adequação teleológica, que justifica a variedade de procedimentos conforme a função da atividade jurisdicional que se trate, seja de conhecimento, seja executiva ou seja cautelar. Galeno Lacerda assim sintetiza:

> [...] o processo de conhecimento, porque visa à definição do direito, requer atos e ritos distintos daqueles exigidos para a execução, onde se cuida da realização coativa do direito declarado, ou para o processo cautelar, que busca a segurança do interessem em lide.[40]

Cumpre ressaltar que o princípio da adequação, *a priori* endereçado ao legislador, a quem compete elaborar normas procedimentais adequadas nos termos aqui tratados, apresenta outra faceta, esta destinada ao Estado-Juiz e tratada pela doutrina como *princípio da adaptabilidade*.[41] A respeito do tema, o autor assevera que "ao juiz incumbe a missão de excepcionalmente adaptar o procedimento em decorrência de necessidades evidentes do direito material quando restou falha a proteção legal".[42] É o caso, por exemplo, da conversão do procedimento sumário em ordinário, inversão do ônus da prova e julgamento antecipado da lide.

Dessa forma, Guilherme Botelho conclui que o processo qualificado, ou seja, aquele que atende simultaneamente às três características abordadas (tempestividade, justiça e adequação), é o princípio-síntese do ordenamento jurídico processual brasileiro, devendo orientar, inclusive, a interpretação de todo o ordenamento processual civil brasileiro.

---

[39] MATTOS, Sérgio. O princípio da adequação do processo na visão de Galeno Lacerda. *Revista de Processo*, Ano 38, n. 226, Porto Alegre, dez. 2013, p. 150.

[40] LACERDA, Galeno. O código como sistema legal de adequação do processo. *Revista do Instituto dos Advogados do Rio Grande do Sul*: comemorativa do cinquentenário (1926-1976), p. 164.

[41] DIDIER JR., Fredie. *Curso de direito processual civil*. 12. ed. Salvador: JusPodivm, 2010, vol. 1, p. 68; GAJARDONI, Fernando da Fonseca. *Flexibilização procedimental*. São Paulo: Atlas, 2008, p. 134-35.

[42] BOTELHO, Guilherme. *Direito ao processo qualificado*: o processo civil na perspectiva do estado constitucional. Porto Alegre: Livraria do Advogado, 2010, p. 156.

1.2. O devido processo constitucional em Sérgio Gilberto Porto e Daniel Ustárroz

Combatendo uma interpretação literal ou gramatical emprestada ao termo *legal* da expressão *devido processo legal*, insculpido na Constituição Federal no art. 5º, LIV, Sérgio Gilberto Porto e Daniel Ustárroz doutrinam que mais consentâneo com o atual estágio de desenvolvimento da ciência processual seria o emprego da expressão *devido processo constitucional* ou *devido processo da ordem jurídica do Estado Democrático de Direito*,[43] como forma de ampliar o seu sentido e adequar o direito ao processo ao contemporâneo Estado Constitucional.

Explicam os autores que o devido processo legal brasileiro foi desenvolvido espelhado no *due process of law* estadunidense, integrante da família da *Common Law*, e que tem como principal fonte do direito os precedentes judiciais. Dessa forma, o sentido de *legal*, representado pelo termo *law* em solo americano, é bem diferente da expressão *legal* adotada no Brasil, pertencente à *civil law*, onde se tem uma pluralidade de fontes, ocupando a lei em sentido estrito lugar de destaque entre elas. Assim, uma adequação na importação do instituto é medida forçosa a ser implementada pela doutrina e jurisprudência a fim de compatibilizar o devido processo ao Estado Constitucional brasileiro, viabilizando uma leitura constitucional, e não legal, daquele.

Por devido processo legal não se pode compreender como aquele "apenas disciplinado pela lei ou que o mero cumprimento das previsões legais garantisse a realização do processo justo",[44] mas sim como o processo disposto na Constituição Federal, também orientado segundo as outras fontes do direito e influenciado pela cultura social.

Sérgio Gilberto Porto e Daniel Ustárroz, corroborando a tese segundo a qual o processo justo vai além do disciplinamento legal, assentam que:

> Justo não é qualquer processo que se limita a ser regulado, no plano formal, mas sim o processo que se desenvolve consoante parâmetros fixados pelas normas constitucionais e dos valores partilhados pela coletividade.[45]

---

[43] PORTO, Sérgio Gilberto; USTÁRROZ, Daniel. *Lições de direitos fundamentais no processo civil.* Porto Alegre: Livraria do Advogado, 2009, p. 119-124.
[44] Idem, p. 120.
[45] Idem, p. 121.

Logo, a expressão *devido processo legal* contida na CF deve ser entendida como a garantia do cidadão ao "devido processo do Estado de direito, englobando, portanto, a compreensão de que vai para além da lei em sentido estrito, ou seja, embutindo em si a ideia de devido processo da ordem jurídica integral".[46]

Assim, para os autores gaúchos, o processo brasileiro será equitativo quando

> (a) o acesso à justiça é assegurado, antes, durante e depois da relação processual; (b) as partes encontrarem condições para exercer o contraditório de maneira proveitosa; (c) os atos do processo forem públicos, para viabilizar o controle do exercício jurisdicional; (d) os provimentos forem motivados adequadamente; (e) os poderes públicos respeitarem os valores da imparcialidade impostos pelo juízo natural; (f) não for tolerada a obtenção de prova por meio ilícito; (g) as partes receberem tratamento paritário ou quando a diferença for criteriosa e juridicamente justificada; (h) for respeitado o duplo grau de jurisdição, ao menos naqueles casos que implicam risco de maior restrição aos direitos fundamentais; (i) for obedecida a coisa julgada; (j) o processo se desenvolver em tempo razoável, propiciando aos litigantes desfrutarem dos direitos reconhecidos; e, ainda, (l) os princípios reconhecidos em Tratados Internacionais ou compatíveis com a dignidade da pessoa humana e com o Estado Republicano forem também respeitados.[47]

Sem adentrar na discussão doutrinária acerca da dupla dimensão do devido processo legal substancial (*substance due process*) e processual (*procedure due process*), assim como a relação da primeira com os princípios da proporcionalidade e razoabilidade,[48] os autores afirmam, por fim, que o devido processo constitucional é a síntese de todos os princípios constitucionais processuais, devendo ser observados inclusive no âmbito do processo administrativo.

1.3. A cooperação no processo de Daniel Mitidiero

Na obra *Colaboração no Processo Civil: pressupostos sociais, lógicos e éticos*,[49] Daniel Mitidiero, a partir do marco teórico do formalismo-valorativo, defende que a cooperação é o modelo de processo justo no contemporâneo Estado Constitucional.

---

[46] PORTO, Sérgio Gilberto. Apontamentos sobre duas relevantes inovações no projeto de um novo CPC. *Revista Jurídica*, v. 58, n. 401, Porto Alegre, mar./2011, p. 49-61.

[47] PORTO, Sérgio Gilberto; USTÁRROZ, Daniel. *Lições de direitos fundamentais no processo civil*. Porto Alegre: Livraria do Advogado, 2009, p. 122.

[48] Sobre o tema, ler com proveito: MATTOS, Sérgio Luis Wetzel de. *Devido processo legal e proteção dos direitos*. Porto Alegre: Livraria do Advogado, 2009.

[49] Segunda edição. São Paulo: Revista dos Tribunais, 2011, 204 p.

Para Daniel Mitidiero, é por meio do justo processo que se assegura uma decisão justa, finalidade última do processo no formalismo-valorativo.⁵⁰ Posta-se como "princípio fundamental para a organização do processo no Estado Constitucional. É o modelo mínimo de atuação processual do Estado e mesmo dos particulares em determinadas situações substanciais".⁵¹ Assim, o processo justo se conforma segundo o modelo cooperativo, no qual há uma distribuição do papel das partes e do juiz que supera os modelos anteriores de processo – *processo isonômico* e *processo paritário*.⁵²

> A colaboração é um *modelo* que visa a organizar o papel das partes e do juiz na conformação do processo, estruturando-o como uma verdadeira *comunidade de trabalho (Arbeitsgemeinschaft)*, em que se privilegia o *trabalho processual em conjunto* do juiz e das partes *(prozessualen Zusammenarbeit)*. Em outras palavras: visa a dar feição ao formalismo do processo, dividindo de forma *equilibrada* o trabalho entre todos os seus participantes.⁵³

O modelo de colaboração no processo civil se dispõe a partir de *pressupostos culturais*, que podem ser pensados sob a ótica *social, lógica* e *ética*. O autor parte da ideia de que a Constituição de 1988 pressupõe uma sociedade cooperativa, e o Estado, agora Constitucional, nessa conjuntura, deixa o papel meramente abstencionista de outrora e assume novas funções relacionadas à concretização da dignidade da pessoa humana, "o que, em termos processuais, significa organizar um processo justo – de formalismo cooperativo – e muito especialmente idôneo para prestação de tutela jurisdicional adequada, efetiva e tempestiva aos direitos".⁵⁴

Sob o aspecto lógico, a lógica apodítica, que permeava o direito moderno, com a apropriação do direito – e do direito processual civil – pelo Estado, com "plena identificação entre texto e norma",⁵⁵ cede lugar à lógica dialética, o contraditório volta a ser valorizado, como

---

⁵⁰ ALVARO DE OLIVEIRA, Carlos Alberto. O processo civil na perspectiva dos direitos fundamentais. In: —— (org.). *Processo e Constituição*. Rio de Janeiro: Forense, 2004, p. 12.

⁵¹ MITIDIERO, Daniel. Direito fundamental ao processo justo. *Revista Magister de Direito Civil e Processual Civil*, n. 45, Porto Alegre, nov.-dez./2011, p. 23.

⁵² Fredie Didier Jr. se refere aos modelos *adversarial* e *inquisitorial* ou dispositivo e inquisitivo. DIDIER JR., Fredie. *Curso de direito processual civil*. v. 1. 16. ed. Salvador: JusPodivm, 2014, p. 85-89.

⁵³ MITIDIERO, Daniel. *A colaboração como modelo e como princípio no processo civil*. Originalmente publicado no alemão: Kooperation als Modell und Prinzip im Zivilprozess. ZZPInt, n. 18, 2013, p. 379-391. Disponível em <https://www.academia.edu/10250562/Cooperação_como_Modelo_e_como_Princ%C3%ADpio_no_Processo_Civil>. Acesso em 28.01.2015.

⁵⁴ MITIDIERO, Daniel. *Colaboração no processo civil*: pressupostos sociais, lógicos e éticos. 2. ed. São Paulo: Revista dos Tribunais, 2011, p. 80.

⁵⁵ Idem, p. 97.

já o era no processo medieval, separa-se a norma do texto, retomando-se a *feição argumentativa* do direito. Dessa forma, acaba se instalando uma "nova organização do formalismo processual, forçando a uma melhor distribuição das posições jurídicas das partes e do juízo no processo, de modo a torná-lo mais cooperativo e menos rígido para uma ótica consecução da justiça no caso concreto".[56]

Do ponto de vista ético, todos os modelos de processo exigem das partes uma conduta baseada em um esquema de boa-fé subjetiva. Todavia, o modelo cooperativo pressupõe uma expansão da boa-fé desenvolvida pelos partícipes do processo para além da subjetiva, exigindo-a também no seu aspecto objetivo, cuja necessidade de observância igualmente recai sobre o juiz.

Além da boa-fé, o processo cooperativo também está comprometido com a verdade, ainda que uma verdade processual, baseada num juízo de verossimilhança. Diferentemente do processo paritário, em que a valoração da prova era livre, mas o juiz apenas observava o processo, ficando exclusivamente a cargo das partes sua instrução, e do processo assimétrico, no qual o juiz tinha absoluta liberdade para produzir e valorar provas, no processo cooperativo atribui-se poderes instrutórios ao juiz, e se lhe possibilita total liberdade de valoração do conjunto probatório, ficando vinculado, todavia, ao dever de motivação, manifestação última do próprio contraditório, instrumento mor da colaboração.

Desse modo, a cooperação "visa outorgar *nova dimensão ao papel do juiz na condução do processo*. O juiz do processo cooperativo é um juiz isonômico na sua condução e assimétrico apenas quando impõe suas decisões".[57] Neste modelo de processo, que também é princípio,[58] o juiz se submete a um conjunto de regras na condução do processo, assumindo deveres como os de *esclarecimento,* de *diálogo,* de *prevenção* e de *auxílio* para com as partes. Neste ponto, Daniel Mitidiero alerta que "a colaboração no processo, devida no Estado

---

[56] MITIDIERO, Daniel. *Colaboração no processo civil*: pressupostos sociais, lógicos e éticos. 2. ed. São Paulo: Revista dos Tribunais, 2011, p. 101.

[57] SARLET, Ingo Wolfgang; MARINONI, Luiz Guilherme; MITIDIERO, Daniel. *Curso de direito constitucional*. 2. ed. São Paulo: Revista dos Tribunais, 2013, p. 710.

[58] MITIDIERO, Daniel. *A colaboração como modelo e como princípio no processo civil*. Originalmente publicado no alemão: Kooperation als Modell und Prinzip im Zivilprozess. ZZPInt, n. 18, 2013, p. 379-391. Disponível em <https://www.academia.edu/10250562/Cooperação_como_Modelo_e_como_Princ%C3%ADpio_no_Processo_Civil>. Acesso em 28.01.2015. Divergindo sobre a classificação da cooperação como princípio: STRECK, Lenio Luiz. *Verdade e consenso*. 3. ed. Rio de Janeiro: Lumen Juris, 2009, p. 538-539.

Constitucional, é a colaboração do juiz para com as partes [...] não se trata de colaboração entre as partes".[59]

Assim, no contemporâneo Estado Constitucional, o processo justo prometido pelo texto da CF/88, informado pelo formalismo-valorativo, conforma-se por intermédio da cooperação, modelo de processo incontornável para a consecução de uma decisão justa.

1.4. A proposta do formalismo-valorativo de Carlos Alberto Alvaro de Oliveira

Apresentando-se como a quarta fase metodológica do direito processual, o formalismo-valorativo, expressão cunhada por Carlos Alberto Alvaro de Oliveira,[60] supera a fase instrumentalista e se "assume como um verdadeiro método de pensamento e programa de reforma do nosso processo".[61]

Segundo seu idealizador, inicialmente faz-se necessário distinguir a forma em sentido estrito – como materialização dos atos processuais, submetidos ainda a condições de lugar e tempo, tratadas como *formalidades* –, da forma em sentido amplo ou formalismo. Esta deve ser considerada como

> a totalidade formal do processo, compreendendo não só a forma, ou as formalidades, mas especialmente a delimitação dos *poderes*, *faculdades* e *deveres* dos sujeitos processuais, coordenação de sua atividade, ordenação do procedimento e organização do processo, com vistas a que sejam atingidas suas finalidades primordiais.[62]

Desta forma, o termo *formalismo*, quase sempre empregado pela doutrina no sentido negativo[63] para se referir ao apego excessivo às formas, aqui deve ser lido como "conceito que visa a abarcar a totalidade das posições jurídicas processuais objetivando o seu equilíbrio e, daí, sua ótima ordenação".[64]

Nessa perspectiva, Alvaro de Oliveira ressalta a indispensabilidade do formalismo no processo civil, seja como limitador ao

---

[59] SARLET, Ingo Wolfgang; MARINONI, Luiz Guilherme; MITIDIERO, Daniel. *Curso de direito constitucional*. 2. ed. São Paulo: Revista dos Tribunais, 2013, p. 710.

[60] OLIVEIRA, Carlos Alberto Alvaro de. *Do formalismo no processo civil*: proposta de um formalismo-valorativo. 4. ed. São Paulo: Saraiva, 2010.

[61] MITIDIERO, Daniel. *Colaboração no processo civil*: pressupostos sociais, lógicos e éticos. 2. ed. São Paulo: Revista dos Tribunais, 2011, p. 51.

[62] OLIVEIRA, Carlos Alberto Alvaro de. *Do formalismo no processo civil*, op. cit., p. 28.

[63] Para Eduardo Cambi, o formalismo em si mesmo já é uma deformação (CAMBI, Eduardo. *Neoconstitucionalismo e Neoprocessualismo*. São Paulo: Revista dos Tribunais, 2009, p. 115).

[64] MITIDIERO, Daniel. *Colaboração no processo civil*, op. cit., p. 52.

exercício do órgão julgador, evitando arbitrariedades do juiz na condução do processo caso ficasse ao seu critério a aplicação de normas procedimentais quanto ao exercício da jurisdição, seja como controlador dos excessos cometidos pela parte em relação à outra, na medida em que atribui "às partes, na mesma medida, poderes, faculdades e deveres", em clara alusão à necessidade de um contraditório efetivo.

Quanto ao "valorativo" empregado na expressão, o jurista gaúcho ressalta a instrumentalidade do processo como meio de consecução de determinados fins, sempre comprometido com os valores da justiça, segurança, paz social e efetividade, elencados como *fatores externos do formalismo*. Destacando a natureza cultural do fenômeno jurídico-processual, o autor, citando Galeno Lacerda em célebre trabalho sobre o tema,[65] afirma que "é no processo que se fazem sentir a vontade e o pensamento do grupo, expressos em hábitos, costumes, símbolos, fórmulas ricas de sentido, métodos e normas de comportamento".[66] E não há como dissociar cultura de valores.

Logo, o processo não pode permanecer insensível aos valores compartilhados pela sociedade na qual está inserido, sob pena de perder em efetividade, entendida como "sua real obediência e aplicação no plano dos fatos"[67] – ou eficácia social, na lição de José Afonso da Silva.[68]

Quanto ao *valor justiça*, Alvaro de Oliveira se refere à finalidade jurídica do processo, porquanto este deve ser meio hábil à atuação concreta do direito material, servindo ainda como limitador do poder do juiz, na medida em que não se pode permitir ataques à igualdade jurídica assegurada na norma material, risco que poderia existir ao "se conceder espaço no processo a um poder incondicional do órgão judicial, como se este pudesse ser o 'senhor do processo' (*Herr des Verfahrens*)".[69]

O *valor segurança*, por sua vez, está intimamente ligado à função política do processo, pois voltado à observância do direito objetivo como um todo e consolidação da autoridade do Estado na organiza-

---

[65] LACERDA, Galeno. Processo e cultura. *Revista de Direito Processual Civil*, 3 (1962), p. 74-86.

[66] OLIVEIRA, Carlos Alberto Alvaro de. *Do formalismo no processo civil*: proposta de um formalismo-valorativo. 4 ed. São Paulo: Saraiva, 2010, p. 95.

[67] SARLET, Ingo W. *A eficácia dos direitos fundamentais*. 11. ed. Porto Alegre: Livraria do Advogado, 2012, p. 237.

[68] SILVA, José Afonso da. *Aplicabilidade das normas constitucionais*. 2. ed. São Paulo: RT, 1982, p. 48-50.

[69] OLIVEIRA, Carlos Alberto Alvaro de. *Do formalismo no processo civil*: proposta de um formalismo-valorativo. 4 ed. São Paulo: Saraiva, 2010, p. 100.

ção social e disciplinamento jurídico. A efetivação desse valor exige a criação de regras jurídicas claras e acessíveis, protegendo-se situações jurídicas já consolidadas e favorecendo a previsibilidade dos julgamentos. No campo processual destacam-se regras que visam a concretizar o devido processo legal – justo processo, na sua visão dinâmica – e a uniformização da jurisprudência, assim como ferramentas de controle de constitucionalidade, "tudo para diminuir as possibilidades de erros e contradições, incrementando, assim, mediante o aperfeiçoamento da distribuição de justiça, a confiança do cidadão na autoridade do Estado".[70]

Por seu turno, o *valor da paz social* conduz à resolução dos conflitos com presteza e mediante a aplicação de meios idôneos. Aqui se encontra inserida a necessidade de imprimir maior eficiência à administração da justiça, mas sem descuidar da proporcionalidade entre os meios disponíveis e o fim a ser alcançado.[71] Dessa forma, a conformação do procedimento deve ser otimizada a fim de atender, concomitantemente, as exigências da finalidade legal com as características do meio mais idôneo. Aqui também se inserem as pretensões coletivas, necessidade inerente da atual sociedade de massa.

Alvaro de Oliveira defende que o *valor efetividade* está consagrado no art. 5º, XXXV, da Constituição Federal, "pois não é suficiente tão somente abrir a porta de entrada do Poder Judiciário, mas prestar jurisdição tanto quanto possível eficiente, efetiva e justa".[72] Dessa forma, o autor insere neste contexto a adequação de instrumentos às novas exigências do direito material – e credita à efetividade o elastecimento da tutela cautelar e execução específica das obrigações de fazer e não fazer, por exemplo –, bem como a razoável duração do processo, entendido como aquele sem dilações indevidas ou formalismos excessivos.

Dentre os valores citados, sobressaem segurança e efetividade no formalismo-valorativo, tidos pelo autor como *normas principiais*, "voltadas a satisfazer as finalidades próprias do processo, orientando o juiz na aplicação das regras, princípios e postulados normativos aplicativos".[73] Essas duas normas se encontram em constante conflito,

---

[70] OLIVEIRA, Carlos Alberto Alvaro de. *Do formalismo no processo civil*: proposta de um formalismo-valorativo. 4 ed. São Paulo: Saraiva, 2010, p. 104.

[71] Idem, p. 108.

[72] Idem, p. 111.

[73] DEXHEIMER, Vanessa Grazziotin. Atuação do juiz na condução do processo civil no estado constitucional. In: MITIDIERO, Daniel (coord.). *O processo civil no estado constitucional*. Salvador: JusPodivm, 2012, p. 494.

numa relação proporcional, ou seja, quanto mais segurança, menos efetividade, e vice-versa, sendo o seu correto equacionamento no caso concreto a resposta para a concretização da justiça material.

É, portanto, dessa base axiológica do processo que "ressaem *princípios, regras* e *postulados* para sua elaboração dogmática, organização, interpretação e aplicação",[74] valorizando-se o papel de todos os envolvidos (autor, réu e juiz), exigindo-se destes uma participação cooperativa que tem lugar no processo, como ambiente adequado de diálogo, e conferindo ao juiz um poder criativo frente à nova hermenêutica jurídica, que tem como principal lema a distinção teórica entre nexo e norma, sendo essa o produto da interpretação daquele.[75]

1.5. A pretensão à tutela efetiva, de Darci Guimarães Ribeiro

Hoje em dia, o Estado assume o papel de pacificador social, avocando para si o dever de solução de conflitos e, consequentemente, retirando do indivíduo qualquer possibilidade de justiça privada – trata-se do monopólio da jurisdição –, que, nas palavras de Darci Guimarães Ribeiro, *"es el resultado natural de la formación del Estado que trae consigo consecuencias tanto para los individuos com para el proprio Estado"*.[76]

Dessa forma, em contrapartida ao apoderamento estatal sobre o poder jurisdicional, consagrada pelo nosso ordenamento jurídico no art. 5º, XXXV, da Constituição Federal, este adquire a obrigação de propiciar a resolução dos litígios aos indivíduos. Neste sentido é a lição de Darci Ribeiro:

> La suma de estas consecuencias genera, indistintamente, para todas las personas de la comunidad, una promesa de protección a todos aquellos que necesiten de justicia, es decir, desde que el Estado monopolizó la distribución de la justicia se comprometió, como consecuencia directa de este monopolio, a garantizar y asegurar la protección de aquellos individuos que necesiten de ella.

Todavia, não se trata de qualquer tutela jurisdicional a ser prestada pelo Estado ao indivíduo, mas uma tutela qualificada, ou seja,

---

[74] OLIVEIRA, Carlos Alberto Alvaro de. *Do formalismo no processo civil*: proposta de um formalismo-valorativo. 4 ed. São Paulo: Saraiva, 2010, p. 22.

[75] DIDIER JR., Fredie. *Sobre a teoria geral do processo, essa desconhecida*. 2. ed. Salvador: JusPodivm, 2013, p. 123.

[76] RIBEIRO, Darci Guimarães. *La pretensión procesal y la tutela judicial efectiva*. Barcelona: Bosch, 2004, p. 76.

uma "tutela jurisdicional adequada e efetiva [...] idônea aos direitos".[77] Na mesma esteira, assevera Robert Alexy que "direitos a procedimentos judiciais e administrativos são direitos essenciais a uma 'proteção jurídica efetiva'".[78] Ainda sobre o tema, concludente é o magistério de Darci Ribeiro, apoiado na doutrina de Mauro Cappelletti:

> El monopolio no crea para el Estado el deber de prestar cualquier tutela jurisdiccional, sino la tutela jurisdiccional apropriada al derecho material que la parte trae a juicio, es decir, el Estado que es titular de la potestad jurisdiccional debe colocar a disposición de los ciudadanos un instrumento (proceso) capaz de amodarse a los intereses en conflicto, para poder así proporcionar justicia en un tiempo adecuado a los consumidores de los servicios jurisdiccionales.

Dessa forma, clara é a relação que Darci Ribeiro faz entre efetividade da tutela jurisdicional e o tempo de duração do processo. A afinidade fica mais nítida quando o autor assevera que "a efetividade encontra-se positivada no inciso LXXVIII do art. 5º da Constituição Federal",[79] referindo-se à garantia constitucional da *razável duração do processo e os meios que garantam a celeridade de sua tramitação.*

Outro ponto que merece destaque é a proposta de inserir a efetividade como um do desígnios do Estado em sua concepção atual, "na medida em que contribui para a construção de uma sociedade mais justa (art. 3º, I, da CF), baseada na dignidade da pessoa humana (art. 1º, III, CF), pois de acordo com Rui Barbosa, a justiça prestada de forma tardia equivale à injustiça qualificada".[80] Nessa perspectiva, a tarefa constitucional de promover a efetividade – alçada ao patamar de *postulado normativo*[81] – acaba vinculando o Estado de forma geral e irrestrita – Poderes Executivo, Legislativo e Judiciário – em suas três esferas: federal, estadual e municipal.

A Administração Pública assume o dever de fomentar a efetividade da tutela jurisdicional por meio de prestações fáticas, propiciando meios estruturais aptos a uma atividade eficiente, tanto do ponto

---

[77] SARLET, Ingo W.; MARINONI, Luiz Guilherme; MITIDIERO, Daniel. *Curso de direito constitucional.* 2 ed. São Paulo: RT, 2013, p. 711-12.

[78] ALEXY, Robert. *Teoria dos direitos fundamentais.* Trad. Virgílio Afonso da Silva. 2. ed. São Paulo: Malheiros, 2012, p. 488.

[79] RIBEIRO, Darci Guimarães. *Da tutela jurisdicional às formas de tutela.* Porto Alegre: Livraria do Advogado, 2010, p. 79.

[80] RIBEIRO, Darci Guimarões. A garantia constitucional do postulado da efetividade desde o prisma das sentenças mandamentais. In: MOLINARO, Carlos Alberto.; MILHORANZA, Mariângela Guerreiro; PORTO, Sérgio Gilberto. *Constituição, jurisdição e processo.* Sapucaia do Sul: Notadez, 2007, p. 139.

[81] O autor adota a distinção entre postulados, princípios e sobreprincípios elaborada por Humberto Ávila (ÁVILA, Humberto. *Teoria dos princípios.* 14. ed. São Paulo: Malheiros, 2013).

de vista de pessoal qualificado, quanto da infraestrutura adequada ao desiderato. O Poder Legislativo, por seu turno, ao regulamentar os ditames constitucionais e funcionamento dos tribunais, por exemplo, deve-se ater à efetividade, evitando normas que tragam riscos de inefetividade e eliminando-as, na medida do possível. Por fim, o Judiciário se vincula ao postulado da efetividade na medida em que passa a ter o dever de adotar uma hermenêutica voltada à sua satisfação, sobressaindo-se a função de orientar a interpretação e aplicação de princípios e regras própria dos postulados normativos.

1.6. O direito processual no Estado Constitucional

Sob o rótulo de constitucionalista, entendido como aquele Estado "organizado através de uma Constituição, estatuto jurídico que lhe dá sustentação e legitima o exercício do poder de seus governantes",[82] a doutrina identifica basicamente três modelos de supremacia do direito,[83] a saber: Estado Liberal de Direito, Estado Social de Direito e Estado Democrático de Direito, este último conhecido ainda como Estado social e democrático de Direito[84] [85] ou Estado Democrático Constitucional,[86] cada qual trazendo sua particular fórmula de atuação do Poder Judiciário e de entender o processo, para ficar no que mais de perto interessa ao presente livro.

As principais marcas do modelo constitucional de Estado liberal – responsável pelo rompimento definitivo com o anterior Estado absolutista no decorrer dos séculos XVII a XIX – são o consentimento e o individualismo. Aqui ganha espaço a autonomia privada, cabendo ao Estado tão somente a regulamentação, pelo Poder Legislativo, de condutas sociais mínimas e organizacionais. A Constituição,

---

[82] TORRES, Artur Luis Pereira. *Constitucionalização e humanização do processo*: a dimensão processual da dignidade como decorrência sistêmica da concepção, constitucional e democrática, do direito de agir para o Brasil do século XXI. Tese (Doutorado em Direito) – Faculdade de Direito, PUCRS. 179 f. Porto Alegre, 2014, p. 14. Texto no prelo gentilmente cedido pelo autor.

[83] A supremacia do direito deve ser aqui caracterizada como a "acolhida na Constituição, por consenso da comunidade, de valores éticos supremos do direito como fins últimos da convivência política e – a partir daí – a sujeição ao ordenamento jurídico vigente, por meio de técnicas normativas adequadas, da organização e do funcionamento do Estado e de toda a vida social" (SOUZA JR., Cezar Saldanha. *A supremacia do direito no estado democrático e seus modelos básicos*. Porto Alegre: Do Autor, 2002, p. 59)

[84] NOVAIS, Jorge Reis. *Contributo para uma teoria do Estado de direito*: do Estado de direito liberal ao Estado social democrático de direito. Coimbra: Gráfica de Coimbra, 1987.

[85] MACEDO, Elaine Harzheim. *Jurisdição e processo*. Porto Alegre: Livraria do Advogado, 2005.

[86] ZANETI JR., Hermes. *A constitucionalização do processo*. 2. ed. São Paulo: Atlas, 2014.

assumindo uma natureza negativa, apenas traça os limites ao poder estatal e consagra "liberdades e direitos ao cidadão passíveis de se oporem ao Estado, a assegurar a propriedade privada, a economia de mercado, valores baseados no individualismo, etc.",[87] ficando a atuação do Executivo limitada sobremaneira "às tarefas de garantia da liberdade e da segurança",[88] sobressaindo-se, neste contexto, o Poder Legislativo sobre os demais, a quem cabia a posição de principal fonte do direito, dando azo a um *governo das leis*, ou *Estado Legislativo de Direito*.

Nesta senda, Luigi Ferrajoli assenta que:

> El Estado de Derecho moderno nace, con la forma del *Estado legislativo de Derecho*, en el momento en que esta instancia alcanza realización histórica, precisamente, con la afirmación del principio de legalidad como criterio exclusivo de identificación del Derecho válido y antes aún existente, con independencia de su valoración como justo.[89]

O *poder de julgar* no Estado Liberal Clássico assume função secundária, uma vez que a única fonte do direito é a lei, cabendo ao julgador apenas declará-la, numa atividade de mera subsunção, limitando-se a função judicial, portanto, "a uma tarefa de aplicação mecânica lógico-silogística do texto legal".[90] Adverte Ferrajoli que no Estado Legislativo de Direito, *"una norma jurídica es válida no por ser justa, sino exclusivamente por haber sido "puesta" por una autoridad dotada de competencia normativa"*.[91] Assim, o juiz assumia uma função estritamente declaratória. Aqui o juiz é a *boca da lei*.

Luiz Guilherme Marinoni credita essa postura negativa do julgador ao mito da neutralidade, pois segundo o pensamento liberal, quanto maiores os poderes conferidos ao juiz, maiores as possibilidades de se ter um opressor. Essa sistemática de anulação do Estado--juiz pressupunha:

> (a) ser possível um juiz despido de vontade inconsciente, (b) ser a lei – como pretendeu Montesquieu – uma relação necessária fundada na natureza das coisas, (c) predominar no processo o interesse das partes e não o interesse público na realização da justiça e, ainda, (d) que o juiz nada tem a ver com o resultado da instrução, como

---

[87] MACEDO, Elaine Harzheim. *Jurisdição e processo*. Porto Alegre: Livraria do Advogado, 2005, p. 114.

[88] FACHINNI NETO, Eugênio. O Judiciário no mundo contemporâneo. *Revista da AJURIS*, Porto Alegre, ano 34, n. 108, p. 139/165, dez. 2007. p. 141.

[89] FERRAJOLI, Luigi. Pasado y futuro del estado de derecho. In: CARBONNEL, Miguel (Org.). *Neoconstitucionalismo(s)*. Madrid: Trotta, 2003, p. 16.

[90] PIÇARRA, Nuno. *A separação dos poderes como doutrina e princípio constitucional*: um contributo para o estudo das suas origens e evolução. Coimbra: Coimbra, 1989, p. 97.

[91] FERRAJOLI, Luigi. Pasado y futuro del estado de derecho. Op. cit., p. 16.

se a busca do material adequado para a sua decisão fosse somente problema das partes, no que o julgador não deve interferir.[92]

Neste contexto, os direitos fundamentais assumem relevante papel, colocando-se como verdadeira barreira à ingerência estatal nas liberdades individuais. Nascem aqui os chamados direitos fundamentais de primeira dimensão ou *direitos de defesa*, de cunho essencialmente *negativos*, "mais especificamente como direitos de defesa, demarcando uma zona de não intervenção do Estado e uma esfera de autonomia individual em face de seu poder".[93]

Quanto ao processo civil, este era visto em uma perspectiva eminentemente privatística, colocado como *coisa das partes*[94] e ao Estado não cabe interferir. É erguida uma muralha entre o público e o privado. Na lição de Dierle José Nunes, essa fase do processo, identificada como *liberalismo processual*, assenta suas premissas em uma

> [...] concepção de protagonismo processual das partes, uma vez que desde a abertura (proposição) do procedimento, até mesmo o impulso processual era confiado a elas, de modo que a tramitação do processo, os prazos e o término das fases procedimentais dependiam do alvedrio dessas.[95]

Assim, com a nulificação do poder do julgador em prol da mínima intervenção estatal, a quem só restava o papel de "mero espectador passivo e imparcial do debate, sem quaisquer ingerências interpretativas que pudessem causar embaraços às partes",[96] o direito de ação era tido como mera garantia de estar em juízo, propondo ou contestando uma ação.

Para atender aos fins do liberalismo burguês, apesar de já se adotar o entendimento de que o direito de ação deveria ser visto como o direito de postular à jurisdição a realização de um direito material negado, mas dissociado deste, só teria sentido falar-se em direito à ação como *"garantía de protección de la libertad, la propiedad y, aún, para mantener el funcionamiento de los mecanismos del mercado, a*

---

[92] MARINONI, Luiz Guilherme. *Novas linhas do processo civil*. 2. ed. São Paulo: Malheiros, 1996, p. 66.

[93] SARLET, Ingo Wolfgang. *A eficácia dos direitos fundamentais*. 11. ed. Porto Alegre: Livraria do Advogado, 2012, p. 46-47.

[94] Sobre a expressão e mais da natureza privatística do processo: SCALABRIN, Felipe; RAATZ, Igor. O processo civil no estado democrático de direito na superação do modelo de processo do estado liberal. *Revista Direitos Fundamentais e Justiça*. Porto Alegre, n. 14, p. 269-296, jan./mar. 2011, p. 276, nota 35.

[95] NUNES, Dierle José Coelho. *Processo jurisdicional democrático*: uma análise crítica das reformas processuais. Curitiba: Juruá, 2009, p. 77.

[96] Ibidem.

través del otorgamiento al acreedor que no tuviera satisfecho su derecho de créditode su equivalente en dinero".[97]

Deste modo, a prestação jurisdicional da época se resumia à tutela declaratória ou ressarcitória pelo equivalente em dinheiro. Não se falava em tutela específica do direito material ou outras técnicas adequadas às variadas necessidades do direito substancial. A ação era "definida como o direito subjetivo lesado (ou: o resultado da lesão ao direito subjetivo)".[98] Ademais, todos os indivíduos eram formalmente iguais, e o Estado sequer preocupava-se com as dificuldades econômicas ao exercício do direito de ação. Neste quadro, o julgador também não detinha poder para executar seus comandos, e o processo, colocado exclusivamente a serviço dos interesses da burguesia, era apenas a garantia de ir a juízo, propor ou defender-se. Nas palavras de Marinoni,

> [...] a preocupação com o arbítrio do juiz não fez surgir apenas a ideia de que a sentença deveria se limitar a declarar a lei, mas também retirou do juiz o poder de exercer *imperium*, ou de dar força executiva às suas decisões. Aliás, diante da desconfiança do direito liberal em relação ao juiz posterior à Revolução Francesa, era natural a preocupação com a execução das decisões, pois essa poderia gerar maiores riscos do que a sentença declaratória (*lato sensu*).[99]

No mesmo sentido, Michele Taruffo resumiu o processo no Estado liberal clássico no binômio "total liberdade das partes privadas frente ao juiz; forte controle político sobre o juiz por parte do governo".[100]

Ocorre que a sociedade não é estanque, a política se renova e a economia avança, sobretudo em um modelo de Estado liberal marcado pela não intervenção estatal, inexistência de limites ao mercado e legislação como única fonte do direito, o que acabaria por redundar em uma neutralidade insustentável do Estado frente ao povo.

José Afonso da Silva, constatando a falência do modelo liberal de Estado e apontando os fatores determinantes, assenta que:

---

[97] MARINONI, Luiz Guilherme. Derecho fundamental a la tutela judicial efectiva. Disponível em <https://www.academia.edu/1595825/derecho_fundamental_a_la_tutela_judicial_efectiva>. Acesso em 10.10.2014.

[98] DINAMARCO, Cândido Rangel. *A instrumentalidade do processo*. 14. ed. São Paulo: Malheiros, 2009, p. 18.

[99] MARINONI, Luiz Guilherme. Do processo civil clássico à noção de direito a tutela adequada ao direito material e à realidade social. Disponível em < http://www.abdpc.org.br/abdpc/artigos/Luiz%20G%20Marinoni%20(9)%20-%20formatado.pdf>. Acesso em 10.10.2014.

[100] TARUFFO, Michele. *La giustizia civile in Italia dal '700 a oggi*. Bologna: Soc. Editrice il Mulino, 1980, p. 149.

> O individualismo e o abstencionismo ou neutralismo do Estado liberal provocaram imensas injustiças, e os movimentos sociais do século passado e deste especialmente, desvelando a insuficiência das liberdades burguesas, permitiram que se tivesse consciência da necessidade da justiça social [...][101]

Assim, a igualdade meramente formal garantida no liberalismo clássico não era mais suficiente para garantir o bem comum. Passou a exigir-se, nos dizeres de Artur Torres,[102] um descruzar de braços do Estado, o abandono da posição negativa, passiva e agora assumir um comportamento positivo, por meio de ações voltadas a propiciar uma igualdade material aos indivíduos, e não mais apenas aquela prevista na lei.

Nas palavras de Elaine Macedo, os acontecimentos sociais vividos no final do século XIX e início do século XX (a exemplo das duas Guerras Mundiais e a Grande Depressão de 1929), "não mais autorizavam o rígido estabelecimento entre as esferas pública e privada, passando o Estado a se fazer presente em inúmeras relações antes infensas à sua intervenção".[103] Estavam plantadas as sementes do *Estado social* ou *Estado providência*, em substituição ao modelo liberal de governo, agora reivindicando um Estado presente e provedor de bens e serviços. A mudança de paradigma finca suas raízes com o advento das constituições socialistas do México (1917) e de Weimar (1919).

Para Renata Espíndola Virgílio,

> Essa transformação exigia não somente a concretização dos direitos à igualdade, liberdade e propriedade, mas também a garantia de novos direitos, como os coletivos e sociais. Defendia-se um modelo de bem-estar social, onde o Estado volta a intervir na economia, assumindo um papel de garantidor de bens e serviços, isto é, o Estado passa a ser um ente intervencionista e protecionista.[104]

Neste novo paradigma de Estado constitucional surgem os chamados direitos fundamentais de segunda dimensão, especialmente como medidas para brecar o capitalismo selvagem e explorador da mão de obra, partindo do pressuposto que "não se cuida mais,

---

[101] SILVA, José Afonso da. *Curso de direito constitucional positivo*. 35. ed. São Paulo: Malheiros, 2012, p. 115.

[102] TORRES, Artur Luis Pereira. *Constitucionalização e humanização do processo*: a dimensão processual da dignidade como decorrência sistêmica da concepção, constitucional e democrática, do direito de agir para o Brasil do século XXI. Tese (Doutorado em Direito) – Faculdade de Direito, PUCRS. 179 f. Porto Alegre, 2014, p. 14.

[103] MACEDO, Elaine Harzheim. *Jurisdição e processo*. Porto Alegre: Livraria do Advogado, 2005, p. 116.

[104] VIRGÍLIO, Renata Espíndola. *O papel do Poder Judiciário e do processo civil no Estado liberal e social*. Jus Navigandi, Teresina, ano 19, n. 3952, 27 abr. 2014. Disponível em: <http://jus.com.br/artigos/27979>. Acesso em 10.11.2014.

portanto, de liberdade do e perante o Estado, e sim de liberdade por intermédio do Estado".[105]

Batizados pela doutrina como *direitos econômicos, sociais e culturais*[106] da segunda dimensão, importante anotar que, além das chamadas *liberdades sociais*, eminentemente negativas, como, por exemplo, limitando jornadas de trabalho, e regulamentando o trabalho infantil e feminino, bem como a sindicalização, estes direitos se caracterizam por outorgar ao "indivíduo direitos a prestações sociais estatais, como assistência social, saúde, educação, trabalho, etc.".[107]

Todavia, no seu novo papel, o Estado, além de observar a não intervenção na esfera privada dos indivíduos, assegurada pelos direitos de defesa de primeira geração, também assume a tarefa de instrumentalizar e edificar condições fáticas favoráveis ao concreto exercício das liberdades individuais, o que realiza por meio de prestações estatais em sentido amplo, que, na concepção de Robert Alexy,[108] englobam (i) direitos a proteção, como direitos oponíveis em face do Estado para que esta proteja o indivíduo contra intervenções de terceiros (ii) direitos a organização e procedimento, em que se inclui o direito à prestação judiciária efetiva e (iii) direitos a prestações em sentido estrito, estes últimos concebidos como prestações fáticas (saúde, educação, moradia, segurança, etc.).

O Poder Judiciário não ficou infenso às mudanças apontadas. Agora com o protagonismo do Poder Executivo na condição de agente concretizador dos direitos e garantias fundamentais, o Estado-Juiz é impelido a abandonar a postura neutra outrora adotada no liberalismo burguês e convocado a assumir a fiscalização da política legislativa e da atuação do Executivo na consecução dos fins sociais. Na lição de Tércio Sampaio Ferraz Jr., ao lado do Legislativo e do Executivo, "o Judiciário torna-se responsável pela coerência de suas atitudes em conformidade com os projetos de mudança social, postulando-se que eventuais insucessos de suas decisões devam ser corrigidos pelo próprio processo judicial".[109]

---

[105] SARLET, Ingo Wolfgang. *A eficácia dos direitos fundamentais*. 11. ed. Porto Alegre: Livraria do Advogado, 2012, p. 47.

[106] CANOTILHO, J. J. Gomes. *Direito constitucional e teoria da constituição*. 7. ed. 11. reimp. Coimbra: Almedina, 2003, p. 471-484.

[107] SARLET, Ingo Wolfgang. *A eficácia dos direitos fundamentais*, op. cit., p. 47.

[108] ALEXY, Robert. *Teoria dos direitos fundamentais*. Trad. Virgílio Afonso da Silva. 2. ed. São Paulo: Malheiros, 2012, p. 433-511.

[109] FERRAZ JÚNIOR, Tércio Sampaio. *O Judiciário frente à divisão dos poderes*: um princípio em decadência? Revista USP, n. 21, p. 18-19, mar./abr./maio 1994. Disponível em: <http://www.usp.br/revistausp/21/02-tercio.pdf> Acesso em 10.12.2014, p. 19.

O processo, que por ora interessa, também absorveu os influxos do modelo constitucional de Estado social. Como estratégia de poder, o processo agora passa a ser efetivamente visto como instrumento de transformação social e se encontra neste novo momento imerso na chamada *socialização processual*,[110] deixando

> de ser um espaço privado, na medida em que deveria representar o exercício de uma função pública e soberana, espelhando um lugar no qual se exprimia a autoridade do Estado, com o escopo não somente de tutelar os interesses privados, mas também de realizar o interesse público da administração da justiça.[111]

A consagração da socialização do processo se deu por meio de duas etapas distintas. Na etapa inicial, que corresponde à primeira metade do século XX, os estudos de Franz Klein[112] foram decisivos para tirar o juiz da posição passiva imposta pelo liberalismo clássico e alçá-lo à condição de protagonista na condução do processo.

No final do século XIX, a partir das lições de Oskar Von Büllow,[113] o processo já era visto dissociado do direito material e a ciência processual autônoma em relação aquele, na fase conhecida como *processualismo*.[114] Assentada a ideia da autonomia da ação, o processo, como relação jurídica, passa então a ser o instrumento da jurisdição, atraindo todas as luzes para si, resultando numa exacerbada função do juiz como único criador do direito, instituindo um modelo assimétrico de processo, no qual "aparece o juiz como vértice de uma relação jurídica angular (ou triangular), alocado acima das partes".[115]

Na segunda etapa da socialização processual, sucedida no segundo pós-guerra, a ideia de processo como mero instrumento e o modelo assimétrico até então adotados entram em declínio. Os estudos de Mauro Cappelletti e Bryant Garth, denominados de *Projeto*

---

[110] NUNES, Dierle José Coelho. *Processo jurisdicional democrático*: uma análise crítica das reformas processuais. Curitiba: Juruá, 2009, p. 79.

[111] SCALABRIN, Felipe; RAATZ, Igor. O processo civil no estado democrático de direito na superação do modelo de processo do estado liberal. *Revista Direitos Fundamentais e Justiça*. Porto Alegre, n. 14, p. 269-296, jan./mar. 2011, p. 279.

[112] Para uma análise pontual dos estudos de Franz Klein sobre a socialização do processo civil, ver: NUNES, Dierle. Uma breve provocação aos processualistas: o processualismo constitucional democrático. In: ZUFELATO, Camilo; YARSHELL, Flávio Luiz (org.). *40 anos da Teoria Geral do Processo*: passado, presente e futuro. São Paulo: Malheiros, 2013, p. 218-237.

[113] MITIDIERO, Daniel. O processualismo e a formação do Código Buzaid. In: JOBIM, Marco Félix; TELLINI, Denise Estrella; JOBIM, Geraldo Cordeiro [Org.]. *Tempestividade e efetividade processual*: novos rumos do processo civil brasileiro. Caxias do Sul: Plenum, 2010, p. 109.

[114] Sobre as fases metodológicas do processo, consultar, com largo proveito: JOBIM, Marco Félix. *Cultura, escolas e fases metodológicas do processo*. 2. ed. Porto Alegre: Livraria do Advogado, 2014.

[115] MITIDIERO, Daniel. *Colaboração no processo civil*: pressupostos sociais, lógicos e éticos. 2. ed. São Paulo: Revista dos Tribunais, 2011, p. 77-78.

Florença de Acesso à Justiça, iniciados em 1973, levam à busca por novos paradigmas e à superação da ideia de processo como mera técnica, descomprometida com valores. O Estado passa a intervir em esferas nas quais outrora não se concebia, e as rígidas divisas entre público e privado começam a ruir. Dessa forma, o processo se aproxima da Constituição e comunga dos valores defendidos pela sociedade em que se encontra inserido. Para Cândido Rangel Dinamarco:

> A negação da natureza e objetivo puramente técnicos do sistema processual é ao mesmo tempo afirmação de sua permeabilidade aos valores tutelados na ordem político-constitucional e jurídico-material (os quais buscam efetividade através dele) e reconhecimento de sua inserção no universo axiológico da sociedade a que se destina.[116]

O processo até então tido como um negócio das partes, além de socializado, também passa a ser publicizado – sua constitucionalização é atualmente a mais forte expressão dessa natureza pública – alterando-se o foco do processo para os *resultados* e *efetividade* por ele proporcionados, inaugurando a fase metodológica denominada de *instrumentalismo*.[117] Nesta nova perspectiva, o processo, cuja performance para solução dos conflitos é de interesse maior ao Estado, ganha escopos, e para

> cada escopo, Cândido Rangel Dinamarco atribui fins que o processo deve perseguir, como (i) a paz social e a educação do povo naquele que chama de social, (ii) a afirmação da autoridade do Estado naquele que chama de político e, finalmente, (iii) na busca da vontade concreta do direito naquilo que denomina de escopo jurídico [...].[118]

E foi sob essa matriz instrumentalista que o Código de Processo Civil brasileiro de 1973 foi elaborado[119] e permanece até hoje, na visão de majoritária doutrina,[120] como sendo o modelo processual em plena vigência no século XXI.

---

[116] DINAMARCO, Cândido Rangel. *A instrumentalidade do processo*. 14. ed. São Paulo: Malheiros Ed., 2009, p. 23.

[117] Sobre a instrumentalidade do processo, consultar, por todos: DINAMARCO, Cândido Rangel. *A instrumentalidade do processo*. 14. ed. São Paulo: Malheiros Ed., 2009.

[118] JOBIM, Marco Félix. *Cultura, escolas e fases metodológicas do processo*. 2. ed. Porto Alegre: Livraria do Advogado, 2014, p. 122.

[119] BUZAID, Alfredo. *Estudos e pareceres de direito processual civil*. São Paulo: Revista dos Tribunais, 2002, p. 32-33.

[120] Além do seu idealizador em solo brasileiro, Cândido Rangel Dinamarco, também defendem que ainda vige no Brasil o modelo instrumentalista de processo, dentre outros: CINTRA, Antonio Carlos de Araújo; GRINOVER, Ada Pellegrini. *Teoria geral do processo*. 27. ed. São Paulo: Malheiros, 2011; YARSHELL, Flávio Luiz. *Curso de direito processual civil*, vol. I. São Paulo: Marcial Pons, 2014; WATANABE, Kazuo. *Da cognição no processo civil*. Campinas: Bookseller, 2000; BEDAQUE, José Roberto dos Santos. *Direito e processo*: influência do direito material sobre o processo. 6. ed. São Paulo: Malheiros, 2011.

Do ponto de vista político, a simples postura positiva do Estado, fornecendo bens indispensáveis à população, como seguro social, saúde e educação, assumida a partir do final do século XIX e que caracterizou o modelo social de Estado Constitucional, passou a não mais responder aos anseios da sociedade. A intensa atuação do Executivo para promover o bem social acabou acarretando em profundas crises sociais e econômicas a partir da década de 1970, agravadas com o processo de globalização.

Na lição de Boaventura de Sousa Santos, a crise do *Estado Providência* se iniciou no final da década de 1970, prolongando-se pela década de 1980, sendo sentida até os dias atuais, caracterizada principalmente por manifestações como a "incapacidade financeira do Estado para atender às despesas sempre crescentes da providência estatal".[121] Logo, um novo modelo de Estado se fez premente, visando, sobretudo, a suplantar as deficiências do modelo social. Estão plantadas as bases para o surgimento do contemporâneo Estado Democrático de Direito, ou simplesmente *Estado Constitucional*.

Diante das insuficiências apresentadas pelos estados sociais, constatando-se a significativa redução na "capacidade dos Estados de formular e implementar políticas públicas para atender aos seus problemas sociais e econômicos",[122] e os regimes totalitários implementados na Europa, surge a necessidade de se repensar o modelo de Estado que vise à salvaguarda de um rol de direitos fundamentais, baseados sobretudo na dignidade do homem.

Nessa perspectiva, a dignidade da pessoa humana surge no Estado Constitucional como elemento que confere unidade ao sistema de direitos fundamentais. Em última análise, "os direitos fundamentais são, em verdade, concretização do princípio fundamental da dignidade da pessoa humana, consagrado expressamente em nossa Lei Fundamental".[123] Todavia, não se está a ignorar a existência de direitos fundamentais que, ao menos diretamente, não são radicados na dignidade do homem, mas a grande maioria, tanto direitos funda-

---

[121] SANTOS, Boaventura de Sousa; MARQUES, Maria Manuel Leitão; PEDROZO, João. Os tribunais nas sociedades contemporâneas. *Oficina do CES – Centro de Estudos Sociais*. Coimbra, n. 65, nov. 1995. Disponível em: <https://estudogeral.sib.uc.pt/bitstream/10316/10965/1/Os%20Tribunais%20nas%20Sociedades %20Conte mpor%C3%A2neas.pdf>. Acesso em: 20.01.2015, p. 16.

[122] SARMENTO, Daniel. Constitucionalismo: trajetória histórica e dilemas contemporâneos. In: SARLET, Ingo W.; LEITE, George Salomão (Coord.). *Jurisdição constitucional, democracia e direitos fundamentais*. Salvador: Juspodivm, 2012, p. 108.

[123] SARLET, Ingo Wolfgang. *A eficácia dos direitos fundamentais*. 11. ed. Porto Alegre: Livraria do Advogado, 2012, p. 70.

mentais clássicos (art. 5º), quanto direitos sociais (art. 7º), claramente deitam suas raízes na dignidade humana.[124] [125]

Ressalte-se que os pressupostos filosóficos do liberalismo e do modelo social de Estado são recepcionados no Estado Democrático de Direito, mas com nova roupagem. A liberdade agora é tida como *liberdade de participação*, substituindo a mera liberdade formal de autonomia. O foco agora é o homem enquanto integrante de um *grupo*, e não mais individualmente considerado. Desse modo,

> [...] a exigência de socialização do Estado passa a exigir não somente o reconhecimento da intervenção dos grupos de interesse e organizações sociais na tomada das decisões políticas centrais, mas, efetivamente, a recondução institucional dessas decisões à vontade democraticamente expressa pelo conjunto da sociedade. Vale dizer, o cidadão deve ser visto como participante, e não mero recipiente da intervenção social do Estado.[126]

Assim, o Estado Democrático se ancora em dois pilares: democracia e direitos fundamentais. Nesse novo paradigma, ganham espaço os direitos fundamentais de 3ª dimensão, nas palavras de Ingo W. Sarlet, "também denominados de direitos de fraternidade ou de solidariedade", destinados à "proteção de grupos humanos (família, povo, nação)" e de "titularidade coletiva ou difusa".[127] No Brasil, o Estado Democrático de Direito é recepcionado na Constituição de 1988.[128]

O Princípio da Separação dos Poderes também sofre os influxos da novel ordem, e em substituição ao Legislativo no estado liberal e ao Executivo no estado social, agora o Poder Judiciário é alçado a poder preponderante, ampliando sobremaneira sua área de atuação como concretizador das garantias e promessas contidas nas constituições e não cumpridas nos modelos anteriores de estado.

---

[124] STARCK, Christian. Dignidade humana como garantia constitucional: o exemplo da Lei Fundamental alemã. In: SARLET, Ingo W. (Org.) *et al*. *Dimensões da Dignidade*: ensaios de filosofia do direito e direito Constitucional. 2. ed. Porto Alegre: Livraria do Advogado, 2013, p. 200.

[125] Para Peter Häberle, "a dignidade humana apresenta-se, de tal sorte, como 'valor jurídico mais elevado' dentro do ordenamento constitucional, figurando como 'valor jurídico supremo'." (HÄBERLE, Peter. A dignidade humana como fundamento da comunidade estatal. In: SARLET, Ingo W. (Org.) *et al*. *Dimensões da Dignidade*: ensaios de filosofia do direito e direito Constitucional. Porto Alegre: Livraria do Advogado, 2009. p. 54).

[126] SCALABRIN, Felipe; RAATZ, Igor. O processo civil no estado democrático de direito na superação do modelo de processo do estado liberal. *Revista Direitos Fundamentais e Justiça*. Porto Alegre, n. 14, p. 269-296, jan./mar. 2011, p. 281.

[127] SARLET, Ingo Wolfgang. *A eficácia dos direitos fundamentais*. 11. ed. Porto Alegre: Livraria do Advogado, 2012, p. 48.

[128] "Art. 1º A República Federativa do Brasil, formada pela união indissolúvel dos Estados e Municípios e do Distrito Federal, constitui-se em Estado Democrático de Direito [...]".

A fonte do direito não se encerra na lei, mas, antes de tudo, segundo lição de Gustavo Zagrebelsky, citado por Felipe Scalabrin e Igor Raatz, esta "passa a submeter-se a uma relação de adequação e subordinação a um *status* mais elevado de direito estabelecido pela Constituição, encarada como o centro para o que o todo deve convergir".[129]

Pode-se afirmar que até meados do século XX a Constituição era concebida apenas no seu aspecto político, como uma carta de orientações e aconselhamentos que deveria nortear especialmente a atividade do legislador – um feixe de normas programáticas, apenas – mas sem qualquer natureza jurídica.[130] Para Daniel Sarmento, a Constituição não era "uma autêntica norma jurídica, geradora de direitos para o cidadão, que pudesse ser invocada pelo Judiciário nos casos concretos".[131]

Todavia, essa percepção da Constituição começa a se alterar no segundo pós-guerra, juntamente com o declínio dos Estados sociais – ou Estado Providência, como já mencionado. Com a necessidade premente de se criar mecanismos capazes de salvaguardar os direitos fundamentais, profundamente violados nos regimes totalitários da Europa, novas Constituições são promulgadas, as quais, além de prever generoso rol de direitos fundamentais, alçados a cláusulas pétreas, com eficácia plena e imediata, assegurando-lhes natureza normativa, também passam a prever sistemas de controle de constitucionalidade dos atos estatais e tribunais constitucionais para a proteção e aplicação.

O movimento, inaugurado com a Lei Fundamental alemã de 1949, ganhou o mundo, chegando ao Brasil por meio da Constituição de 1988.[132]

Entretanto, muitas Constituições foram além do simples controle de constitucionalidade, por meio de uma jurisdição constitucional.

---

[129] SCALABRIN, Felipe; RAATZ, Igor. O processo civil no estado democrático de direito na superação do modelo de processo do estado liberal. *Revista Direitos Fundamentais e Justiça*. Porto Alegre, n. 14, p. 269-296, jan./mar. 2011, p. 281-82.

[130] Insta ressaltar que nos Estados Unidos a natureza normativa da Constituição já era plenamente reconhecida desde 1803, no julgamento do caso Marbury vs. Madison, pela Suprema Corte Estaduniense, que inaugurou o *judicial review of legislation*. Sobre o julgamento mencionado e outros que embasam a tese, ver com largo proveito: JOBIM, Marco Félix. *Medidas estruturantes*: da Suprema Corte Estadunidense ao Supremo Tribunal Federal. Porto Alegre: Livraria do Advogado, 2013, especialmente p. 57-100.

[131] SARMENTO, Daniel. Constitucionalismo: trajetória histórica e dilemas contemporâneos. In: SARLET, Ingo W.; LEITE, George Salomão (Coord.). *Jurisdição constitucional, democracia e direitos fundamentais*. Salvador: Juspodivm, 2012, p. 110.

[132] Ressalte-se que desde a Constituições de 1891 já havia o controle de constitucionalidade, mas sem destaque na política ou tribunais.

Promulgadas muitas vezes ainda sob o manto do Estado Social, surge um "ambicioso modelo constitucional" nas últimas décadas, conjugando o caráter de *autêntica norma jurídica* com o *constitucionalismo social*, alocando a Constituição no centro de todo o sistema jurídico, a qual, além de normas sobre a organização do Estado, um catálogo materialmente aberto de direitos fundamentais que abarca todas as dimensões aqui mencionadas e outras em franco desenvolvimento doutrinário e jurisprudencial.

Logo, sob o paradigma do Estado Democrático de Direito, o constitucionalismo contemporâneo assume as feições do *neoconstitucionalismo* ou *pós-positivismo*.[133] Nas palavras de Fredie Didier Jr., "passa-se, então, de um modelo de Estado fundado na lei (Estado legislativo) para um modelo de Estado fundado na Constituição (Estado Constitucional)".[134] [135] As consequências da mudança de paradigmas advindas com o neoconstitucionalismo são sentidas em três frentes, como bem sintetizado por Fredie Didier:[136] a) na ciência do direito constitucional; b) na teoria da norma jurídica; e c) na hermenêutica jurídica.

No tocante à ciência do direito constitucional, o reconhecimento da força normativa da Constituição,[137] como uma carta aberta de princípios e regras de aplicação imediata, a elevação dos direitos fundamentais ao centro de todo o ordenamento jurídico, passando a ser lidos numa dupla perspectiva subjetiva e objetiva, e a expansão da jurisdição constitucional, com a criação de mecanismos de controle de constitucionalidade, marcam o novo fenômeno.

Em relação à hermenêutica jurídica, as novidades introduzidas ficam a cargo do recrudescimento da necessária distinção entre *texto* e *norma*, sendo esta o resultado da interpretação daquele,[138] os

---

[133] Sobre os diferentes tipos de "neoconstitucionalismos", consultar com largo proveito: CARBONNEL, Miguel (Org.). *Neoconstitucionalismo(s)*. Madrid: Trotta, 2003.

[134] DIDIER JR., Fredie. *Sobre a teoria geral do processo*: essa desconhecida. 2. ed. Salvador: Juspodivm, 2013, p. 122.

[135] Tecendo fundamentada crítica sobre as ideias propagadas aos quatro cantos sobre o fenômeno do neoconstitucionalismo, ver: ÁVILA, Humberto. Neoconstitucionalismo: entre a 'ciência do direito' e o 'direito da ciência'". *Revista Eletrônica de Direito do Estado* (REDE). Salvador: Instituto Brasileiro de Direito Público, n. 17, 2009. Disponível em <http://www.direitodoestado.com.br/rede.asp>. Acesso em 10.11.2016.

[136] DIDIER JR., Fredie. *Sobre a teoria geral do processo*: essa desconhecida. 2. ed. Salvador: Juspodivm, 2013, p. 122-133.

[137] Para aprofundamento no tema: HESSE, Konrad. *A força normativa da Constituição*. Trad. Gilmar Ferreira Mendes. Porto Alegre: Sergio Antonio Fabris, 1991.

[138] GUASTINI, Riccardo. *Das fontes às normas*. Edson Bini (trad.). São Paulo: Quartier Latin, 2005, p. 131.

princípios da proporcionalidade e razoabilidade são consagrados na aplicação das normas jurídicas, o método da subsunção divide espaço com o da concretização dos textos normativos, atribuindo ao intérprete uma atividade criativa na sua tarefa,[139] e não meramente declaratória.

Na teoria das fontes, as alterações refletiram as mudanças na hermenêutica jurídica e estão relacionadas sobretudo ao reconhecimento da força normativa dos princípios, à concepção de uma técnica legislativa de "cláusulas gerais ou conceitos jurídicos indeterminados, que contêm termos ou expressões de textura aberta"[140] e à redefinição do papel da jurisprudência como fonte do direito.

O resultado das transformações mencionadas foi a *constitucionalização do Direito*, "com a irradiação das normas e valores constitucionais, sobretudo os relacionados aos direitos fundamentais, para todos os ramos do ordenamento".[141] Por esse novo movimento, não apenas todo o ordenamento jurídico converge para a Constituição, mas todo o Direito passa a vislumbrar a realização efetiva dos direitos fundamentais.

Tecendo críticas à forma indiscriminada de propagação das ideias genericamente denominadas de neoconstitucionalismo, Humberto Ávila busca identificar elementos básicos indicadores do movimento. Segundo o autor, concluindo pela inexistência de suporte no ordenamento constitucional brasileiro ao neoconstitucionalismo, é possível identificar como traços marcantes

> princípios em vez de regras (ou mais princípios do que regras); ponderação no lugar de subsunção (ou mais ponderação do que subsunção); justiça particular em vez de justiça geral (ou mais análise individual e concreta do que geral e abstrata); Poder Judiciário em vez dos Poderes Legislativo e Executivo); Constituição em substituição à lei (ou maior, ou direta, aplicação da Constituição em vez da lei).[142]

---

[139] DIDIER JR., Fredie. *Sobre a teoria geral do processo*: essa desconhecida. 2. ed. Salvador: Juspodivm, 2013, p. 123.

[140] BARROSO, Luiz Roberto. Neoconstitucionalismo e Constitucionalização do Direito. (O Triunfo Tardio do Direito Constitucional no Brasil). *Revista Eletrônica sobre a Reforma do Estado* (RERE), Salvador, Instituto Brasileiro de Direito Público, n. 9, março/abril/maio, 2007. Disponível em <http://www.direitodoestado.com.br/rere.asp>, p. 9. Acesso em 10.12.2014.

[141] SARMENTO, Daniel. Constitucionalismo: trajetória histórica e dilemas contemporâneos. In: SARLET, Ingo W.; LEITE, George Salomão (Coord.). *Jurisdição constitucional, democracia e direitos fundamentais*. Salvador: Juspodivm, 2012, p. 113.

[142] ÁVILA, Humberto. Neoconstitucionalismo: entre a "ciência do direito" e o "direito da ciência". *Revista Eletrônica de Direito do Estado* (REDE). Salvador: Instituto Brasileiro de Direito Público, n. 17, 2009. Disponível em <http://www.direitodoestado.com.br/rede.asp>. Acesso em 10.11.2014, p. 2.

Riccardo Guastini, por seu turno, apresenta uma proposta de compreender a *constitucionalización del ordenamiento jurídico* como

> un proceso de transformación de un ordenamiento al término de cual el ordenamiento en cuestión resulta totalmente "impregnado" por las normas constitucionales [...] capaz de condicionar tanto la legislación como la jurisprudencia y el estilo doctrinal, la acción de los actores políticos, así como las relacionaes sociales.[143]

Assim, a constitucionalização do direito vincula não apenas o Legislativo, ao ter sua discricionariedade limitada à produção de normas comprometidas com os ditames constitucionais e direitos fundamentais, vedando-se aí, também, a edição de leis que os restrinja de forma desproporcional, mas também o Executivo, na implementação de políticas públicas tendentes à satisfação das promessas constitucionais, e o Poder Judiciário, seja no controle de constitucionalidade (difuso e concentrado), seja como parâmetro hermenêutico condicionante da interpretação de todas as normas jurídicas.

Segundo Fredie Didier Jr.,[144] no campo do direito processual o advento da constitucionalização se revela em duas dimensões, a saber: i) os textos constitucionais incorporam normas processuais, inclusive como direitos fundamentais, encorpando a base constitucional do processo; ii) as normas processuais infraconstitucionais passam por uma releitura sob a lente da Constituição, agora entendidas, antes de tudo, como concretizadoras das disposições constitucionais.

Parte da doutrina[145][146] ainda identifica a ligação existente entre Constituição e processo sob duas perspectivas, propondo a existência de duas disciplinas[147] com objetos bem distintos: o *direito processual constitucional*, abrangendo o conjunto de regras e princípios voltados à regulamentação da jurisdição constitucional; e o *direito constitucional processual*, que compreenderia o feixe de princípios e regras de

---

[143] GUASTINI, Riccardo. La *"constitucionalización" del ordenamiento jurídico*: El caso italiano. In: CARBONNEL, Miguel. Neoconstitucionalismo(s), 2003, p. 49.

[144] DIDIER JR., Fredie. *Sobre a teoria geral do processo*: essa desconhecida. 2. ed. Salvador: Juspodivm, 2013, p. 122.

[145] CANOTILHO, J. J. Gomes. *Direito constitucional e teoria da constituição*. 7. ed. 11 reimp. Coimbra: Almedina, 2003, p. 965-967.

[146] NERY JR., Nelson. *Princípios do processo na Constituição Federal*. 11. ed. São Paulo: RT, 2013, p. 45-48.

[147] Hermes Zaneti Júnior é enfático ao asseverar que a distinção nesses dois ramos é apenas terminológica e "revela-se desnecessária e deve ser repudiada", defendendo a unificação sob o termo *processo constitucional*, que seria suficiente para abarcar toda a matéria processual trazida na CF/88, como princípios e garantias do processo, jurisdição constitucioanl *latu sensu*, incluindo as ações constitucionais, e a organização judiciária e funções essenciais à justiça. (ZANETI JR., Hermes. *A constitucionalização do processo*. 2. ed. São Paulo: Atlas, 2014, p. 162-67).

natureza processual positivados na Constituição, de forma mais ampla a todos os ramos do processo: penal, civil e administrativo.

Dessa forma, o direito processual no Estado Constitucional vai informado pelos valores constitucionais e sobretudo pelos direitos fundamentais, agora com aplicabilidade imediata e eficácia plena. Nas palavras de Sérgio Gilberto Porto e Daniel Ustárroz, "todas as normas e as interpretações da legislação processual devem respeito aos princípios e aos valores recepcionados pela Constituição Federal".[148] A atuação do Supremo Tribunal Federal frente a temas que historicamente jamais exigiram análise sob a ótica constitucional é um claro exemplo da constitucionalização do direito processual.

De outro norte, além da regulamentação da jurisdição constitucional e respectivas ações constitucionais, das competências e organização do Poder Judiciário, o conteúdo processual da Constituição incorpora direitos fundamentais do cidadão enquanto litigante em processo judicial. Trata-se de *direitos fundamentais do jurisdicionado*, ou *direitos fundamentais processuais*,[149] normas mais comumente denominadas pela doutrina como *garantias constitucional-processuais*.[150]

Elaine H. Macedo, citando Gisele Citadino, destaca a essência comunitária da Constituição de 1988, para quem, "na esteira do constitucionalismo europeu, contemplou exaustivo sistema de direitos individuais e sociais não se omitindo também em prever instrumentos aptos a garantir a efetividade desses direitos".[151] Logo, nesse paradigma, o processo – ou direito ao processo – sobressai como instrumento ao alcance de todos para viabilizar a realização dos demais direitos, fundamentais ou não, quando restam ameaçados ou violados.

Na mesma linha, Daniel Mitidiero afirma que não basta declarar os direitos, importa, antes de tudo, "instituir meios organizatórios de realização, procedimentos adequados e equitativos", concluindo, portanto, que "o direito processual civil no Estado Constitucional é essencialmente um direito processual civil pensado na teoria dos direitos fundamentais".[152]

---

[148] PORTO, Sérgio Gilberto; USTÁRROZ, Daniel. *Lições de direitos fundamentais no processo civil*. Porto Alegre: Livraria do Advogado, 2009, p. 30.

[149] CANOTILHO, J. J. Gomes. *Direito constitucional e teoria da constituição*. 7. ed. 11 reimp. Coimbra: Almedina, 2003, p. 966.

[150] PORTO, Sérgio Gilberto; USTÁRROZ, Daniel. Lições de direitos fundamentais no processo civil, op. cit., p. 36-39.

[151] MACEDO, Elaine Harzheim. *Jurisdição e processo*. Porto Alegre: Livraria do Advogado, 2005, p. 148.

[152] MITIDIERO, Daniel. *Processo civil e estado constitucional*. Porto Alegre: Livraria do Advogado, 2007, p. 89-91.

Enquadrando-se o processo civil na perspectiva das fases metodológicas alhures mencionadas, conclui, logo, que contemporaneamente, ao ser (re)lido pelo prisma dos direitos fundamentais, ele se afasta da mera instrumentalidade legal e se aproxima do compromisso com a efetiva concretização dos ditames constitucionais, na qualidade de *direito constitucional aplicado*, cujos parâmetros mínimos se encontram positivados na Constituição: fala-se atualmente de um processo constitucionalmente tutelado, apto a realizar os direitos fundamentais, mais se aproximando da ideia do formalismo-valorativo, como limitador dos poderes, faculdades e deveres dos sujeitos processuais, adjetivado ainda por fatores externos ao formalismo, como os valores da justiça, paz social, segurança e efetividade,[153] e, ainda, robustecido pela dignidade humana.

Podendo ser visto como a principal expressão da sedimentação do fenômeno da constitucionalização do direito processual civil no Brasil, no âmbito legislativo, o Código de Processo Civil de 2015 traz na primeira dúzia de artigos as chamadas *normas fundamentais do processo civil*, revelando a sintonia fina necessárias entre constituição e processo.

O art. 1º já deixa clara a nova postura que os operadores do direito devem incorporar daqui pra frente, ao dispor que o "processo civil será ordenado, disciplinado e interpretado conforme os valores e as normas fundamentais estabelecidos na Constituição da República Federativa do Brasil, observando-se as disposições deste Código".

Nos artigos que seguem, há a reprodução em boa parte de normas previstas expressamente na Constituição Federal, a exemplo do art. 3º (que praticamente transcreve o art. 5º, XXXV, CF), e do art. 4º (que traz a garantia de duração razoável do processo, já insculpida no art. 5º, LXXVIII, CF), e outras sem expresso assento constitucional, mas que indubitavelmente encontram na Constituição seu fundamento. Ademais, não é um rol exaustivo, pois existem outras normas fundamentais aplicáveis no e em razão do processo na CF e não mencionadas no CPC/2015, como a proibição da prova ilícita e o princípio do juiz natural, bem como outras espalhadas em outras partes do próprio Código, como o princípio de respeito ao autorregramento da vontade no processo (art. 190, CPC/2015).

Todavia, mais relevante do que identificar quais dessas normas encontram guarida na CF ou quais não merecem o selo da fundamentalidade (formal e/ou material) é compreender qual o seu papel no

---

[153] ALVARO DE OLIVEIRA, Carlos Alberto. *Do formalismo no processo civil*: proposta de um formalismo-valorativo. 4. ed. São Paulo: Saraiva, 2010, p. 65-73.

ordenamento. Segundo Marinoni, Arenhart e Mitidiero, "as normas fundamentais elencadas pelo legislador infraconstitucional constituem as *linhas mestras* do Código: são os eixos normativos a partir dos quais o processo civil deve ser interpretado, aplicado e estruturado".[154] Na mesma linha é a lição de Arruda Alvim, para quem

> os 12 primeiros artigos do CPC/2015 encontram-se sob a rubrica de normas fundamentais do processo civil. Fundamentais no sentido de que, como as normas constitucionais, são a síntese ou a matriz de todas as restantes disposições da lei, sendo que estas devem poder ser sempre direta ou indiretamente reconduzidas àquelas. A importância das normas fundamentais tem inclusive relação com a sua disposição topográfica, já no início do texto, de forma a servir de parâmetro hermenêutico a todo o restante do sistema.[155]

Dessa forma, pode-se chegar à conclusão de que as citadas normas fundamentais – ao representarem o modelo constitucional de processo – funcionam como vetores de interpretação e aplicação do Código, verdadeiras premissas interpretativas que devem nortear a compreensão não apenas do CPC, mas de todo o sistema processual, codificado e não codificado.

1.6.1. O processo digno como direito fundamental

Mergulhado em toda a nova carga de paradigmas do contemporâneo Estado Constitucional, como acima detalhado, o direito de ação (direito de acesso ao Judiciário ou direito ao processo), consagrado no art. 5º, XXXV, da CF, não se conforma mais com a simples garantia de apresentar uma pretensão ou uma defesa ao Judiciário, nem tampouco mero direito a uma sentença,[156] como outrora era compreendido no modelo liberal de Estado. Reinventou-se a cultura, a economia se desenvolveu, e as formas de governo se transformaram, enfim, a sociedade avançou, as necessidades mudaram – quantitativa e qualitativamente – e com ela o processo civil, agora relido com os óculos da Constituição Federal.[157]

---

[154] MARINONI, Luiz Guilherme; ARENHART, Sérgio Cruz; MITIDIERO, Daniel. *O novo processo civil*. São Paulo: RT, 2015, p. 167.

[155] ALVIM, Arruda. *Manual de direito processual civil*: teoria do processo e processo de conhecimento. 17. ed. São Paulo: RT, 2017, p. 225.

[156] CAPELLETTI, Mauro; GARTH, Bryant. *Acesso à justiça*. Trad. e rev. Ellen Gracie Northfleet. Porto Alegre: Sergio Antonio Fabris Editor, 1988.

[157] TORRES, Artur Luis Pereira. *Constitucionalização e humanização do processo*: a dimensão processual da dignidade como decorrência sistêmica da concepção, constitucional e democrática, do direito de agir para o brasil do século XXI. Tese (Doutorado em Direito) – Faculdade de Direito, PUCRS. 179 f. Porto Alegre, 2014, p. 39.

Todas as propostas analisadas no início desta obra (lançadas em momento pré-CPC/2015, mas já antevendo as premissas que norteariam o novo Código, tornando-as, portanto, ainda atualizadas) cuidaram de apresentar – sob perspectiva escolhida por cada autor – a concepção de processo civil que se desenha neste início de século XXI. O ponto de interseção em todos os ensaios, do *processo qualificado* de Guilherme Botelho à *pretensão à tutela efetiva* de Darci Guimarães Ribeiro, é o compromisso do processo com a concretização dos direitos fundamentais e o próprio processo encarado como direito fundamental do indivíduo, formal e materialmente.

Para Luiz Guilherme Marinoni não pairam dúvidas quanto à fundamentalidade do acesso à justiça. Segundo o professor da Universidade Federal do Paraná:

> O direito à prestação jurisdicional é fundamental para a própria efetividade dos direitos, uma vez que esses últimos, diante das situações de ameaça ou agressão, sempre restam na dependência da sua plena realização.[158]

E conclui, assentando que não foi por outro motivo que o direito a um processo efetivo "já foi proclamado como o mais importante dos direitos, exatamente por constituir o direito de fazer valer os próprios direitos".[159]

Dessa forma, em virtude das novas incursões do processo na Constituição – e vice-e-versa – o direito fundamental de acesso à justiça passa a exigir, para sua conformação, também uma releitura das garantias constitucionais processuais, agora "encaradas como verdadeiros direitos fundamentais, e do devido processo, que frente a todas essas mudanças passa a ser denominado de processo justo e democrático",[160] informado pelo contraditório – de nova aparência, como direito fundamental de efetiva influência na formação da decisão – e dignidade da pessoa humana, como elemento estruturante de todo o sistema jurídico brasileiro.[161]

---

[158] MARINONI, Luiz Guilherme. *Técnica processual e tutela dos direitos*. 3. ed. São Paulo: Revista dos Tribunais, 2010, p. 143.

[159] Ibidem.

[160] SCALABRIN, Felipe; RAATZ, Igor. O processo civil no estado democrático de direito na superação do modelo de processo do estado liberal. *Revista Direitos Fundamentais e Justiça*. Porto Alegre, n. 14, p. 269-296, jan./mar. 2011, p. 292.

[161] Artur Torres aborda a *dimensão processual da dignidade humana* como um proposta de *humanização do processo*, a ser vista em duas dimensões: uma como direito fundamental do jurisdicionado a uma sentença que sempre analise o mérito da lide e outra que a composição dos litígios ocorra a partir de um instrumento justo (processo justo), aferível a partir da constatação do respeito ao modelo constitucional do processo brasileiro, dimensão adotada no presente livro. Para o autor, "o elemento estruturante (leia-se: a dignidade), no plano do processo, para além de orientar à formulação do denominado modelo constitucional do processo civil

1.6.1.1. A dupla perspectiva subjetiva e objetiva dos direitos fundamentais

Na contemporânea teoria dos direitos fundamentais, importante avanço se deu quanto ao reconhecimento de uma perspectiva objetiva destes, ao lado da já concebida perspectiva subjetiva. Assim, além de posições subjetivas de defesa dos indivíduos em face da ingerência do poder estatal, os direitos fundamentais também "constituem decisões valorativas de natureza jurídico-objetiva da Constituição, com eficácia em todo o ordenamento jurídico e que fornecem diretrizes para os órgãos legislativos, judiciários e executivos".[162] Desta feita, admite-se uma ordem de valores fundamentais – especialmente da dignidade humana, da liberdade e da igualdade – que vinculam os órgãos estatais como um todo – Legislativo, Executivo e Judiciário – efeito reforçado pela aplicabilidade imediata destas normas, consagrada no art. 5º, § 1º, da CF.

A essa natureza jurídico-objetiva, a doutrina identifica três implicações principais: i) a eficácia irradiante dos direitos fundamentais, levando seus valores e diretrizes, de aplicação e hermenêuticas, para todo o ordenamento jurídico, o que contribuiu, ainda que não exclusivamente, ao movimento da constitucionalização do direito, já abordado em linhas anteriores; ii) os deveres de proteção do Estado, exigindo dos órgãos estatais o dever permanente de proteção dos indivíduos em face de agressões promovidas pelo próprio Estado, por particulares ou Estados estrangeiros, por meio de proibições, autorizações, normas penais, etc.; iii) uma função organizatória e procedimental, da qual se extrai o dever estatal de dotar o indivíduo de meios organizacionais (*v.g.* tribunais) e procedimentais (normas de direito processual) capazes de propiciar uma efetiva proteção aos direitos fundamentais, quando ameaçados ou violados, sob pena de "redução do seu significado e conteúdo material".[163]

---

brasileiro, serve, primeiramente, de baliza ao legislador infraconstitucional, responsável por edificar (sub)sistema compatível com a sua proteção/promoção; segundo, à orientar o magistrado, responsável por fazê-lo prevalecer caso a caso, seja na condução do processo, seja em seu resultado (não pertencendo esse último ao objeto do presente estudo)". (TORRES, Artur Luis Pereira. *Constitucionalização e humanização do processo*: a dimensão processual da dignidade como decorrência sistêmica da concepção, constitucional e democrática, do direito de agir para o brasil do século XXI. Tese (Doutorado em Direito) – Faculdade de Direito, PUCRS. 179 f. Porto Alegre, 2014).

[162] SARLET, Ingo Wolfgang. *A eficácia dos direitos fundamentais*. 11. ed. Porto Alegre: Livraria do Advogado, 2012, p. 143.

[163] SARLET, Ingo W. Comentário ao Título II – Dos direitos e garantias fundamentais. In: CANOTILHO, J.J. Gomes; MENDES, Gilmar F.; ——; STRECK, Lenio L. (Coords.). *Comentários à Constituição do Brasil*. São Paulo: Saraiva/Almedina, 2013, p. 186.

Nessa ótica, o legislador infraconstitucional – e até mesmo o constitucional reformador – fica sujeito a uma limitação material na sua atuação, devendo pautar-se na regulamentação e concretização dos direitos fundamentais. Essa vinculação, segundo Ingo Sarlet,[164] se dá em um sentido positivo, devendo os atos emanados do Poder Legislativo se orientarem pelos direitos fundamentais e sua realização, e num aspecto negativo, proibindo-se a edição de normas em rota de colisão com aqueles. Há de se ressaltar ainda a possibilidade de inconstitucionalidade por omissão, ocasionada pela inércia total ou parcial do legislador na implementação dos direitos fundamentais.

A Administração Pública, por seu turno, com atuação limitada ao princípio da legalidade, tem sua ação restringida ao cumprimento e execução das leis que se encontrem em conformidade com os direitos fundamentais. Logo, o Executivo, como destinatário dos direitos fundamentais, sejam direitos de defesa, sejam direitos a prestações, deve pautar sua discricionariedade administrativa na observância e cumprimento daqueles, sob pena de ver seus atos inquinados de inconstitucionalidade.

Na lição de J. J. Gomes Canotilho,[165] a vinculação dos juízes e tribunais ao sistema de direitos fundamentais fica por conta, de um lado, da dimensão organizatória do Judiciário e do procedimento, levada a cabo sob a ótica de *direitos processuais fundamentais*, e de outro, da própria atividade judicante, por meio da interpretação, aplicação e integração da legislação em conformidade com a Constituição e os direitos fundamentais, aqui na sua vertente *material*, e não mais procedimental.

Por outro lado, os direitos fundamentais analisados pelo prisma jurídico-subjetivo só ganham relevância se implicar a sua exigibilidade perante o Poder Judiciário. Neste caso, citados direitos apresentam-se como direitos a prestações, uma vez que se satisfazem com a implementação de organizações e procedimentos aptos a sua realização. Adverte Ingo Sarlet que "a fruição de diversos direitos fundamentais não se revela possível ou, no mínimo, perde em efetividade, sem que sejam colocadas à disposição prestações estatais na esfera organizacional e procedimental".[166]

---

[164] SARLET, Ingo Wolfgang. *A eficácia dos direitos fundamentais*. 11. ed. Porto Alegre: Livraria do Advogado, 2012, p. 375-376.

[165] CANOTILHO, J. J. Gomes. *Direito constitucional e teoria da constituição*. 7. ed. 11. reimp. Coimbra: Almedina, 2003, p. 438-448.

[166] SARLET, Ingo W. Comentário ao Título II – Dos direitos e garantias fundamentais. In: CANOTILHO, J. J. Gomes; MENDES, Gilmar F.; ——; STRECK, Lenio L. (Coords.). *Comentários à Constituição do Brasil*. São Paulo: Saraiva/Almedina, 2013, p. 187.

1.6.1.2. A multifuncionalidade dos direitos fundamentais

Como resultado da concepção em dupla perspectiva dos direitos fundamentais (objetiva e subjetiva), estes passam a exercer variadas e diversificadas funções na ordem jurídica interna, e não mais apenas como direitos de defesa em face dos poderes públicos, no que a doutrina convencionou chamar de *multifuncionalidade dos direitos fundamentais*.[167]

Nesse prisma, os direitos fundamentais se dividem em dois grandes grupos: direitos fundamentais como direitos de defesa e direitos fundamentais como direito a prestações estatais. Na qualidade de direitos de defesa, cria-se uma zona de não intervenção do Estado, salvo em hipóteses formal e materialmente aceitáveis pelo texto constitucional. Nas palavras de J. J. Gomes Canotilho:

> Os direitos fundamentais cumprem a função de direitos de defesa dos cidadãos sob uma dupla perspectiva: (1) constituem, num plano jurídico-objectivo, norma de competência negativa para os poderes públicos, proibindo fundamentalmente as ingerências destes na esfera jurídica individual; (2) implicam, num plano jurídico-subjectivo, o poder de exercer positivamente direitos fundamentais (liberdade positiva) e de exigir omissões dos poderes públicos, de forma a evitar agressões lesivas por parte dos mesmos (liberdade negativa).[168]

Neste grupo, incluem-se os direitos fundamentais de primeira dimensão, a exemplo dos tradicionais direitos de liberdade, igualdade, vida e propriedade, ainda somados a outras liberdades fundamentais, como locomoção, manifestação do pensamento, imprensa, associação, etc.

Segundo a classificação proposta por Robert Alexy,[169] como direitos a prestações os direitos fundamentais ainda se subdividem em direitos a prestações em sentido amplo, aí abrangidos os direitos à proteção e direitos à participação na organização e procedimento, e os direitos a prestações em sentido estrito (prestações fáticas).

Nesta categoria, enquadram-se os chamados direitos de segunda dimensão, de matiz essencialmente prestacional, surgidos com a evolução do Estado Liberal para o Estado Social, no final do século XIX e início do século XX, segundo os quais, além da posição nega-

---

[167] SARLET, Ingo Wolfgang. *A eficácia dos direitos fundamentais*. 11. ed. Porto Alegre: Livraria do Advogado, 2012, p. 155-208.

[168] CANOTILHO, J. J. Gomes. *Direito constitucional e teoria da constituição*. 7. ed. 11. reimp. Coimbra: Almedina, 2003, p. 408.

[169] ALEXY, Robert. *Teoria dos direitos fundamentais*. Trad. Virgílio Afonso da Silva. 2. ed. São Paulo: Malheiros, 2012, p. 433-511.

tiva do Poder Público, os direitos fundamentais igualmente asseguram aos indivíduos a exigência de ações positivas do Estado, seja de caráter fático (prestações materiais), seja de caráter legiferante (prestações normativas).

Enquanto direitos a proteção, os direitos fundamentais impõem ao Estado o dever de proteger o indivíduo em face de ingerências de terceiros, seja do próprio Poder Público, de particulares ou de outros Estados, assegurando-lhe a plena fruição dos direitos. Para realização dessa tarefa, exigem-se prestações de caráter normativo (como regras de direito penal) e de caráter material (a exemplo de ações concretas dos poderes públicos na preservação do meio ambiente).

Na dimensão organizacional e procedimental dos direitos fundamentais, ainda como desdobramento da sua perspectiva jurídico-objetiva, exige-se do Estado condutas ativas tanto "na aplicação e interpretação das normas procedimentais, quanto para uma formatação do direito organizacional e procedimental que auxilie na efetivação da proteção aos direitos fundamentais".[170] Neste ponto, importante ressaltar, como já defendido aqui, a relação de interdependência entre os direitos fundamentais e a organização e procedimento, sendo que aqueles, no caso de ameaça ou violação, restam na dependência destes, e a dimensão procedimental e organizacional vai qualificada pela aplicabilidade imediata e eficácia plena intrínsecas às normas definidoras de direitos fundamentais (art. 5º, § 1º, da CF), assim como proteção em face do legislador reformador (cláusulas pétreas).

Dessa forma, o Estado-legislador assume o dever de regulamentar o procedimento, por meio de prestações normativas de direito processual, coformando-o com o sistema de direitos fundamentais, ou seja, criando órgãos e instrumentos processuais idôneos a sua proteção e promoção. Além deste ponto de vista, os direitos fundamentais em sua dimensão organizatória e procedimental também vinculam o Estado-juiz, assumindo os órgãos julgadores o dever de aderir sua atuação jurisdicional (interpretação, aplicação e integração do ordenamento jurídico) à máxima realização dos direitos fundamentais e da dignidade da pessoa humana, aqui funcionando como metacritério hermenêutico, seja no seu viés material (quando o objeto da lide é um direito fundamental), seja no processual (a condução do processo deve se pautar nos direitos fundamentais pro-

---

[170] SARLET, Ingo W. Algumas notas sobre a relação entre os Direitos Fundamentais e o Processo. In: ARAKEN DE ASSIS (org.) [et al.]. *Processo coletivo e outros temas de direito processual*. Porto Alegre: Livraria do Advogado, 2012, p. 273-302.

cessuais, sobretudo, hoje em dia, no contraditório e efetividade da tutela jurisdicional).

Importa anotar, ainda, que o pleno gozo dos direitos fundamentais na sua dimensão procedimental e organizacional não se resolve apenas com prestações de cunho normativo. Defende-se aqui que a realização completa desta dimensão não prescinde também de prestações materiais, como a alocação de aportes financeiros necessários a uma estruturação eficaz de órgãos julgadores.

No tocante aos direitos a prestações em sentido estrito, ou seja, aqueles que exigem do Estado prestações materiais (ou fáticas, e não meramente normativas ou hermenêuticas), Robert Alexy os define como aqueles

> [...] direitos do indivíduo, em face do Estado, a algo que o indivíduo, que dispusesse de meios financeiros suficientes e se houvesse uma oferta suficiente no mercado, poderia também obter de particulares. [...] como, por exemplo, direitos à assistência à saúde, ao trabalho, à moradia e à educação [...][171]

Aqui se enquadram os chamados direitos fundamentais sociais, em sua esmagadora maioria carentes de uma conduta prestacional satisfatória do Poder Público. Esclareça-se, todavia, que não se trata de direitos realizáveis apenas por intermédio de prestações positivas, mas que em muitos casos também exigem uma abstenção do Estado, como nas liberdades sociais (direito de greve e liberdade sindical).

Concluindo essa breve abordagem sobre direitos fundamentais, resta evidente que muitos direitos fundamentais não se limitam a um específico comportamento do Estado (direitos exclusivamente de defesa ou direitos exclusivamente prestacionais), exigindo-se, ao revés, simultaneamente, posturas negativa e prestacional, normativa e material.

1.6.1.3. O processo digno na classificação funcional dos direitos fundamentais

Dentro da classificação funcional dos direitos fundamentais, aqui utilizada, o acesso à justiça, direito formal e materialmente fundamental consagrado no art. 5º, XXXV, da Constituição Federal, à evidência não pode ser enquadrado como típico direito de defesa, como um *não agir* do Estado. Longe disso, o acesso à justiça reclama

---

[171] ALEXY, Robert. *Teoria dos direitos fundamentais*. Trad. Virgílio Afonso da Silva. 2. ed. São Paulo: Malheiros, 2012, p. 499.

deveres prestacionais. Dúvida há, no entanto, quanto à natureza da prestação exigida para a realização desse direito fundamental: prestações normativas? Prestações fáticas? Ou ambas?

Já se esclareceu aqui que o acesso ao Judiciário no contemporâneo Estado Constitucional deve ser entendido como direito fundamental a um processo constitucionalmente colmatado, que busque a aplicação do direito de forma justa, com vistas à realização dos direitos fundamentais – processuais e materiais – à luz da dignidade da pessoa humana. Em síntese, um processo digno.

Posição um tanto pacificada diz respeito ao enquadramento do acesso à justiça como direito que se amolda à ideia da dimensão organizacional e procedimental dos direitos fundamentais cunhada por Robert Alexy. Para o jurista alemão,

> Direitos a procedimentos podem ser tanto direitos à criação de determinadas normas procedimentais quando direitos a uma determinada "interpretação e aplicação concreta" de normas procedimentais [...] de interpretação conforme à Constituição. O direito a procedimentos como direito a proteção jurídica efetiva, nesse caso, tem como destinatário os tribunais. De outra parte, os direitos a procedimentos que têm como objeto a criação de normas procedimentais, por serem direitos ao estabelecimento de normas, têm como destinatário o legislador.[172]

Em solo brasileiro, Ingo Sarlet deixa claro sua preferência pela teoria de Alexy ao se referir ao "direito de acesso à Justiça, no caso brasileiro, representado – não só, mas principalmente – pela garantia enunciada no art. 5º, XXXV, da CF, que se apresenta, ao menos no que diz com sua carga preponderante, em típico direito a prestações em sentido amplo",[173] ou seja, de natureza normativa.

Entretanto, quanto às prestações fáticas, a doutrina diverge. No seu magistério, Luiz Guilherme Marioni é enfático ao assentar que "o direito à prestação jurisdicional efetiva não pode ser considerado um direito a uma prestação fática".[174] Contudo, os estudos levados a cabo por Mauro Cappelletti e Bryant Garth, denominados de *Projeto Florença de Acesso à Justiça*,[175] iniciados em 1973, já chamavam a aten-

---

[172] ALEXY, Robert. *Teoria dos direitos fundamentais*. Trad. Virgílio Afonso da Silva. 2 ed. São Paulo: Malheiros, 2012, p. 474.

[173] SARLET, Ingo W. Algumas notas sobre a relação entre os Direitos Fundamentais e o Processo. In: ARAKEN DE ASSIS (org.) [et al.]. *Processo coletivo e outros temas de direito processual*. Porto Alegre: Livraria do Advogado, 2012, p. 283.

[174] MARINONI, Luiz Guilherme. *Técnica processual e tutela dos direitos*. 3. ed. São Paulo: Revista dos Tribunais, 2010, p. 143.

[175] Os resultados foram publicados em: CAPELLETTI, Mauro; GARTH, Bryant. *Acesso à justiça*. trad. e rev. de Ellen Gracie Northfleet. Porto Alegre: Sergio Antonio Fabris Editor, 1988.

ção para a necessidade de eliminação de obstáculos fáticos (sociais, econômicos, etc.) ao pleno exercício do direito de ação.

J. J. Gomes Canotilho, por seu turno, não hesita ao afirmar da necessidade de prestações fáticas, ao lado de prestações normativas, para a satisfatória concretização do direito fundamental a um processo digno. Para o constitucionalista lusitano,

> Todavia, a garantia do acesso aos tribunais pressupõe também *dimensões de natureza prestacional* na medida em que o Estado deve criar órgãos judiciários e processos adequados (direitos fundamentais dependentes da organização e procedimento) e assegurar prestações (apoio judiciário, patrocínio judiciário, dispensa total ou parcial de pagamento de custas e preparos), tendentes a evitar a denegação da justiça por insuficiência de meios económicos (CRP, artigo 20º). O acesso à justiça é um acesso materialmente informado pelo princípio da igualdade de oportunidades.

Ademais, a alocação de recursos financeiros suficientes para um bom aparelhamento do Poder Judiciário, capacitação de servidores e juízes a fim de uma efetiva prestação jurisdicional consentânea com a disciplina constitucional também refletem a necessidade de prestações fáticas à plena realização do direito fundamental em comento.

Portanto, diante das exigências do processo constitucionalizado, apto a realizar os direitos fundamentais (processuais e materiais), bem como pautado na dignidade da pessoa humana, o direito ao processo digno deve ser entendido tanto na sua dimensão organizacional e procedimental, quanto como direito a prestações em sentido estrito.

1.6.2. O conceito de dignidade processual e o modelo constitucional de processo na CF/88

Como já antecipado linhas acima, no atual estágio do Estado Constitucional, cujos contornos começaram a se desenhar na segunda metade do século XX, como uma resposta às atrocidades cometidas durante a Segunda Guerra Mundial, sobretudo na Alemanha nazista, um leque de direitos e garantias dos indivíduos foi tirado do alcance do Estado e positivado nas constituições na condição de direitos fundamentais,[176] com eficácia plena a aplicabilidade imediata (dotados de normatividade, e não apenas como programas), muitos imunes inclusive ao poder constituinte reformador, como cláusulas pétreas. Dessa forma, erguem-se limites ao poder estatal sobre o homem.

---

[176] Na condição de "direitos do ser humano reconhecidos e positivados na esfera do direito constitucional positivo de determinado Estado". (SARLET, Ingo Wolfgang. *A eficácia dos direitos fundamentais*. 11. ed. Porto Alegre: Livraria do Advogado, 2012, p. 29).

Contudo, em que se norteiam os direitos fundamentais? A resposta pode ser extraída da seguinte lição de J. J. Gomes Canotilho:

> Perante as experiências históricas da aniquilação do ser humano (inquisição, escravatura, nazismo, stalinismo, polpotismo, genocídios étnicos) a dignidade da pessoa humana como base da República significa, sem transcendências ou metafísicas, o reconhecimento do *homo noumenon*, ou seja, o indivíduo como limite e fundamento do domínio político da República.[177]

Com base nos estudos de Günter Dürig, defende-se que o sistema de direitos fundamentais encontra seu critério de convergência no princípio fundamental da *dignidade da pessoa humana*, como aponta Ingo W. Sarlet, sem, entretanto, descuidar da existência de direitos fundamentais que não se originam da dignidade humana – ao menos não diretamente.[178]

Não por outro motivo, a Declaração Universal dos Direitos do Homem, de 1948, logo no preâmbulo, propõe o "[...] reconhecimento da dignidade inerente a todos os membros da família humana e dos seus direitos iguais e inalienáveis". Nesta esteira, a partir do reconhecimento de que é o Estado que existe em função do homem, e não o contrário, além da Carta de Direitos Fundamentais da União Europeia, constituições como a Lei Fundamental da Alemanha,[179] da Itália[180] e de Portugal[181] consagraram o reconhecimento e a proteção da dignidade humana.

No Brasil, a dignidade da pessoa humana está inserida nos princípios que fundamentam a República, em lugar de destaque, prevendo a CF/88 que: "A República Federativa do Brasil, formada pela união indissolúvel dos Estados e Municípios e do Distrito Federal, constitui-se em Estado Democrático de Direito e tem como fundamentos [...] III – a dignidade da pessoa humana". Dessa forma, segundo Christian Starck,[182] a dignidade não seria um direito funda-

---

[177] CANOTILHO, J. J. Gomes. *Direito constitucional e teoria da constituição*. 7. ed. 11. reimp. Coimbra: Almedina, 2003, p. 225.

[178] SARLET, Ingo Wolfgang. *A eficácia dos direitos fundamentais*. 11. ed. Porto Alegre: Livraria do Advogado, 2012, p. 69-71.

[179] "Art. 1º A dignidade do homem é inviolável. Respeitá-la e protegê-la é dever de todo o poder estatal".

[180] "Art. 3º Todos os têm a mesma dignidade social e são iguais perante a lei [...]".

[181] "Art. 1º Portugal é uma República soberana, baseada na dignidade da pessoa humana e na vontade popular e empenhada na construção de uma sociedade livre, justa e solidária".

[182] STARCK, Christian. Dignidade humana como garantia constitucional: o exemplo da Lei Fundamental alemã. In: SARLET, Ingo W. (org.) *et al*. *Dimensões da Dignidade*: ensaios de filosofia do direito e direito Constitucional. 2. ed. Porto Alegre: Livraria do Advogado, 2013, p. 200.

mental, mas um princípio fundamental que legitima a atuação estatal e todos os direitos fundamentais, sem exceções.[183]

Logo, no atual paradigma de Estado Constitucional, os direitos fundamentais individualmente considerados servem, em maior ou menor grau, para densificar a dignidade da pessoa humana, nos seus respectivos campos de atuação (liberdades individuais, direitos sociais, direitos processuais, etc.), protegendo-a e realizando-a, sob pena de sua redução à mera norma programática.

Considerando que o constituinte brasileiro alçou a dignidade humana à norma estruturante do ordenamento jurídico, toda a conformação infraconstitucional deve se voltar a sua realização e proteção. Mais do que isso, considerando sua alocação topológica no texto constitucional, antes mesmo dos objetivos da República, a dignidade humana não pode ceder a qualquer direito fundamental que seja.

Assim, para o que de mais perto interessa ao presente livro, a dignidade do homem permeia todo o ordenamento jurídico, não ficando o processo civil infenso aos seus influxos. Neste sentido é o magistério de Artur Torres:

> O primeiro fundamento da doutrina que ora se introduz, encontra-se vinculado à fixação de premissa que assim pode ser resumida: a dignidade humana, elemento estruturante do sistema brasileiro, preside – ou pelo menos em tese deve presidir – a elaboração, interpretação e conformação de toda e qualquer seara jurídica, inclusive a processual.

Ao lado de normas materiais que realizem e protejam a dignidade da pessoa humana, o Estado também deve prover os indivíduos de normas processuais que efetivem essa proteção, mas de forma que a própria proteção – da dignidade, diretamente, ou qualquer outro direito a ela inerente – também seja digna, leia-se, não apenas em conformidade com o modelo constitucional de processo, mas, e acima de tudo, comprometido com a dignidade da pessoa humana, como sendo

> [...] qualidade intrínseca e distintiva reconhecida em cada ser humano que o faz merecedor do mesmo respeito e consideração por parte do Estado e da comunidade, implicando, neste sentido, um complexo de direitos e deveres fundamentais que assegurem a pessoa tanto contra todo e qualquer ato de cunho degradante e desumano, como venham a lhes garantir as condições existenciais mínimas para uma vida

---

[183] Acerca da dignidade humana no direito alemão, ela é tida como uma "raiz e fonte de todos os direitos fundamentais formulados posteriormente e, com isso, o próprio direito fundamental principal material", conforme Hans Karl Nipperdey, citado po Christian Starck (STARCK, Christian. Dignidade humana como garantia constitucional: o exemplo da Lei Fundamental alemã. In: SARLET, Ingo W. (org.) et al. Dimensões da Dignidade: ensaios de filosofia do direito e direito Constitucional. 2. ed. Porto Alegre: Livraria do Advogado, 2013, p. 217).

saudável, além de promover sua participação ativa e co-responsável nos destinos da própria existência e da vida em comunhão com os demais seres humanos.[184]

Conclui-se, portanto, que além de nortear o modelo constitucional de processo, informado pelas garantias constitucionais processuais, o que já reflete uma preocupação do Estado neste sentido, a dignidade do homem deve pautar a condução do processo – legislativa e jurisdicionalmente – em direção a um completo bem estar físico, mental e social do jurisdicionado.[185] O processo civil, nesta perspectiva, seja quando propicia às partes a influência na decisão judicial (efetivo contraditório), seja quando entrega o bem da vida pleiteado, também contribui para fomentar uma vida digna aos indivíduos que nele atuem.

Atento ao fenômeno de humanização e convergência de todo o ordenamento jurídico ao fomento do livre desenvolvimento da personalidade, Leonardo Greco assevera que:

> Transparência, participação democrática, presunção de inocência, devido processo legal, contraditório, igualdade, privacidade, ampla defesa, são algumas das expressões que se tornaram populares no nosso tempo, como representativas de regras mínimas de convivência social, essenciais para que todos os cidadãos vejam respeitada pelos demais e pelo próprio Estado sua dignidade humana.[186]

Imagine-se, por exemplo, nos casos de ações condenatórias impostas à Fazenda Pública, nas quais o processo que teve sua tramitação regular, sempre respeitando as garantias constitucionais processuais – leia-se, o devido processo legal, chega ao final, com trânsito em julgado, e garante ao jurisdicionado título judicial lhe assegurando um crédito, muitas vezes de natureza alimentar – *in casu*, forma-se o precatório – e o credor passa anos a fio aguardando a boa vontade do Estado-condenado para pagar, considerando a inexistência expressa de regras voltadas à coação do devedor. Resta flagrante aí a violação frontal à dignidade do credor, seja por não ter acesso ao bem da vida lhe afiançado por meio do processo, seja pela excessiva demora em usufruí-lo ante a inexistência de *proteção processual*.

---

[184] SARLET, Ingo W. As dimensões da dignidade da pessoa humana: construindo uma compreensão jurídico-constitucional necessária e possível. In: ——. (org.) *et al*. *Dimensões da Dignidade*: ensaios de filosofia do direito e direito Constitucional. 2. ed. Porto Alegre: Livraria do Advogado, 2013, p. 37.

[185] Parâmetros da Organização Mundial da Saúde, fixados em 1946, para delimitar um uma vida saudável. Disponível em: <http://www.uesb.br/revista/rsc/v4/v4n1a01.pdf>. Acesso em 10.03.15.

[186] GRECO, Leonardo. Novas perspectivas da efetividade e do garantismo processual. In: MITIDIERO, Daniel; AMARAL, Guilherme Rizzo (coord.). *Processo civil*: estudos em homenagem ao professor doutor Carlos Alberto Alvaro de Oliveira. São Paulo: Atlas, 2012, p. 274.

Neste ponto, ganha destaque a lição de Andrea Proto Pisani, citado por Dierle Nunes,[187] ao afirmar que até mesmo a garantia do devido processo legal (*giusto processo*) pode ser relativizada mediante a ponderação de valores, desde que se resguarde um "mínimo insuprimível de garantias", mínimo este que certamente se refere à dignidade humana. Convém anotar, ainda, as palavras de Peter Häberle sobre uma *força protetiva pluridimensional*, para quem "[...] a dignidade humana, como tal, é resistente à ponderação, razão pela qual vale uma proibição absoluta de tortura".[188] Assim, se os demais direitos fundamentais – materiais e processuais – podem ser relativizados, a dignidade da pessoa humana não.

Lenio Streck e Francisco Borges Motta, reforçando a tese da intangibilidade da dignidade humana, cita as palavras de Immanuel Kant, ao buscar estabelecer a ligação entre *dignidade* e *pessoa humana*, assentando que "no reino dos fins, tudo tem um preço ou uma dignidade. Quando uma coisa tem preço, pode ser substituída por algo equivalente; por outro lado, a coisa que se acha acima de todo preço, e por isso não admite qualquer equivalência, compreende uma dignidade".[189]

O novo Código de Processo Civil brasileiro, instituído pela Lei n. 13.105, de 16 de março de 2015, recepciona o que se poderia chamar de *dimensão processual da dignidade*[190] dispondo, no seu artigo 8º que, "ao aplicar o ordenamento jurídico, o juiz atenderá aos fins sociais e às exigências do bem comum, resguardando e promovendo a dignidade da pessoa humana [...]".

Atento à necessidade de se abordar a dignidade na sua dimensão processual, apreendendo-se a noção de que processo sentenciado

---

[187] NUNES, Dierle. Teoria do processo contemporâneo: por um processualismo constitucional democrático. Disponível em <http://www.fdsm.edu.br/site/posgraduacao/volumeespecial/02.pdf>. Acesso em 10.03.15.

[188] HÄBERLE, Peter. A dignidade humana como fundamento da comunidade estatal. In: SARLET, Ingo W. (org.) *et al*. *Dimensões da Dignidade*: ensaios de filosofia do direito e direito Constitucional. 2. ed. Porto Alegre: Livraria do Advogado, 2013, p. 81.

[189] STRECK, Lenio Luiz; MOTTA, Francisco Borges. *Para entender o novo Código de Processo Civil*: da dignidade da pessoa humana ao devido processo legal. R. Opin. Jur., Fortaleza, ano 14, n. 19, p.112-128, jul./dez. 2016, p. 114.

[190] O sentido da expressão utilizada por Artur Torres, segundo quem a "dimensão processual da dignidade [...] consiste, sobretudo, no direito (substancial) dos contendores, e na obrigação estatal de, chamado a intervir, compor meritoriamente os conflitos sociais suscitados" (TORRES, Artur Luis Pereira. *Constitucionalização e humanização do processo*: a dimensão processual da dignidade como decorrência sistêmica da concepção, constitucional e democrática, do direito de agir para o brasil do século XXI. Tese (Doutorado em Direito) – Faculdade de Direito, PUCRS. 179 f. Porto Alegre, 2014), vem, na presente obra, acrescido da *atividade satisfativa* (execução das decisões) como integrante do conceito de processo digno.

não significa necessariamente processo digno, Artur Torres pondera que:

> À luz de uma concepção de *devido processo* que se espera para os séculos XXI e seguintes, não há mais legitimar uma tutela *desumana*, comprometida única e exclusivamente com a falácia da *estatística judiciária*, uma vez que a verdadeira razão de ser da *jurisdição*, em última análise, vai, nesse cenário, não raro, desprezada (os "números", nesse conto de fadas, parecem resolver tudo!).
>
> Pugna-se, pois, pelo reconhecimento/aceite de uma *dimensão processual da dignidade* (por nós defendida, outrora, em tese doutoral), com o claro objetivo de destacar que a promessa constitucional consistente na prestação de uma jurisdição efetiva, adequada, tempestiva, mas, acima de tudo, comprometida com a resolução material dos conflitos sociais. É com relação ao derradeiro adjetivo que se pode falar, bem compreendida a afirmativa, em uma tutela humanizada.[191]

Fredie Didier Jr. equipara dignidade da pessoa humana ao devido processo legal, sustentando não haver evidências que demonstrem tratar-se de normas distintas, pois teriam o mesmo âmbito de aplicação e as mesmas consequências da aplicação, concluindo de forma categórica "estarmos diante de um caso em que, a despeito de nomes diferentes, há uma mesma norma jurídica".[192] Enfim, para o citado autor, a dignidade humana no processo reflete-se pela observância do devido processo legal procedimental.

Todavia, quando se analisa grande parte da produção doutrinária nacional sobre o tema do devido processo legal no processo jurisdicional, comumente se verifica preocupação apenas com a *atividade cognitiva*, tendo lugar comum a ideia de que concretização do devido processo legal impõe a necessidade de observância, no *iter* procedimental, de garantias constitucionais processuais como contraditório, ampla defesa, paridade de armas, vedação às provas ilícitas, motivação das decisões judiciais, publicidade, coisa julgada e duplo grau de jurisdição.[193]

Dessa forma, é preciso ter em mente que um processo comprometido em resguardar e promover a dignidade humana não cumpre seu papel com a simples aplicação das citadas garantias processuais e o pronunciamento de uma decisão justa ao final. A dignidade processual deve igualmente compreender a atividade satisfativa – execução dos julgados – pena de esvaziar o próprio direito fundamental de acesso à justiça.

---

[191] TORRES, Artur. *CPC passado a limpo*: parte geral, procedimento comum e cumprimento de sentença, vol. I. Porto Alegre: Livraria do Advogado, 2018, p. 31-32.

[192] DIDIER JR., Fredie. *Curso de direito processual civil*: introdução ao direito processual civil, parte geral e processo de conhecimento, v. 1. 17. ed. Salvador: Juspodivm, 2015, p. 77.

[193] Nesse sentido: Idem, p. 63-67; MATTOS, Sérgio Luis Wetzel de. *Devido processo legal e proteção dos direitos*. Porto Alegre: Livraria do Advogado, 2009, p. 202-251.

Um processo pode ter obedecido religiosamente a todas as garantias citadas acima e mesmo assim não lograr êxito em promover a dignidade *in concreto*, ou seja, além do processo. Pense-se, por exemplo, em uma demanda contra a Fazenda Pública, onde todo o itinerário constitucional do devido processo legal foi observado e, ao final, expediu-se o precatório. O ente devedor não quitou o débito como previsto, dentro do exercício financeiro inicialmente previsto. O devido processo legal foi observado? Acredita-se que sim. A parte restou satisfeita? Não. Logo, o âmbito de aplicação da dignidade no processo jurisdicional, como direito fundamental e vetor interpretativo do processo é muito mais amplo do que a cláusula do devido processo legal.

Nessa linha, valiosa lição de Cássio Scarpinella Bueno merece destaque:

> É inócuo falar em um "*processo* justo" ou em um "*processo* devido", dando-se a falsa impressão de que aqueles atributos tendem a se esgotar com a tão só observância da correção do *meio* de produzir a decisão jurisdicional apta a veicular a tutela jurisdicional. O "justo" e o "devido", com efeito, vão além do *reconhecimento* jurisdicional do direito.
>
> Não se trata, enfatizo, de entender "efetivo" o processo em si mesmo considerado. A efetividade do processo mede-se pela sua capacidade de tornar reais (concretizados) os direitos controvertidos, ameaçados ou lesados.[194]

Ressalte-se que não se aventa imprimir ao processo um *plus* apenas quando o objeto litigioso for a própria dignidade da pessoa humana, mas de interpretar e aplicar as normas processuais a partir da dignidade, de forma que a prestação jurisdicional seja realmente comprometida com a efetiva resolução material dos conflitos, incluída, por óbvio, a atividade satisfativa, realizando, assim, a dignidade *dentro* do processo.

Na mesma esteira, Eduardo Cambi e Elisângela Padilha, abordando uma dimensão processual da dignidade humana, asseveram que:

> O processo deve ser pensado não apenas como um mecanismo técnico de solução de controvérsias, mas também um mecanismo importante de promoção de valores éticos e emancipatórios consagrados pela Constituição Federal.
>
> Não há conferir legitimidade social, no Estado contemporâneo, a um processo formal que se limite a declarar direitos, sem se preocupar com a adequada, efetiva e rápida tutela dos direitos materiais.[195]

---

[194] BUENO, Cassio Scarpinella. *Manual de direito processual civil*. 4. ed. São Paulo: Saraiva, 2018, p. 61.

[195] CAMBI, Eduardo; PADILHA, Elisângela. Reflexões sobre as dimensões da dignidade da pessoa humana. *Revista da Faculdade de Direito-RFD-UERJ*. Rio de Janeiro, n. 30, dez. 2016, p. 338-352, p. 346.

Portanto, não se trata unicamente de percorrer o protocolo constitucional do processo, seguindo à risca suas garantias fundamentais, mas também – e sobretudo – lançar luzes para o ser humano por detrás do processo, muitas vezes espezinhado na sua dignidade, não na sua dimensão ontológica, mas quando precisa recorrer ao Judiciário e se vê frustrado na realização prática de seus direitos, embora muitas vezes, na fase cognitiva, não haja qualquer mácula ao procedimento e garantias fundamentais.

Defende-se, aqui, portanto, a aplicação direta e imediata do princípio fundamental da dignidade da pessoa humana no caso de insuficiência das garantias constitucionais, ou mesmo em face delas, quando se revelarem obstáculos à plena fruição daquela, em especial, para este livro, quando se busca a justa e efetiva tutela jurisdicional dos direitos, com atenção especial à atividade jurisdicional satisfativa.

1.7. Garantias constitucionais processuais

Como restou demonstrado linhas acima, o processo civil desse início do século XXI vai informado pela Constituição – seja no seu aspecto material, seja no aspecto formal[196] –, que, além de consagrar normas voltadas exclusivamente ao campo processual, rege todo o direito infraconstitucional, estabelecendo linhas mestras para interpretação e aplicação de toda a legislação encarregada de condensar os direitos fundamentais, aplicando-os e protegendo-os, em especial, nessa obra, aqueles voltados ao indivíduo enquanto litigante em processo judicial.

Dessa forma, o processo, como instrumento de concretização dos direitos fundamentais, também é reanalisado na teoria dos direitos fundamentais, e passa a ser encarado como tal, quiçá o mais importante deles, ganhando destaque, nesta perspectiva, as chamadas garantias constitucionais processuais, tidas como a conformação constitucional mínima do processo no Estado Democrático de Direito, ou seja, ditames constitucionais básicos a serem observados no transcurso de toda ação judicial. Neste novo paradigma, não é suficiente que a decisão seja justa, aplicando o direito vigente ao caso concreto, também é necessário que o processo tenha transcorrido de

---

[196] Sobre a Constituição formal e Constituição material, consultar: SARLET, Ingo W.; MARINONI, Luiz Guilherme; MITIDIERO, Daniel. *Curso de direito constitucional*. 2. ed. São Paulo: RT, 2013, p. 70-73.

forma justa, assegurando-se às partes a fruição de todas as garantias constitucionais processuais.

Importa neste momento, ainda, tecer alguns aclaramentos acerca dos termos *direitos* e *garantias* fundamentais, relacionando estes, às garantias constitucional-processuais. A Constituição de 1988 traz de forma expressa um catálogo – ainda que materialmente aberto (art. 5º, § 2º) – de direitos e garantias fundamentais, sugerindo diferença entre ambos, seja na rubrica do Título II (Dos Direitos e Garantias Fundamentais), seja em outras partes, ao fazer alusão expressa a expressões como *garantida* (art. 5º, VI, XXII e XXX). Todavia, o texto constitucional não trouxe critérios claros desta distinção, ficando a cargo da doutrina tal tarefa.

Para Ingo W. Sarlet,[197] com apoio na doutrina de Ruy Barbosa, os *direitos* trazem proposições normativas meramente declaratórias, reconhecendo a existência legal de direitos, enquanto as *garantias* possuem natureza protetiva em relação àqueles. Seriam cláusulas assecuratórias de sua efetividade.

José Afonso da Silva, comungando da natureza instrumental das garantias em relação aos direitos fundamentais, ainda as divide em *garantias gerais* (a própria estruturação do Estado Democrático de Direito estaria aqui inserida) e *garantias constitucionais*, estas, por sua vez, divididas em *garantias constitucionais gerais*, como afetas ao sistema de freios e contrapesos (aqui incluindo-se, por exemplo, a existência de Constituição rígida e a organização de tribunais independentes), e *garantias constitucionais especiais*, entendidas como "normas constitucionais que conferem, aos titulares dos direitos fundamentais, meios, técnicas, instrumentos ou procedimentos para impor o respeito e a exigibilidade de seus direitos".[198]

Advirta-se, contudo, que apesar da natureza instrumental das garantias, estas

> são, na verdade, autênticos direitos subjetivos, já que umbilicalmente ligadas aos direitos fundamentais, bem como por assegurarem ao indivíduo a possibilidade de exigir dos poderes públicos o respeito e a efetivação destes. É neste sentido que também se fala de direitos-garantia, já que estes dispositivos, além de conterem garantias, normas de competência ou regras para uma atuação estatal com vista à

---

[197] SARLET, Ingo Wolfgang. *A eficácia dos direitos fundamentais*. 11. ed. Porto Alegre: Livraria do Advogado, 2012, p. 178-184.

[198] SILVA, José Afonso da. *Curso de direito constitucional positivo*. 35. ed. São Paulo: Malheiros, 2012, p. 189.

proteção de outros direitos, podem, ao mesmo tempo, fundamentar posições jurídicas subjetivas individuais e autônomas.[199]

Dessa forma, ao lado dos aplicadores da expressão *garantias constitucionais processuais* ou *constitucional-processuais*,[200] verifica-se na doutrina, ainda, aqueles que preferem a expressão *direitos fundamentais processuais*[201] ou *princípios constitucionais aplicados ao processo*.[202]

Assim, na presente obra, parte-se da ideia de que está consagrado na CF o direito fundamental ao processo digno (em outra perspectiva, tem-se uma garantia fundamental, já que destinada a assegurar a proteção e efetivação de outros direitos fundamentais), extraído do art. 5º, XXXV, como já abordado, que vai assegurado pelas garantias constitucionais processuais positivadas na Constituição (também como direitos fundamentais), seja no aspecto formal, seja no aspecto material.

Entretanto, a par da discussão travada na doutrina acerca da nomenclatura empregada, é inquestionável que o constituinte originário brasileiro outorgou a mesma envergadura jurídico-constitucional tanto aos direitos, quanto às garantias fundamentais, protegendo-as do poder constituinte reformador ao alçar ambos à condição de cláusulas pétreas, por força do artigo 60, IV, da Constituição Federal, assim como dotadas de plena vigência e aplicação imediata, nos termos do art. 5º, § 1º, vinculando o Poder Público em todas as esferas e instâncias.

Dessa forma, segue a análise de algumas destas garantias, selecionadas em virtude do objeto da presente obra – a sistemática da execução por quantia certa em face da Fazenda Pública fundada em título judicial – sem prejuízo de existirem inúmeras outras aplicáveis ao processo judicial, a exemplo da publicidade dos atos

---

[199] SARLET, Ingo Wolfgang. *A eficácia dos direitos fundamentais*. 11. ed. Porto Alegre: Livraria do Advogado, 2012, p. 179.

[200] Optanto pela expressão *garantias constitucionais processuais* ou *constitucional-processuais*, às quais o autor se filia, tem-se, dentre outros: TUCCI, Rogério Lauria; TUCCI, José Rogério Cruz e. *Constituição de 1988 e processo*. São Paulo: Saraiva, 1989; PORTO, Sérgio Giberto; USTÁRROZ, Daniel. *Lições de direitos fundamentais no processo civil*. Porto Alegre: Livraria do Advogado, 2009; MITIDIERO, Daniel. *Elementos para uma teoria contemporânea do processo civil brasileiro*. Porto Alegre: Livraria do Advogado, 2005.

[201] MARINONI, Luiz Guilherme; MITIDIERO, Daniel. Direitos fundamentais processuais. In: SARLET, Ingo W.; ——; ——. *Curso de direito constitucional*. 2 ed. São Paulo: Revista dos Tribunais, 2013, p. 699-766.

[202] NERY JR., Nelson. *Princípios do processo na Constituição Federal*. 11. ed. São Paulo: RT, 2013.

processuais,²⁰³ vedação à prova ilícita,²⁰⁴ juiz natural,²⁰⁵ motivação das decisões judiciais,²⁰⁶ duplo grau de jurisdição²⁰⁷ e proteção da coisa julgada,²⁰⁸ que, por motivos de limitação temática, não serão aqui abordadas.

1.7.1. Devido processo legal

Prevista de forma expressa e clara desde a Constituição de 1988,²⁰⁹ embora parte da doutrina²¹⁰ entenda que desde a Constituição de 1946 já era possível identificá-la, a garantia do devido processo legal é tida por alguns como a "expressão maior das garantias processuais fundamentais do cidadão",²¹¹ e por outros mesmo como a base de todos os demais princípios e regras processuais, bastando "a norma constitucional haver adotado o princípio do *due process of law* para que daí decorressem todas as consequências processuais que garantiriam aos litigantes o direito a um processo e a uma sentença justa".²¹²

A par da discussão sobre ser ou não ser o devido processo legal como princípio síntese do ordenamento jurídico processual brasileiro,²¹³ a doutrina converge quanto a sua origem. Identificado pela primeira vez na *Magna Charta* de João Sem-Terra, em 1215, ao se referir

---

²⁰³ FLORES, Patrícia Teixeira de Rezende; PÉCORA, Andréa. Princípio da publicidade: restrições. In: PORTO, Sérgio Gilberto (org.). *As garantias do cidadão no processo civil*: as relações entre constituição e processo. Porto Alegre: Livraria do Advogado, 2003, p. 97-123.

²⁰⁴ DEU, Teresa Armenta. *A prova ilícita*: um estudo comparado. Trad. Nereu José Giacomolli. São Paulo: Marcial Pons, 2014.

²⁰⁵ PORTANOVA, Rui. *Princípios do processo civil*. 8. ed. Porto Alegre: Livraria do Advogado, 2013, p. 63-140.

²⁰⁶ TARUFFO, Michele. *La motivazione della sentenza civile*. Padova: CEDAM, 1975.

²⁰⁷ GATTO, Joaquim Henrique. *O duplo grau de jurisdição e a efetividade do processo*. Porto Alegre: Livraria do Advogado, 2010.

²⁰⁸ PORTO, Sérgio Gilberto. *Coisa julgada civil*. 4. ed. São Paulo: Revista dos Tribunais, 2011.

²⁰⁹ "Art. 5º [...] LIV – niguém será privado da liberdade ou de seus bens sem o devido processo legal".

²¹⁰ WAMBIER, Luiz Rodrigues. Anotações sobre o princípio do devido processo legal. *Revista de Processo*, n. 63. São Paulo: RT, 1991, p. 59-60.

²¹¹ PARIZ, Ângelo Aurélio Gonçalves. *O princípio do devido processo legal*: direito fundamental do cidadão. Coimbra: Almedina, 2009, p. 114.

²¹² NERY JR., Nelson. *Princípios do processo na Constituição Federal*. 11. ed. São Paulo: RT, 2013, p. 92.

²¹³ Para Guilherme Botelho, o princípio-síntese do ordenamento processual é o *direito ao processo* ou direito de ação, consagrado no art. 5º, XXXV, da CF (BOTELHO, Guilherme. *Direito ao processo qualificado*: o processo civil na perspectiva do estado constitucional. Porto Alegre: Livraria do Advogado, 2010).

à *law of the land*, a exigência de julgamento segundo a "lei da terra" por seus pares configurava o devido processo legal como uma autêntica forma de controle do poder estatal, o que foi posteriormente incorporado aos demais ordenamentos jurídicos.

Em âmbito internacional, vários diplomas consagram o devido processo legal, a exemplo da Declaração Universal dos Direitos do Homem, de 1948, da Convenção Europeia para a Salvaguarda dos Direitos do Homem e das Liberdades Fundamentais, de 1950, da Convenção Americana sobre Direitos Humanos (Pacto de San Jose da Costa Rica), em 1969, e diversas constituições, como a italiana, de 1947, e a Lei Fundamental alemã de 1949. Deixando a Europa, países como México e Colômbia, e os integrantes do Mercado Comum do Sul – MERCOSUL –, também incluíram a garantia do devido processo legal em seus ordenamentos jurídicos internos.[214]

Segundo Sérgio Luís Wetzel de Mattos,[215] a cláusula do *due process of law* foi recepcionada nos Estados Unidos pela Quinta Emenda, de 1791, e reforçada pela Décima Quarta Emenda, de 1868. Em solo americano, a citada garantia ganhou contornos processuais (*procedural due process*) e materiais (*substantive due process*),[216] este último, intimamente vinculado à ideia do *judicial review*, presente naquele país desde 1803,[217] e relacionado ainda aos postulados da proporcionalidade e da razoabilidade, o que, por razões metodológicas, também não será abordado nesta pesquisa.

Na sua dimensão procedimental – a única diagnosticada no nosso ordenamento jurídico, como defende Guilherme Botelho,[218] posição aqui compartilhada – a garantia do devido processo legal deve ser entendida não apenas como o direito a um procedimento pré-ordenado pelo legislador ordinário, mas "sobretudo a um *processo legal,*

---

[214] Sobre o o devido processo legal nestes países, ver: SILVA, Fábio Agustinho da. *O devido processo legal nos países membros do Mercosul*. Porto Alegre: Núria Fabris Ed., 2015.

[215] MATTOS, Sérgio Luis Wetzel de. *Devido processo legal e proteção dos direitos*. Porto Alegre: Livraria do Advogado, 2009, p. 17-28.

[216] Sobre a dupla dimensão do *due process of law* em solo americano, consultar: PARIZ, Ângelo Aurélio Gonçalves. *O princípio do devido processo legal*: direito fundamental do cidadão. Coimbra: Almedina, 2009.

[217] Acerca do *judicial review of legislation* estadunidense, ver, por todos: JOBIM, Marco Félix. *Medidas estruturantes*: da Suprema Corte Estadunidense ao Supremo Tribunal Federal. Porto Alegre: Livraria do Advogado, 2013, especialmente p. 57-100.

[218] Segundo Guilherme Botelho, o *judicial review*, que nos Estados Unidos tem raiz no *due process*, aqui no Brasil, cujo modelo de supremacia do direito não se confunde com o *État Légal*, *Rechtsstaat* ou *Rule of Law*, se funda no direito de acesso à Justiça ou simplesmente direito ao processo, previsto no art. 5º, XXXV, da CF (BOTELHO, Guilherme. *Direito ao processo qualificado*: o processo civil na perspectiva do estado constitucional. Porto Alegre: Livraria do Advogado, 2010, p. 65-72).

justo e adequado, quando se trate de legitimar o sacrifício da vida, liberdade e propriedade dos particulares".[219] A doutrina italiana[220] fala em *giusto processo* para nomear o fenômeno. Trata-se, portanto, de se fazer cumprir, em todo o *iter* processual, as normas fundamentais processuais, concluindo-se que a garantia do devido processo legal no Brasil sempre restará complementada pelas demais garantias processual-constitucionais.

No mesmo sentido é a lição de Humberto Ávila, que, se referindo às garantias constitucionais processuais, assenta que:

> Ao instituir esses elementos, a Constituição terminou por tornar obrigatório aquilo que poderia ser avaliado como adequado e necessário conforme as circunstâncias de cada caso concreto e, com isso, eventualmente afastado. Enquanto noutros sistemas, como o estadunidense, os elementos do devido processo legal são deduzidos, caso a caso, do ideal de protetividade de direitos, no Brasil vários deles são impostos pela própria Constituição.[221]

Nesta senda, Humberto Theodoro Junior resume que

> a garantia constitucional de direito ao processo (direito à tutela jurisdicional) só será efetiva na medida em que se assegurar o recurso ao devido processo legal, ou seja aquele traçado previamente pelas leis processuais, sem discriminação de parte, e com garantia de defesa, instrução contraditória, duplo grau de jurisdição, publicidade dos atos, etc.[222]

Ademais, o processo devido trazido pela Constituição, não obstante previamente ordenado na lei, não se encontra inteiramente à disposição do legislador infraconstitucional, mas, antes de tudo, deve obediência aos ditames constitucionais aplicáveis. Neste sentido é a lição de Nicólo Trocker, citado por Sérgio Porto e Daniel Ustárroz, para quem *"giusto è il processo che si svolge nel rispetto dei parametri fissati dalle norme constituzionale e dei valori condivisi dalla collettività"*.[223]

Diante da relação de dependência entre o devido processo e as demais garantias constitucionais processuais, e não apenas da conformação infraconstitucional daquele, Sérgio Gilberto Porto e Daniel

---

[219] CANOTILHO, J. J. Gomes. *Direito constitucional e teoria da constituição*. 7. ed. 11. reimp. Coimbra: Almedina, 2003, p. 494.

[220] Cf. Andrea Proto Pisani, citado por Diele Nunes (NUNES, Dierle. Teoria do processo contemporâneo: por um processualismo constitucional democrático. Disponível em <http://www.fdsm.edu.br/site/posgraduacao/volumeespecial/02.pdf>. Acesso em 10.03.15).

[221] ÁVILA, Humberto. O que é "devido processo legal"? *Revista de Processo*, n. 163. São Paulo: RT, 2008, p. 57.

[222] THEODORO JR., Humberto. Princípios gerais do direito processual civil. *Revista de Processo*, n. 23. São Paulo: RT, 1981, p. 179.

[223] PORTO, Sérgio Gilberto; USTÁRROZ, Daniel. *Lições de direitos fundamentais no processo civil*. Porto Alegre: Livraria do Advogado, 2009, p. 121, nota 174.

Ustárroz tecem fundamentada crítica ao termo *legal* justaposto a *devido processo*, sendo mais consentâneo com o atual Estado Democrático de Direito brasileiro o emprego da expressão *devido processo constitucional*, como sendo aquele adjetivado pelas garantias constitucionais outorgadas ao indivíduo enquanto litigante em processo judicial ou administrativo, como a duração razoável e paridade de armas, conforma já revelado no item 1.2 acima.

De outro norte, além da observância às garantias constitucionais, o devido processo constitucional também encerra o *formalismo processual*. Nas palavras de Alvaro de Oliveira:

> No fundo, o princípio do devido processo legal representa a expressão constitucional do formalismo processual; o informalismo excessivo (em que as partes perigam soçobrar ao arbítrio e ao poder do Estado) e o excesso de formalismo (em que o conteúdo – o direito material e a justiça – corre o risco de periclitar por razões de forma) estabelecem os seus limites extremos.[224]

Não obstante a tutela constitucional já evidenciada, a densificação do direito ao processo fica a cargo do legislador. A Constituição traz as linhas mestras (p. ex., a todos são assegurados o contraditório e a ampla defesa), mas não a forma do seu exercício (p. ex., prazos, meios de prova e métodos de produção, espécies de recursos, pressupostos e seus efeitos).

Está claro também que no atual paradigma do Estado Constitucional, e seus influxos sobre o modelo de processo, bem como sobre o papel das partes e do juiz, como já abordado linhas acima, não se pode deixar a organização do procedimento inteiramente nas mãos do julgador (processo assimétrico), nem ao alvedrio dos litigantes (processo isonômico), sob pena de causar inaceitável desequilíbrio entre o poder jurisdicional e o direito das partes, impondo-se a construção de um meio termo, com um juiz isonômico na sua condução e assimétrico nas decisões e sua imposição, bem como um efetivo contraditório, como garantia de influência e não surpresa das partes no resultado do julgamento, resultando no que se convencionou chamar de modelo cooperativo de processo, sobre o qual se faz remissão ao item 1.3.

Assim, antes de tudo, há necessidade da regulamentação legal do processo pelo legislador, mas não é só. A organização do devido processo deve se dar, no modelo contemporâneo de Estado, de forma a fomentar a cooperação no paradigma do formalismo-valorativo, sem espaço para excessos formais que comprometam a realização do

---

[224] ALVARO DE OLIVEIRA, Carlos Alberto. *Do formalismo no processo civil*: proposta de um formalismo-valorativo. 4. ed. São Paulo: Saraiva, 2010, p. 128.

processo justo, notadamente informado pelos valores da segurança e efetividade, como trabalhado no item 1.4.

1.7.2. Efetividade da tutela jurisdicional

Lição corriqueira na doutrina, há muito já não se concebe mais o acesso à justiça, ou direito ao processo, como mero direito de se dirigir ao Poder Judiciário ou apresentar uma defesa em juízo. Como efeito inafastável do monopólio da jurisdição pelo Estado, este assumiu a função de solução integral dos conflitos, exercida por meio do processo e disponibilizada aos indivíduos por meio do direito de ação, consagrado no art. 5º, XXXV, da Constituição Federal.

Ocorre que tal resposta estatal não pode vir de qualquer forma, a pretexto de tão somente solucionar o conflito declarando o vencedor. É imperioso que a tutela jurisdicional também seja apta a realizar praticamente os direitos, sob pena de se declarar direitos fundamentais sem efetivamente os proteger, esvaziando, igualmente, a própria dignidade jurídico-constitucional dos direitos e garantias fundamentais.

Nesse diapasão, ante a inexistência de previsão constitucional expressa e objetivando preencher qualquer espaço para dúvidas (apesar da tranquila aceitação de uma garantia fundamental implícita da efetividade), o novo Código de Processo Civil aponta como uma das normas processuais fundamentais a *efetividade* da prestação jurisdicional, que pode ser extraída tanto do art. 4º, ao prever que "as partes têm o direito de obter em prazo razoável a solução integral do mérito, *incluída a atividade satisfativa*", quanto do art. 6º, *in verbis*, "todos os sujeitos do processo devem cooperar entre si para que se obtenha, em tempo razoável, decisão de mérito justa e *efetiva*".

Neste sentido é a lição de Leonardo Greco:

> Quando se fala em eficácia dos direitos fundamentais e em efetividade do processo, atualiza-se a lição centenária de Chiovenda, complementada por Barbosa Moreira, de que a justiça deve dar ao titular do direito tudo aquilo a que ele tem direito de acordo com o ordenamento, com o menor dispêndio de tempo, de custo e de atividade humana.[225]

E conclui afirmando que no "Estado Democrático Contemporâneo, a eficácia concreta dos direitos constitucional e legalmente assegurados depende da garantia da tutela jurisdicional efetiva, porque

---

[225] GRECO, Leonardo. Novas perspectivas da efetividade e do garantismo processual. In: MITIDIERO, Daniel; AMARAL, Guilherme Rizzo (coord.). *Processo civil*: estudos em homenagem ao professor doutor Carlos Alberto Alvaro de Oliveira. São Paulo: Atlas, 2012, p. 274

sem ela o titular do direito não dispõe da proteção necessária do Estado ao seu pleno gozo".[226]

Não obstante as elucidações doutrinárias trazidas acima, que por si só já dão conta da existência de uma garantia fundamental à efetiva tutela jurisdicional, decorrente da própria *fundamentalidade* do direito aqui tratado (direito ao processo digno, cf. item 1.6.1), que "aponta para a especial dignidade de protecção dos direitos num sentido formal e num sentido material",[227] a abertura material do catálogo de direitos fundamentais,[228] viabilizada pelo art. 5°, § 2°, da CF, permite chegar a tal conclusão.

Apesar de não expressamente prevista na Constituição de 1988 (desprovida de fundamentalidade formal, portanto), a garantia à efetividade da prestação jurisdicional possui evidente fundamentalidade material, compreendendo um princípio constitucional implícito, uma vez que decorre logicamente de outros direitos e garantias fundamentais positivados no texto constitucional, como o devido processo legal (art. 5°, LIV).[229]

Luiz Guilherme Marinoni,[230] ao discorrer sobre o tema, sintetiza que do direito ao processo (art. 5°, XXXV, CF) extrai-se a garantia de que a resposta do Estado à pretensão autoral deverá ser efetiva – mesmo no caso de julgamento de improcedência –, trazendo, ainda, duas dimensões da efetividade: *lato* e *stricto sensu*.

No seu sentido lato, mais comumente empregado pela doutrina, a efetividade da tutela jurisdicional – doravante denominada apenas de efetividade do processo – é confundida com a ideia de tempestividade,[231] devido processo legal ou justo processo, como aquele que

---

[226] GRECO, Leonardo. Novas perspectivas da efetividade e do garantismo processual. In: MITIDIERO, Daniel; AMARAL, Guilherme Rizzo (coord.). *Processo civil*: estudos em homenagem ao professor doutor Carlos Alberto Alvaro de Oliveira. São Paulo: Atlas, 2012, p. 274.

[227] CANOTILHO, J. J. Gomes. *Direito constitucional e teoria da constituição*. 7. ed. 11. reimp. Coimbra: Almedina, 2003, p. 378.

[228] Sobre a abertura material do catálogo de direitos fundamentais e os assim denominados princípios constitucionais implícitos, consultar: SARLET, Ingo Wolfgang. *A eficácia dos direitos fundamentais*. 11. ed. Porto Alegre: Livraria do Advogado, 2012, p. 78-140.

[229] Fredie Didier Jr. afiança que o princípio da efetividade ou direito fundamental à efetividade pode ser extraído tanto da cláusula geral do devido processo legal (5°, LIV, CF), quanto do princípio da inafastabilidade (5°, XXXV, CF) (DIDIER JR., Fredie. *Curso de direiro processual civil*: introdução ao direito processual civil, parte geral e processo de conhecimento. 17. ed. Salvador: JusPodivm, 2015, p. 113.

[230] MARINONI, Luiz Guilherme. *Curso de Processo Civil*, vol. I – Teoria Geral do Processo. São Paulo: RT, 2007, p. 220.

[231] Segundo Darci Guimarães Ribeiro, "a efetividade encontra-se positivada no inciso LXXVIII, do art. 5° da Constituição Federal" (RIBEIRO, Darci Guimarães. *Da tutela jurisdicional às formas de tutela*. Porto Alegre: Livraria do Advogado, 2010, p. 79).

cuja consecução depende do cumprimento das garantias constitucionais processuais. Assim, em sentido amplo, só poderia se qualificar um processo como efetivo na hipótese de observância das demais garantias, como a paridade de armas de armas, contraditório, ampla defesa e duração razoável.

Considerando que, neste prisma, a garantia aqui tratada depende das outras garantias para se verificar, assim como ocorre no devido processo legal, dar-se-á destaque à outra dimensão da efetividade – em sentido estrito – mais afeta ao objeto deste livro, ou seja, a efetividade encarada como preordenação dos meios executivos aptos a garantir a realização da decisão judicial no mundo sensível dos fatos.

Sobre o tema, Eduardo J. Couture assinala que *"el contenido de la jurisdición no se reduce a la actividad cognoscitiva de la misma sino también a su actividad ejecutiva"*. E continua o processualista uruguaio:

> Conocimento y declaración sin ejecución es academia y no justicia; ejecución sin conocimento es despotismo y no justicia. Sólo un perfecto equilibrio entre las garantías del examen del caso y las possibilidades de hacer effectivo el resultado de ese examen, da a la jurisdicción su efectivo sentido de realizadora de la justicia.[232]

Em solo brasileiro, ao identificar o problema da inefetividade do processo civil, José Carlos Barbosa Moreira identificou cinco pressupostos para um efetivo processo, quais sejam:

> a) o processo deve dispor de instrumentos de tutela adequados, na medida do possível, a todos os direitos (e outras posições jurídicas de vantagem) contemplados no ordenamento, quer resultem de expressa previsão normativa, quer se possam inferir do sistema; b) esses instrumentos devem ser praticamente utilizáveis, ao menos em princípio, sejam quais forem os supostos titulares dos direitos (e das outras posições jurídicas de vantagem) de cuja preservação ou reintegração se cogita, inclusive quando indeterminado ou indeterminável o círculo dos eventuais sujeitos; c) impende assegurar condições propícias à exata e completa reconstituição dos fatos relevantes, a fim de que o convencimento do julgador corresponda, tanto quanto puder, à realidade; d) em toda a extensão da possibilidade prática, o resultado do processo há de ser tal que assegure à parte vitoriosa o gozo pleno da específica utilidade a que faz jus segundo o ordenamento; e) cumpre que se possa atingir semelhante resultado com o mínimo de dispêndio de tempo e energias.[233]

No que mais de perto interessa, o item "d" esclarece que para um processo ser efetivo ele precisa assegurar ao vencedor da demanda o gozo do bem da vida lhe concedido pela decisão judicial, ou seja, não é suficiente para a realização do direito fundamental a um

---

[232] COUTURE, Eduardo J. *Estudios de derecho processual civil*: la Constitución y el processo civil. Tomo I. 3. ed. Buenos Aires: Depalma, 1998, p. 89.

[233] BARBOSA MOREIRA, José Carlos. Notas sobre o problema da "efetividade" do processo. In: *Temas de direito processual*: terceira série. São Paulo: Saraiva, 1984, p. 27-28.

processo efetivo que o mesmo siga o roteiro das demais garantias constitucionais, como o efetivo contraditório, ampla defesa e fundamentação das decisões, se, ao final, após o longo embate no processo de conhecimento e sagrando-se vencedor, não lhe é assegurada a satisfação material da ordem judicial que lhe favorece.

Neste ponto, calha mencionar a lição de Cândido Rangel Dinamarco, para quem, "falar em *efetividade do processo* e ficar somente nas considerações sobre o acesso a ele, sobre o seu modo-de-ser e a justiça das decisões que produz significaria perder a dimensão teleológica e instrumental de todo o discurso".[234] Sobre o ordenamento interno brasileiro, Juvêncio Vasconcelos Viana observa que:

> No que tange à atividade de cognição, de reconhecimento do direito da parte, a atividade jurisdicional até que tem agido com certa rapidez e eficiência. Contudo, quando se passa para o campo da atuação e realização do direito da parte, satisfazendo-o, o sistema deixa a desejar.[235]

Advertindo que a efetiva tutela dos direitos não se dá sem a previsão de meios executivos idôneos, Marinoni assim se posiciona:

> Acontece que a sentença que reconhece a existência de um direito, mas não é suficiente para satisfazê-lo, não é capaz de expressar uma prestação jurisdicional efetiva, uma vez que não tutela o direito e, por isso mesmo, não representa uma resposta que permita ao juiz se desincumbir do seu dever perante a sociedade e os direitos. Diante disso, não há dúvida que a tutela jurisdicional só se aperfeiçoa, nesses casos, com a atividade executiva. Portanto, a jurisdição não pode significar mais apenas "iuris dictio" ou "dizer o direito", como desejavam os juristas que enxergam na atividade de execução uma mera função administrativa ou uma "função menor". Na verdade, mais do que direito à sentença, o direito de ação, hoje, tem como corolário o direito ao meio executivo adequado.[236]

A íntima relação entre efetividade do processo e meios executivos já havia sido identificada há muito na doutrina italiana. O jurista italiano Michelle Taruffo, citado por Laura Abreu, já chamava a atenção, em 1988, para a questão:

> [...] è sempre piú evidente, infatti, che l'efficacia della tutela giurisdizionale in generale, e la stessa esistenza dei "nuovi diritti" che vanno arricchendo Il catalogo delle situazioni di vantaggio, sono strettamente condizionate dalla struttura e dall'operatività del sistema della tutela esecutiva.[237]

---

[234] DINAMARCO, Cândido Rangel. *A instrumentalidade do processo*. 14. ed. São Paulo: Malheiros, 2009, p. 351.

[235] VIANA, Juvêncio Vasconcelos. *Efetividade do processo em face da Fazenda Pública*. São Paulo: Dialética, 2003, p. 20.

[236] MARINONI, Luiz Guilherme. *Novo curso de processo civil*: teoria geral do processo. 2. ed. São Paulo: RT, 2016, p. 127-128.

[237] ABREU, Laura Sirangelo Belmonte. Multa coercitiva (arts. 461 e 461-A, CPC): uma abordagem à luz do direito fundamental à tutela jurisdicional efetiva. In: MITIDIERO, Daniel (coord.). *O processo civil no Estado Constitucional*. Salvador: Juspodivm, 2012, p. 72-73.

Marcelo Lima Guerra, por seu turno, ao discorrer sobre a relação entre o resultado do processo judicial e sua satisfação material, conclui que

> o ordenamento deve prever e colocar à disposição dos jurisdicionados meios executivos adequados e suficientes para proporcionar, dentro do que for prática e juridicamente possível, a exata satisfação de todos os direitos julgados merecedores de tutela executiva e, por isso mesmo, consagrados em títulos executivos.[238]

Ainda no ponto, José Miguel Garcia Medina doutrina que:

> O art. 5º, XXXV, da Constituição Federal estabelece que "a lei não excluirá da apreciação do Poder Judiciário *lesão* ou *ameaça a direito*" (destacamos). Falar-se em jurisdição estatal destituída de instrumentos que permitam *realizar materialmente* o direito, através de atos executivos, implicaria reduzir significativamente sua importância e razão de ser, especialmente se se considerar que, na sociedade moderna, *cada vez maior tem sido a preocupação com a concretização dos direitos*. De outro lado, espera-se, com a tutela jurisdicional, a realização de atividade condizente com o direito material ameaçado ou violado, não mais se admitindo que o direito se considere *realmente* tutelado com a *mera declaração* de que houve violação ou há ameaça.[239]

Nessa ótica, um Estado Democrático de Direito deve assegurar ao jurisdicionado não apenas o recurso ao Poder Judiciário, ou ainda que o processo irá se desenvolver oportunizando-lhe um efetivo contraditório, ampla defesa, decisão justa e fundamentada no direito vigente e meios de impugnação das decisões, mas, mais do que isso, deve garantir ao vencedor da demanda a realização fática do que lhe fora assegurado em sentença, a conversão do comando judicial no bem da vida almejado, enfim, a satisfação.

Tida por Athos Gusmão Carneiro[240] como o verdadeiro "calcanhar de Aquiles" da função jurisdicional, para Fredie Didier Jr.,[241] a solução adequada ao tormento que assola a efetividade do processo civil brasileiro, em relação ao cumprimento/execução das decisões judiciais, parte do reconhecimento de um *direito fundamental à tutela executiva*.

Corroborando a natureza jusfundamental da garantia aos meios executórios – como corolário da garantia ao processo efetivo *stricto*

---

[238] GUERRA, Marcelo Lima. *Execução indireta*. São Paulo: RT, 1999, p. 55.

[239] MEDINA, José Miguel Garcia. *Execução*: teoria geral, princípios fundamentais e procedimento no processo civil brasileiro. 5. ed. São Paulo: RT, 2017, p. 28.

[240] CARNEIRO, Athos Gusmão. A dualidade conhecimento/execução e o Projeto de novo Código de Processo Civil. *In*: ALVIM, Arruda. *et al.* (coords.). *Execução civil e temas afins* – do CPC/1973 ao Novo CPC. São Paulo: Revista dos Tribunais, p. 91.

[241] DIDER JR., Fredie. *Curso de direito processual civil* – vol. 1. 16. ed. Salvador: JusPodivm, 2014, p. 80.

sensu – com seus devidos consectários (plena vigência, aplicação imediata e poder vinculativo em relação a todas as esferas do Estado), Marcelo Lima Guerra, além de prever a necessidade de um sistema legislativo apto a tal desiderato, a atividade jurisdicional deve ser pautada nos seguintes comandos hermenêuticos:

> a) o juiz tem o *poder-dever* de negar a aplicação de qualquer restrição imposta por norma infraconstitucional que limite o uso de meios executivos (sub-rogatórios e coercitivos) de maneira a comprometer-lhes a eficácia; b) na prestação da tutela executiva, nas questões que envolvam o cabimento e a escolha de meio executivo mais adequado à execução forçada do direito, o juiz, ao resolvê-las, deve ter presente o princípio da *interpretação conforme a Constituição*, o que implica adequar, o máximo possível, os resultados práticos ou concretos da decisão às exigências de garantia dos direitos fundamentais em jogo; c) o juiz tem o *poder-dever* de, mesmo e principalmente no silêncio da lei, determinar os meios executivos que se revelem necessários para melhor atender à exigência de prestação de tutela executiva *eficaz*.[242]

J. J. Gomes Canotilho reforça a tese ao defender a existência de um *direito à execução das decisões dos tribunais*, pressuposto de uma *protecção jurídica eficaz*, extensiva inclusive às *sentenças proferidas contra o próprio Estado*. No seu magistério:

> Realce-se que, no caso de existir uma sentença vinculativa reconhecedora de um direito, a execução da decisão do tribunal não é apenas uma dimensão da legalidade democrática ("dimensão objectiva"), mas também um *direito subjetivo público* do particular, ao qual devem ser reconhecidos meios compensatórios (indenização), medidas compulsórias ou "ações de queixa" (cfr. Convenção Europeia dos Direitos do Homem, art. 6º), no caso de não execução ilegal de decisões dos tribunais (cfr. O caso *Hornsby*, de 19/03/1997, em que o Tribunal Europeu dos Direitos do Homem sublinha o momento de execução como dimensão intrínseca da justiça do processo).[243]

Logo, não se cogita um processo justo, devido processo legal ou, ainda, processo digno – na acepção utilizada na presente obra – entendido como aquele prometido pela Constituição, sem efetividade, a qual, em sentido estrito, resta na dependência de um aparelhamento do sistema jurídico com meios executivos idôneos à materialização do resultado do processo, e posicionamento do Judiciário pautado nos critérios hermenêuticos voltados à máxima efetividade dos direitos, inclusive no espectro executivo, mas sem prejuízo da efetividade em outras frentes, como no gerenciamento dos processos

---

[242] GUERRA, Marcelo Lima. *Execução indireta*. São Paulo: RT, 1999, p. 57.

[243] CANOTILHO, J. J. Gomes. *Direito constitucional e teoria da constituição*. 7. ed. 11 reimp. Coimbra: Almedina, 2003, p. 500-501.

judiciais[244] e própria administração judiciária, quando poderia se falar em outro princípio, o da *eficiência*.[245]

Comprometido com tal desiderato, o CPC/2015 inclui como uma das normas fundamentais e verdadeiro vetor interpretativo a garantia da *satisfatividade da prestação jurisdicional*, dispondo no art. 4º que "as partes têm o direito de obter em prazo razoável a solução integral do mérito, incluída a atividade satisfativa", inovando, igualmente, ao romper de vez com o *princípio da tipicidade dos meios executórios*, tido por parte da doutrina como *obstáculo à efetividade do direito de ação*,[246] passando a permitir que o magistrado determine, de maneira genérica, todas as medidas indutivas, coercitivas, mandamentais ou sub-rogatórias necessárias para assegurar o cumprimento de ordem judicial, *inclusive nas ações que tenham por objeto prestações pecuniárias*, conforme disposto em seu artigo 139, IV.[247]

O avanço talvez nem tenha sido tão impactante pela generalização das medidas executivas atípicas, pois, sob vigência do CPC/1973, já se poderia extrair tal possibilidade em relação às obrigações de fazer, não fazer e entregar coisa (art. 461, § 5º),[248] mas em ampliar sua aplicabilidade às obrigações pecuniárias, que historicamente sofreram com a tipicidade imposta pelo sistema. Agora o devedor não mais prevê, com absoluta certeza, quais serão as medidas executórias

---

[244] Sobre o tema, consultar, com largo proveito: CAHALI, Cláudia Elisabete Schwerz. *O gerenciamento de processos judiciais*: em busca da efetividade da prestação jurisdicional. Brasília: Gazeta Jurídica, 2013.

[245] Acerca da eficiência, bem como sua distinção de efetividade, consultar: DIDER JR., Fredie. *Curso de direito processual civil* – vol. 1. 16 ed. Salvador: JusPodivm, 2014, p. 68-72.

[246] Segundo Marinoni e Arenhart, "De acordo com o princípio da tipicidade, os meios de execução devem estar previstos na lei e, por isso, a execução não pode se dar através de modalidades executivas não tipificadas. [...] Note-se que se o jurisdicionado sabe, diante da previsão legal, que a sua esfera jurídica somente poderá ser invadida através de determinadas modalidades executivas, confere-se a ele a possibilidade de antever a reação ao seu inadimplemento, bem como a garantia de que a jurisdição não determinará ou permitirá a utilização de meio executivo diverso daqueles previstos" (MARIONI, Luiz Guilherme; ARENHART, Sérgio Cruz. *Curso de Processo Civil*, v. 3: execução. 2 ed. São Paulo: RT, 2008, p. 60).

[247] "Art. 139. O juiz dirigirá o processo conforme as disposições deste Código, incumbindo-lhe: [...] IV – determinar todas as medidas indutivas, coercitivas, mandamentais ou sub-rogatórias necessárias para assegurar o cumprimento de ordem judicial, inclusive nas ações que tenham por objeto prestação pecuniária".

[248] "Art. 461. Na ação que tenha por objeto o cumprimento de obrigação de fazer ou não fazer, o juiz concederá a tutela específica da obrigação ou, se procedente o pedido, determinará providências que assegurem o resultado prático equivalente ao do adimplemento. [...] § 5º Para a efetivação da tutela específica ou a obtenção do resultado prático equivalente, poderá o juiz, de ofício ou a requerimento, determinar as medidas necessárias, tais como a imposição de multa por tempo de atraso, busca e apreensão, remoção de pessoas e coisas, desfazimento de obras e impedimento de atividade nociva, se necessário com requisição de força policial".

requeridas pelo credor na busca por seu crédito. A execução indireta finalmente chega no campo das obrigações de pagar.[249]

1.7.3. Duração razoável do processo

Prevista no artigo 5º, LXXVIII, da Constituição Federal, a garantia da razoável duração do processo e os meios que garantam a celeridade de sua tramitação asseguram aos litigantes, seja em processo judicial, seja administrativo, uma razoabilidade na administração do tempo de tramitação do seu processo, seja em relação aos atos processuais isoladamente considerados, seja quanto ao resultado final da demanda.

Apesar de expressamente positivada no ordenamento constitucional brasileiro somente em 2004, pela Emenda Constitucional nº 45, a doutrina é uníssona quanto à vigência da garantia mesmo antes de 2004, graças à prefalada cláusula de abertura material do catálogo de direitos fundamentais, contida no art. 5º, § 2º, da CF. Destarte, também são considerados direitos fundamentais (ainda que não formalmente expressados) aqueles decorrentes de tratados internacionais de que o Brasil fizer parte. Nesta linha, André Nicolitt é categórico:

> Desta forma, o princípio já se encontrava expressamente no ordenamento jurídico brasileiro como garantia fundamental por força do § 2º do art. 5º da CRF/1988, que acolhe os direitos fundamentais consagrados em tratados internacionais de que o Brasil fizer parte. Em outros termos, a previsão derivada da combinação do art. 5º, § 2º com os arts. 9º e 14 do Pacto Internacional de Direitos Civil e Políticos, sem olvidar o Pacto de São José que ingressou no Brasil em 1992.[250]

Assim, mesmo vigente desde 1992, a positivação expressa da garantia em 2004 lhe conferiu envergadura para lutar pelo reconhecimento e efetivação, independentemente de outras garantias constitucionais processuais.[251] Dessa forma, a jurisdição prestada pelo

---

[249] Com o advento do CPC/2015, e a despeito da discussão acerca da proporcionalidade, várias têm sido as decisões aplicando meios atípicos nas execuções por quantia certa, a exemplo da determinação do bloqueio de passaporte e Carteira Nacional de Habilitação (CNH) do executado, como noticiado aqui <https://www.conjur.com.br/2016-set-07/reu-pague-divida-juiza-suspende-cnh-confisca-passaporte>. Acesso em 10.09.2016.

[250] NICOLITTI, André. *A duração razoável do processo*. 2. ed. São Paulo: RT, 2014, p. 36.

[251] A doutrina pátria sempre trouxe a razoável duração do processo como elemento ou subprincípio do acesso à justiça (art. 5º, XXXV) (cf. WAMBIER, Luiz Rodrigues; WAMBIER, Teresa Arruda Alvim; MEDINA, José Miguel Garcia. *Breves comentários à nova sistemática processual civil*. 3. ed. São Paulo: RT, 2005), do devido processo legal (art. 5º, LIV) (cf. CRUZ E TUCCI, José Rogério. Garantia do processo sem dilações indevidas. In: *Revista Jurídica*, n. 277, p. 22-23, 2000) ou mesmo oriundo do princípio da eficiência (art. 37) (cf. MORAES, Alexandre. *Constituição do Brasil interpretada e legislação constitucional*. 5. ed. São Paulo: Atlas, 2005, p. 453). Por outro lado, advogando verdadeira *vida própria* da garantia da razoável duração do processo:

Estado deve ser proporcionada em tempo razoável, por imposição constitucional.

Com o mesmo desiderato, o CPC/2015 alocou no rol de garantias fundamentais do processo civil a duração razoável do processo, corroborando, agora também em nível infraconstitucional, sua fundametalidade. É o que se extrai do arts. 4º ("As partes têm o direito de obter *em prazo razoável* a solução integral do mérito, incluída a atividade satisfativa") e 6º ("Todos os sujeitos do processo devem cooperar entre si para que se obtenha, *em tempo razoável*, decisão de mérito justa e efetiva").

Entretanto, é mister se diferenciar *tempestividade* de *celeridade* processual. Ainda que ambos estejam diretamente ligados à questão dos efeitos do tempo no processo, Marco Félix Jobim identifica certa confusão na doutrina ao confundir ambos e apresenta critérios diferenciadores de um e outro fenômeno. Para o processualista gaúcho:

> A duração razoável do processo tem por finalidade a garantia ao jurisdicionado que ingressa no Poder Judiciário de que, em determinado tempo, e que este seja razoável, o seu processo tenha sido efetivado, ou pelo menos tenha sua sentença transitado em julgado. Já a celeridade processual é garantia ao jurisdicionado de que os atos processuais sejam realizados no menor espaço de tempo possível, numa linha mais de economia processual.

Concluindo que "ter um processo intempestivo não quer dizer que não houve celeridade em várias partes de seu procedimento, não podendo os princípios serem confundidos como o vem sendo feito".[252][253]

Todavia, apesar de estar claro que o inciso LXXVIII do art. 5º da CF/88, consagra duas garantias distintas, e que um processo pode ser célere sem ser tempestivo, ou vice-versa, ambas possuem a mesma dignidade jurídico-constitucional, assim como as demais, exigindo do Poder Público, em todas as esferas, medidas legislativas e jurisdicionais que as reconheçam e realizem em ótima medida.

Insta ressaltar, ainda, que apesar de a doutrina quase sempre se referir ao processo de conhecimento[254] quando fala da necessária

---

JOBIM, Marco Félix. *O direito à duração razoável do processo*. 2. ed. Porto Alegre: Livraria do Advogado, 2012.

[252] JOBIM, Marco Félix. *O direito à duração razoável do processo*, ob. cit., p. 119.

[253] Fredie Didier Jr. faz um contraponto e é categórico ao afirmar que "não existe um *princípio da celeridade*. O processo não tem de ser rápido/célere: o processo *deve demorar o tempo necessário e adequado à solução do caso submetido ao órgão jurisdicional*" (DIDER JR., Fredie. *Curso de direito processual civil* – vol. 1. 16. ed. Salvador: JusPodivm, 2014, p. 67).

[254] Luiz Guilherme Marinoni, por exemplo, ao debater sobre a tempestividade da tutela jurisdicional, aduz que "um dos grandes desafios – talvez o maio – da processualística moderna é

tempestividade da prestação jurisdicional, não restam dúvidas de que a efetivação em sentido estrito, como trabalhado no item anterior, seja por meio do processo de execução, seja por meio da fase de cumprimento, também encerra a ideia de processo e, portanto, é credora de uma razoável duração, nos exatos termos prometidos pelo constituinte.

Sobre o tema André Nicolitt afirma, na linha da jurisprudência do Tribunal Europeu de Direitos Humanos, que pouco importa se o ordenamento interno fragmenta o processo em fases ou divide processo de conhecimento de processo de execução, uma vez que a CF/88 fala em *processo*, pura e simplesmente, e conclui

> Não se tem dúvida que a natureza do processo de execução é de processo, por consequência, o processo de execução está coberto pela garantia da duração razoável, mesmo porque, pouco importa ver declarado o direito se não puder usufruir do mesmo.[255]

Em sede infraconstitucional, o novo Código de Processo Civil brasileiro, instituído pela Lei n. 13.105/2015, parece apreender as ideias aqui esposadas, ao dispor expressamente, no art. 4º, que: "As partes têm o direito de obter em prazo razoável a solução integral do mérito, incluída a atividade satisfativa", englobando de forma expressa a necessidade de que também a fase de cumprimento/execução dos provimentos judiciais, quando for o caso, se desenvolvam em tempo razoável.

Não se trata aqui, porém, de defender irrestritamente a rápida solução dos conflitos, de pregar a celeridade acima de tudo, mas que a sua duração seja compatível com o direito material discutido, obedecendo-se, ainda, às demais garantias constitucionais, sobretudo aquelas afetas à segurança jurídica. O tempo não pode ser considerado inimigo do litigante, eis que indispensável para a maturidade da causa e justiça da decisão, mas igualmente devem ser criados mecanismos endo e extraprocessuais de compreensão do fenômeno temporal, assim como uma conformação dos direitos e deveres dos atores processuais (partes e juiz), num ambiente de formalismo-valorativo, sob pena de restar frustrada a concepção de processo digno, aqui defendida.

---

conciliar o direito à tempestividade da tutela jurisdicional com o tempo necessário aos debates entre os litigantes, à investigação probatória e ao amadurecimento da convicção judicial" (MARINONI, Luiz Guilherme. *Abuso de defesa e parte incontroversa da demana*. São Paulo: RT, 2007, p. 11).

[255] NICOLITTI, André. *A duração razoável do processo*. 2. ed. São Paulo: RT, 2014, p. 59.

1.7.4. Paridade de armas

A garantia de que todos são iguais perante a lei vem positivada em todas as Constituições brasileiras. Na atual, o *caput* do art. 5º dispõe que "todos são iguais perante a lei, sem distinção de qualquer natureza, garantindo-se aos brasileiros e aos estrangeiros residentes no País a inviolabilidade do direito à vida, à liberdade, à igualdade, à segurança e à propriedade". Como não podia deixar de ser, tal garantia reverbera em todo o ordenamento jurídico, e o simples fato de ser direito fundamental (na dupla concepção formal e material), já dispensaria a necessidade de densificação pelo legislador ordinário.

Entretanto, no processo civil, o CPC/2015 fez questão de consagrar a isonomia como norma processual fundamental e vetor interpretativo de todo o direito processual, prevendo, no seu artigo 7º, que fica "assegurada às partes paridade de tratamento em relação ao exercício de direitos e faculdades processuais, aos meios de defesa, aos ônus, aos deveres e à aplicação de sanções processuais".

Assim, fica assegurada a paridade de armas no processo, assegurando-se a todas as partes os mesmos instrumentos processuais, prazos, recursos, etc., para que possam fazer valer suas pretensões em juízo. Entretanto, na lição de Marinoni:

> Como explica Chiavario, essa paridade de armas entre as partes não implica uma identidade absoluta entre os poderes reconhecidos às partes de um mesmo processo e nem, necessariamente, uma simetria perfeita de direitos e obrigações. O que conta é que as diferenças eventuais de tratamento sejam justificáveis racionalmente, à luz de critérios de reciprocidade, e de modo a evitar, seja como for, que haja um desequilíbrio global em prejuízo de uma das partes.[256]

Sérgio Porto e Daniel Ustárroz, ao citarem exemplos do direito brasileiro que aparentemente violariam a igualdade, como o enunciado n. 683 da súmula do STF, que autoriza em alguns casos o limite de idade para inscrição em concurso público, e o art. 1.641 do Código Civil, que retira a livre disposição sobre o regime de bens no casamento de pessoas maiores de 70 anos, assinalam que a igualdade da CF/88 não é meramente formal, mas deve ser encarada na perspectiva substancial, tutelando-se as pessoas de forma desigual na medida em que se desigualam, para se atingir a tão almejada *isonomia*. Assim

---

[256] MARINONI, Luiz Guilherme. *Novas linhas do processo civil*. 3. ed. São Paulo: Malheiros, 1999, p. 256.

concluem: "o tratamento diferenciado pode ser constitucional, desde que apresentados critérios legítimos para justificá-lo".²⁵⁷

No direito processual civil, afeto à presente obra, não raro é possível se identificar normas que traduzem uma "desigualdade compensatória"²⁵⁸ a certos litigantes, como é o caso do "foro privilegiado" do guardião de filho incapaz nas ações de divórcio, da inversão do ônus da prova em favor do consumidor, garantida pelo Código de Defesa do Consumidor, e prerrogativas processuais conferidas à Fazenda Pública, como prazos dilatados, isenção de taxas, duplo grau de jurisdição obrigatório e sistema de cumprimento de sentenças diferenciado, o que será objeto de análise em momento oportuno.

Nesse sentido, Artur Torres afirma que "não há negar, pois, que em determinadas passagens, revele-se lícito ao legislador tratar, de forma assimétrica, os contendores, justificando-se tal atitude pela necessidade de equiparar processualmente os *materialmente* desiguais".²⁵⁹

Todavia, a doutrina tem endereçado críticas ferrenhas a determinadas situações de flagrante violação à isonomia. Paulo Henrique dos Santos Lucon,²⁶⁰ por exemplo, ao se referir aos prazos diferenciados concedidos à Fazenda Pública, não reconhece a legitimidade do legislador ordinário para outorgar o que ele chama de "privilégios" face ao que dispõe a Constituição, o que remontaria a um período já ultrapassado de Estado. Por seu turno, Sérgio Porto e Guilherme Porto vaticinam que "é hora de dedicar maior atenção a proposta constitucional da isonomia",²⁶¹ sugerindo uma lesiva relativização descriteriosa da garantia em sede infraconstitucional.

Sensível a parte das críticas oriundas da academia, o legislador ordinário resolveu, por meio do novo Código de Processo Civil (Lei nº 13.105/15), em vigor desde março/2016, por exemplo, extinguir o prazo quadruplicado para a Fazenda Pública contestar, previsto no

---

²⁵⁷ PORTO, Sérgio Gilberto; USTÁRROZ, Daniel. *Lições de direitos fundamentais no processo civil*. Porto Alegre: Livraria do Advogado, 2009, p. 89.

²⁵⁸ URIARTE, Oscar Ermida; AVILÉS, Antônio Ojeda (Coords.). *El Derecho Sindical en América Latina*. Madrid: Fundación de Cultura Universitária, 1995, p. 68.

²⁵⁹ TORRES, Artur. *Fundamentos de um direito processual civil contemporâneo*, parte I. Porto Alegre: Arana, 2016, p. 61.

²⁶⁰ LUCON, Paulo Henrique dos Santos. Garantia do tratamento paritário das partes. In: CRUZ E TUCCI, José Rogério (coord.). *Garantias constitucionais do processo civil*. São Paulo: RT, 1999, p. 119.

²⁶¹ PORTO, Sérgio Gilberto; PORTO, Guilherme Athayde. *Lições sobre teorias do processo*: civil e constitucional.Porto Alegre: Livraria do Advogado, 2013, p. 173.

art. 188 do revogado CPC/1973, reconhecendo, assim, a sua insubsistência frente ao modelo constitucional contemporâneo de processo.

De tal modo, a garantia de igualdade, como direito fundamental que é, vincula o legislador, que está impedido de editar leis que permitam ao Judiciário dar tratamento igual a desiguais ou tratar desigualmente aqueles que deveriam ter um tratamento análogo, assim como o juiz, que deve se omitir de fazer distinções ante situações iguais no momento de aplicar a lei, ou mesmo se abstendo de aplicar leis claramente contrárias à garantida da isonomia, impondo-se a distinção entre situações que visam a conferir a igualdade material daquelas que se configuram como meros e injustificáveis privilégios.

2. A execução por quantia certa em face da Fazenda Pública

2.1. Efetividade da execução x garantias do executado

Como já sustentado em outros pontos, de há muito não mais se concebe o direito de acesso à Justiça, positivado no art. 5º, XXXV, da Constituição Federal, como mero acesso aos tribunais, ou simples possibilidade de promover ou responder a uma ação perante o Poder Judiciário. À garantia fundamental de ir a juízo buscar a prevenção/reparação de um direito ameaçado/lesado são agregadas outras tantas garantias processuais, muitas com assento constitucional.

No contemporâneo Estado Constitucional, o acesso à justiça é, na verdade, um "[...] *direito à tutela jurisdicional adequada e efetiva.* [...] É por esta razão que o direito à tutela jurisdicional constitui direito à 'proteção jurídica efetiva'".[262] Assoma-se, neste prisma, a efetividade da tutela jurisdicional que, como já detalhado no item 1.7.2, revela-se em duas dimensões: no sentido lato, a efetividade vem condicionada por outras garantias constitucionais processuais, a exemplo da tempestividade e adequação do instrumento ao direito material em discussão; no sentido estrito, um processo efetivo demanda ferramentas executivas aptas à realização material do direito declarado pelo processo cognitivo.

Nesta linha, vale repetir a lição de J. J. Gomes Canotilho, que defende a existência de um verdadeiro direito subjetivo público à execução das decisões judiciais. Para o professor lusitano,

> [...] a existência de uma protecção jurídica eficaz pressupõe o direito à execução das sentenças (fazer cumprir as sentenças) dos tribunais através dos tribunais (ou de

---

[262] MARINONI, Luiz Guilherme; MITIDIERO, Daniel. Direitos fundamentais processuais. In: SARLET, Ingo W.; ——; ——. *Curso de direito constitucional.* 2. ed. São Paulo: Revista dos Tribunais, 2013, p. 712-714.

outras autoridades públicas), devendo o Estado fornecer todos os meios jurídicos e materiais necessários e adequados para dar cumprimento às sentenças do juiz. Essa dimensão da proteção jurídica é extensiva, em princípio, à execução de sentenças proferidas contra o próprio Estado.[263]

Portanto, não basta declarar[264] o direito ameaçado ou lesado – função da demanda cognitiva –, é preciso, sobretudo, realizá-lo no mundo dos fatos, ou seja, impor ao vencido o comando judicial – papel precípuo da tutela executiva –, para que, dessa forma, se alcance a anunciada efetividade do processo.

Em solo brasileiro, a percepção de um direito fundamental à tutela executiva pode ser alcançada a partir do próprio regime instituído pelo direito fundamental de acesso à justiça (art. 5º, XXXV, CF), que demanda um processo digno, viabilizada pela cláusula de abertura contida no art. 5º, § 2º, da CF/88. Essa percepção de um sistema de meios executivos como direito fundamental, na condição de corolário da multicitada inafastabilidade da jurisdição, além de impor um regime e força jurídica reforçados comuns aos direitos fundamentais, implica deveres ao Estado em todas as instâncias, como prestações normativas e atuação jurisdicional tendentes a sua ótima realização.

Não é de todo equivocado afirmar que um dos principais entraves à efetiva prestação jurisdicional no Brasil é a tutela executiva. Enquanto na tutela cognitiva o modelo brasileiro se mostra idôneo ao seu pleno desenvolvimento, é no momento da satisfação que o jurisdicionado sente na pele a falta de mecanismos aptos a lhe assegurar a realização material do direito, especialmente quando se trata de obrigação de pagar.

Atento a essa realidade, o legislador incluiu no rol das normas fundamentais do processo civil (tratadas no item 1.6) o direito à *atividade satisfativa*, alçando-a a vetor interpretativo e aplicativo do CPC/2015 (art. 4º). Na mesma esteira, foi incluído no Código o art. 139, IV, dispondo que "o juiz dirigirá o processo conforme as disposições deste Código, incumbindo-lhe: [...] determinar todas as medidas indutivas, coercitivas, mandamentais ou sub-rogatórias necessárias para assegurar o cumprimento de ordem judicial, inclusive nas ações que tenham por objeto prestação pecuniária".

---

[263] CANOTILHO, J. J. Gomes. *Direito constitucional e teoria da constituição*. 7. ed. 11 reimp. Coimbra: Almedina, 2003, p. 500.

[264] Enrico Tullio Liebman, citado por Ovídio Araújo Baptista da Silva, já vaticinava que a sentença condenatória não passava de uma declaração (SILVA, Ovídio A. Baptista da. *Jurisdição e execução na tradição romano-canônica*. 3. ed. Rio de Janeiro: Forense, 2007, p. 130.

A previsão de tais medidas não é novidade paras as obrigações de fazer, não fazer e entregar, onde deve prevalecer a tutela específica, a nota marcante fica por conta da sua aplicabilidade ter sido estendida agora também para as obrigações pecuniárias.

Deste modo, a concretização do direito fundamental à tutela executiva requer um sistema normativo satisfatório, trazendo tanto meios sub-rogatórios (execução direta), quanto coercitivos (execução indireta[265]), assim como critérios hermenêuticos capazes de solucionar as incompatibilidades e lacunas no ordenamento. Neste sentido é a lição de Marcelo Lima Guerra:

> Com efeito, a ausência de meios executivos adequados a proporcionar a satisfação integral do direito do credor afeta, diretamente, o direito fundamental à tutela (jurisdicional) devida. Como não se desconhece, a inadequação de meios executivos para tutelar de forma efetiva determinado direito significa, na realidade, em maior ou menor extensão, *denegar tutela jurisdicional executiva*, o que configura, inquestionavelmente, uma flagrante limitação ao próprio direito fundamental à tutela devida.[266]

Areken de Assis, que dedicou boa parte de suas pesquisas aos *meios executórios*, atento ao problema da inefetividade da tutela executiva, adverte:

> Compreende-se, então, a ineficácia presente da função executiva. Os procedimentos são pouco conhecidos. A estrutura legislativa se afigura deficiente. Os estudiosos se mostram indiferentes a esta inexplorada província do processo civil. E as medidas executivas, instituídas no estatuto processual pátrio, beiram a obsolência.[267]

Assoma-se, neste ponto, a clássica lição de Giuseppe Chiovenda, segundo o qual "o processo deve dar, quando possível praticamente, a quem tenha um direito, tudo aquilo e exatamente aquilo que ele tenha direito de conseguir",[268] tido por alguns como *postulado da máxima coincidência no processo de execução*,[269] *princípio da*

---

[265] Araken de Assis assenta que "em geral, só a execução 'direta' é reputada autêntica 'execução'". ASSIS, Araken de. *Da execução de alimentos e prisão do devedor*. 8. ed. São Paulo: RT, 2013, p. 95, nota 7. Apresentando fundamentado estudo defendendo a *execução indireta* como espécie de execução forçada, consultar, com proveito: GUERRA, Marcelo Lima. *Execução indireta*. São Paulo: RT, 1999, p. 30-45

[266] GUERRA, Marcelo Lima. *Execução indireta*. São Paulo: RT, 1999, p. 57-58.

[267] ASSIS, Araken de. *Da execução de alimentos e prisão do devedor*. 8. ed. São Paulo: RT, 2013, p. 20.

[268] CHIOVENDA, Giuseppe. *Instituições de direito processual civil* – v. 1. 3. ed. Trad. J. Guimarães Menegale. São Paulo: Saraiva, 1969, p. 46.

[269] BARBOSA MOREIRA, José Carlos. Tendências na execução de sentenças e ordens judiciais. In: *Temas de direito processual* – quarta série. São Paulo: Saraiva, 1989, p. 215 e ss.

adequação das formas[270] ou ainda *princípio da especificidade da execução*,[271] impondo-se ao Estado-Legislador e ao Estado-Juiz uma normatização no sentido de outorgar ao resultado do processo – aí incluídos os atos executivos, por óbvio – a máxima correspondência "à atuação espontânea do ordenamento jurídico",[272] como se o próprio devedor cumprisse espontaneamente a obrigação, no momento em que se tornou exigível.

Em matéria de execução civil avulta-se, ainda, a dignidade humana. Sobre o tema, não raro se encontra na doutrina,[273] legislação e jurisprudência[274] este princípio fundamental da República (art. 1º, III, CF/88) aplicado apenas à figura do devedor/executado, citando-se a regra do artigo 833 do CPC/2015 como demonstração cristalina da *humanização do processo*, ao blindar uma série de bens do devedor contra atos executivos, em homenagem à dignidade da pessoa humana, *in casu*, do executado.

Humberto Theodoro Júnior referenda o entendimento e assenta que "não pode a execução ser utilizada como instrumento para causar a ruína, a fome e o desabrigo do devedor e sua família, gerando situações incompatíveis com a dignidade da pessoa humana".[275]

Todavia, impõe-se a análise da dignidade também na perspectiva do credor/exequente, aquele que teve seu direito violado e precisou recorrer ao Judiciário para vê-lo reparado. Não se trata de permitir a expropriação de bens do devedor a ponto de retirar-lhe a condição de ser humano, mas lançar luzes ao credor que, em algumas situações, tem a própria dignidade afetada por uma proteção exarcebada da figura do devedor, como soe acontecer nas execuções forçadas contra o Estado, litigante frequente e inveterado do Judiciário.

---

[270] ZAVASCKI, Teori Albino. *Processo de execução* – parte geral. 3. ed. São Paulo: RT, 2004, p. 91-97.

[271] DANTAS, Francisco Wildo Lacerda. *Execução contra a Fazenda Pública*. 2. ed. Rio de Janeiro: Forense, 2010, p. 47.

[272] GUERRA, Marcelo Lima. *Execução indireta*. São Paulo: RT, 1999, p. 55.

[273] A exemplo de: ZAVASCKI, Teori Albino. *Processo de execução* – parte geral. 3. ed. São Paulo: RT, 2004, p. 110-112; DANTAS, Francisco Wildo Lacerda. *Execução contra a Fazenda Pública*, op. cit., p. 48-49; DIDER JR., Fredie. Esboço de uma teoria da execução civil. *Revista de Processo*: *RePro*, v. 29, n. 118, p. 9-28, nov./dez. 2004.

[274] STJ, REsp 1436739/PR, Rel. Ministro Humberto Martins, Segunda Turma, julgado em 27/03/2014, DJe 02/04/2014; REsp 1114767/RS, Rel. Ministro Luiz Fux, Corte Especial, julgado em 02/12/2009, DJe 04/02/2010.

[275] THEODORO JR., Humberto. *Processo de execução e cumprimento da sentença*. 28. ed. São Paulo: Leud, 2014, p. 85.

Em matéria de execução civil, o direito atual proporciona uma sensação de que o devedor assume um lugar privilegiado em detrimento do credor, gerando neste e na sociedade em geral descrença nas decisões emanadas do Poder Judiciário, instituindo-se, consequentemente, "uma nova categoria do direito, o direito de ser inadimplente".[276]

Atento a este fenômeno de inversão de valores, e supervalorização do que Cândido Rangel Dinamarco[277] chamou de *limites políticos da execução*, o autor adverte que não se pode chegar a uma inaceitável condição de, a pretexto de proteção do devedor e sua dignidade, anular a efetividade da realização material do direito do credor.

No mesmo sentido, Fredie Didier Jr., a propósito das propostas legislativas que visavam ao incremento da efetividade da tutela executiva – e do processo civil como um todo – que culminaram com a edição da Lei n. 11.382/2006, assim se manifestou em relação ao veto presidencial sobre dispositivos que aprimorariam o subsistema executivo pátrio, apontando como saída ao problema *efetividade da execução vs. garantias do executado* a aplicação da proporcionalidade:

> Tratava-se de uma das melhores mudanças sugeridas pelo projeto que redundou na Lei 11.382/06, que revelava uma guinada axiológica importante no direito brasileiro em favor do credor e do princípio da efetividade. A fundamentação do veto é singela, errada, contraditória e inútil. De ínfimo tamanho, as razões do veto não enfrentam o fundamento principal das propostas de mudanças, que é a aplicação do princípio da proporcionalidade, para o equacionamento do conflito entre o direito fundamental à dignidade humana do réu e o direito fundamental à dignidade humana do credor (simbolizado na dificuldade de efetivar direitos seus por entraves causados pela legislação processual). Olha-se mais uma vez apenas para o devedor [...][278]

A problemática assume contornos desalentadores quando o devedor/executado é a Fazenda Pública, o que não é tão raro no Brasil.

Segundo dados do Conselho Nacional de Justiça – CNJ –,[279] o Estado é parte em 51% de todos os processos judiciais em tramitação

---

[276] HOLLERBACH, Morgana Couto; PIRES, Gustavo Alves de Castro. *O princípio da efetividade na execução civil*. Disponível em: <http://www.fenord.edu.br/revistaacademica/revista2014/textos/art09revaca2.pdf>. Acesso em 10.04.2015.

[277] DINAMARCO, Cândido Rangel. *Nova era do processo civil*. 4. ed. São Paulo: Malheiros, 2013, p. 296

[278] DIDIER JR, Fredie; CUNHA, Leonardo Carneiro da.; BRAGA, Paula Sarno; OLIVEIRA, Rafael Alexandria de. *Curso de Direito Processual Civil: Execução*, v. 5. 6. ed. Salvador: JusPODIVM, 2014, p. 568.

[279] *Lista dos 100 miores litigantes do país*. Disponível em <http://www.cnj.jus.br/images/pesquisas-judiciarias/pesquisa_100_maiores_litigantes.pdf>. Acesso em 10.04.2015.

no país. Destarte, o tratamento processual diferenciado dispensado à Fazenda Pública (p. ex. prazos dilatados, reexame necessário e o sistema de precatórios) se justifica em alguns pontos, mas em outros não, chegando inclusive ao absurdo de estimular a judicialização de questões facilmente solucionáveis via administrativa.

Assim, as normas que conferem garantias ao devedor – também quando se trata da Fazenda Pública – devem ser pensadas e aplicadas em consonância com a garantia da efetividade da execução, que inicia e se desenvolve no interesse do credor (art. 797, CPC/2015), numa relação de proporcionalidade, de modo a não anular completamente garantias do devedor, porém não exterminando com a realização material do direito do credor.

Portanto, de agora em diante, analisar-se-á a sistemática da execução por quantia certa em face da Fazenda Pública com base em título judicial pelo prisma das garantias constitucionais processuais, a fim de se examinar o sistema legislativo e jurisprudencial vigente para, ao final, identificar sua (in)idoneidade frente à realização material do direito do credor e apresentar sugestões dentro do próprio ordenamento que resultem numa atenuação do problema.

2.2. A disciplina constitucional da execução em face da Fazenda Pública

A execução por quantia certa promovida em face da Fazenda Pública,[280] seja em virtude de título judicial, seja extrajudicial, será feita por meio do sistema de precatórios[281] e vem constitucionalmente disciplinada desde a Constituição de 1934,[282] que previa no seu artigo 182:

---

[280] A expressão *Fazenda Pública* será utilizada neste trabalho como para se referir ao *Estado em juízo*, e "utilizada para designar as pessoas jurídicas de direito público que figurem em ações judiciais, mesmo que a demanda não verse sobre matéria estritamente fiscal ou financeira" (CUNHA, Leonardo Carneiro da. *A Fazenda Pública em juízo*. 11. ed. São Paulo: Dialética, 2013, p. 15).

[281] Salvo em relação às dívidas consideradas de pequeno valor, que não se sujeitam ao regime de precatórios e serão quitadas por meio de Requisição de Pequeno Valor – RPV –, no prazo de até 60 dias.

[282] Em aprofundado estudo, Francisco Wildo Lacerda Dantas traça um levantamento histórico do tema, assegurando que mesmo no período do Brasil Império ainda se aplicavam as Ordenações Manuelinas, Afonsinas e Filipinas, notadamente estas últimas, para disciplinar a cobrança de dívidas judiciais contra a Fazenda, ressaltando, ainda, que na época a execução *das dívidas de el Rey* eram processadas da mesma forma que as execuções contra particulares, inclusive com atos de expropriação patrimonial (DANTAS, Francisco Wildo Lacerda. *Execução contra a Fazenda Pública*: regime de precatório. 2. ed. Rio de Janeiro: Forense, 2010, p. 78-86).

Art. 182. Os pagamentos devidos pela Fazenda federal, em virtude de sentença judiciária, far-se-ão na ordem de apresentação dos precatórios e à conta dos créditos respectivos, sendo vedada a designação de caso ou pessoas nas verbas legais.

Parágrafo único. Estes créditos serão consignados pelo Poder Executivo ao Poder Judiciário, recolhendo-se as importâncias ao cofre dos depósitos públicos. Cabe ao Presidente da Corte Suprema expedir as ordens de pagamento, dentro das forças do depósito, e, a requerimento do credor que alegar preterição da sua precedência, autorizar o seqüestro da quantia necessária para o satisfazer, depois de ouvido o Procurador-Geral da República.

O tratamento constitucional da matéria,[283] segundo leciona Américo Luís Martins da Silva,[284] se deu em virtude da escandalosa advocacia administrativa que permeava o procedimento de pagamento de dívidas judiciais pela Fazenda Pública. Em estudo realizado sobre o tema, Bruno Espiñeira Lemos esclarece que na época das Ordenações e até o advento da Constituição de 1934, "o Presidente da República, os Ministros de Estado, o Tribunal de Contas, ou qualquer outra autoridade administrativa podia ordenar o pagamento, em se tratando de sentenças judiciárias",[285] sem qualquer ordem cronológica, o que contribuía para a desmoralização da administração pública no país. Esta também é a observação de Ricardo Perlingeiro da Silva.[286]

De outro norte, a necessidade de um sistema específico de execução para a Fazenda Pública também se justifica em virtude da disciplina constitucionalmente diferenciada dada à Administração Pública, que deve obediência a princípios não aplicáveis ao particular, como legalidade e moralidade, bem como princípios orçamentários, de onde se extrai que todas as despesas dos entes públicos – aí incluídas as condenações judiciais – devem estar previstas em orçamentos previamente aprovados pelo Poder Legislativo (art. 167, II, CF/88).

Destaque-se, ainda, o tratamento dado pelo ordenamento jurídico aos bens públicos. Essa questão ganha relevo quando se percebe o processo de execução como um ato de transferência de riquezas

---

[283] Somente no Brasil existe o instituto do precatório e a execução contra a Fazenda Pública é tratada constitucionalmente, conforme leciona autorizada doutrina: NASCIMENTO, Carlos Valder do; JUSTEN FILHO, Marçal. *Emenda dos precatórios*: fundamentos de sua inconstitucionalidade. Belo Horizonte: Forum, 2010, p. 59.

[284] MARTINS DA SILVA, Américo Luís. *Do precatório-requisitório na execução contra a Fazenda Pública*. 2. ed. Rio de Janeiro: Lumen Juris, 1998.

[285] LEMOS, Bruno Espiñeira. *Precatório*: trajetória e desvirtuamento de um instituto. Porto Alegre: S. A. Fabris, 2004, p. 48.

[286] PERLINGEIRO, Ricardo. *Execução contra a Fazenda Pública*. São Paulo: Malheiros, 1999, p. 30.

do devedor ao credor,[287] calcado notadamente na responsabilidade patrimonial (art. 789, CPC/2015), mormente quando a execução tem por objeto quantia certa contra devedor solvente.[288] É que "os bens públicos são revestidos dos atributos da inalienabilidade e impenhorabilidade",[289] razão pela qual a citada regra de responsabilidade patrimonial aqui não se aplica.

Ademais, não se olvide que na execução judicial em face do Estado verifica-se uma relação de tensão entre Judiciário e Executivo, sobressaindo-se o princípio da separação dos Poderes. Dessa forma, a invasão patrimonial de um Poder da República em outro poderia, com atos de constrição patrimonial, como ocorre na esfera privada, significar potencial abalo à independência e harmonia entre eles que poderia ir além do essencial sistema de *checks and balances*. Daí a necessidade de tratamento constitucional desta delicada relação de interferência.

Entretanto, apesar da pacífica manutenção da disciplina no texto constitucional desde 1934 até os tempos hodiernos, o seu conteúdo não permaneceu inalterado após 1988.

Ao revés, sofreu sucessivas alterações por seis emendas constitucionais, criando regras para o cumprimento das condenações judiciais pecuniárias impostas à Fazenda Pública, dentre as quais a instituição de moratórias em prol do devedor, como as trazidas pelas Emendas Constitucionais nº 30/2000 (dez anos), 62/2009[290] (quinze anos), 94/2016 (cinco anos) e 99/2017[291] (sete anos) e também regras

---

[287] DINAMARCO, Cândido Rangel. *Instituições de direito processual civil*. São Paulo: Malheiros, 2004, p. 34.

[288] "CPC/2015, Art. 824. A execução por quantia certa realiza-se pela expropriação de bens do executado, ressalvadas as execuções especiais".

[289] CUNHA, Leonardo Carneiro da. *A Fazenda Pública em juízo*. 11. ed. São Paulo: Dialética, 2013, p. 308.

[290] O STF, no julgamento das ADIs 4357 e 4425, em março/2013, declarou inconstitucional grande parte das regras instituídas pela EC 62/2009, como o art. 97 dos ADCT, na íntegra, e parcialmente os §§ 2º, 9º, 10 e 12 do art. 100 da CF/88, razão pela qual essas alterações serão tratadas na presente obra em alguns pontos apenas como referência à movimentação legislativa sobre a matéria.

[291] Atualmente está em vigor o regime especial de pagamento de precatórios previsto no art. 101 do ADCT, instituído pela EC 99/2017, que, dentre outras regras, passou a prever o seguinte: i) todos os precatórios dos Estados, DF e Municípios vencidos na data base de 25.03.2015 deverão ser pagos até 31.12.2024; ii) depósito mensal em conta especial do Tribunal de Justiça local, sob única e exclusiva administração deste, de 1/12 sobre a receita corrente líquida, apurada no segundo mês anterior ao mês de pagamento, em percentual suficiente para a quitação de seus débitos; iii) utilização do Índice Nacional de Preços do Consumidor Amplo Especial (IPCA-E), para correção e atualização do valor dos precatórios durante o período; iv) autorização para utilização de até 75% dos depósitos judiciais e administrativos em dinheiro nos processos em que a Fazenda Pública for parte e até 30% dos demais depósitos judiciais para pa-

que aprimoraram o sistema em favor dos credores, como os pagamentos por meio de Requisições de Pequeno Valor – RPV – (EC 20/98), tratamento privilegiado aos chamados débitos alimentares (EC 30/2000), tratamento *superprivilegiado* aos credores idosos, portadores de deficiência ou doença grave (EC 62/2009), responsabilização criminal e administrativa do Presidente de Tribunal que *retardar ou tentar frustrar a liquidação regular de precatório* (EC 37/2002) e responsabilização do Chefe do Executivo *na forma da legislação de responsabilidade fiscal e de improbidade administrativa* (EC 94/2016).

Especialmente por essas razões, a Constituição Federal instituiu disciplina própria que regulamentasse o pagamento de condenações judiciais pecuniárias em face da Fazenda Pública de modo a equacionar o direito do credor à plena satisfação com o regime jurídico peculiar da Administração Pública, seja quanto ao seu patrimônio, seja quanto à necessidade de obediência ao orçamento.

Assim, o art. 100 da CF/88 dispõe que "os pagamentos devidos pelas Fazendas Públicas Federal, Estaduais, Distrital e Municipais, em virtude de sentença judiciária, far-se-ão exclusivamente na ordem cronológica de apresentação dos precatórios". A sistemática prevê que após o trânsito em julgado da decisão condenatória, o juízo da execução, por meio do Presidente do respectivo Tribunal, deverá expedir ofício requisitório (precatório) ao ente condenado para inclusão obrigatória do débito em seu orçamento, o qual deverá ser quitado no exercício seguinte, se expedido até 1º de julho (art. 100, § 5º). Ressalte-se que a necessidade de expedição de precatório e inclusão em *lista de espera* não se aplica aos débitos definidos em lei como de pequeno valor, que possui regramento próprio no CPC, como se verá adiante.

Contudo, o pagamento fica adstrito à disponibilidade orçamentária do ente devedor, não havendo expressa previsão legal para a obrigatoriedade do pagamento, mas apenas da alocação financeira,

---

gamento dos precatórios, hipótese condicionada à criação de um fundo garantidor equivalente à um terço dos recursos levantados, remunerados através da taxa Selic; v) permissão de utilização dos depósitos realizados em precatórios e requisições de pequeno valor efetuados até 31 de dezembro de 2009, e ainda não levantados, assegurada a revalidação dos requisitórios pelos juízos competentes, com a preservação da ordem cronológica original e remuneração durante todo período; vi) aumenta o teto do valor destinado ao pagamento de credores preferenciais segundo critérios de idade, estado de saúde e deficiência para o quíntuplo do valor definido para requisições de pequeno valor, sendo o restante quitado de acordo com a ordem cronológica de apresentação dos precatórios; vii) prazo de 120 dias, com início em janeiro de 2018, para que os entes regulamentem a compensação de precatórios com débitos tributários ou de outra natureza inscritos em dívida ativa até 25 de março de 2015, caso não seja efetuada regulamentação, os credores poderão efetuar a compensação.

que, se não realizada, ensejará o sequestro de verbas públicas, a teor do art. 100, § 6º, o qual também poderá ser determinado no caso de quebra da ordem cronológica de pagamento ou não repasse da parcela mensal prevista no regime especial (vide nota de rodapé n. 289), e será adiante tratado de forma mais detida. Noutras palavras, sem previsão legal de sanção para a hipótese do não pagamento do precatório no exercício financeiro ao qual estava inicialmente previsto, a Administração Pública *paga quando quiser*, conclusão inevitável após as várias moratórias concedidas desde 2000 que não surtiram o efeito desejado da quitação dos precatórios.

A respeito do tema, pertinente a advertência feita por Marinoni e Arenhart

> Em razão deste sistema, não será raro encontrar casos de precatórios que demorem anos para serem pagos. Tudo dependerá da importância destinada no orçamento para pagamento de precatórios requisitados pelo Poder Judiciário. Como os cofres públicos são limitados, havendo insuficiência para quitação de todos os precatórios expedidos, estes ingressarão na "fila" do exercício financeiro subsequente, e assim sucessivamente.[292]

Em virtude da especial disciplina conferida à Fazenda Pública pela CF/88 e da falta de mecanismos que forcem o adimplemento da condenação, autorizada doutrina[293] chegou a afirmar que não *existe verdadeira execução*. Humberto Theodoro Júnior utiliza a expressão *execução imprópria* para rotular o procedimento aqui tratado, "visto que se faz sem penhora e arrematação, vale dizer, sem expropriação ou transferência forçada de bens".[294]

Todavia, vem de Araken de Assis o contraponto, que, pela lucidez das palavras, imperioso se perfilhar:

> Em consideração a esse ponto, importantes vozes defendem que, na realidade, não existe ação de execução em relação à Fazenda Pública, haja vista que não é possível o uso de meios coercitivos diretos. O pensamento parece se impressionar com a inviabilidade de penhora. Só que ela não representa a essência do processo executivo. Ocorrem, também no campo em estudo, atos de império, pois o cumprimento da obrigação reclamada não é espontâneo. A Fazenda Pública não a satisfaz por grandeza de espírito, mas por dever normativo e, no caso, por determinação judicial.[295]

---

[292] MARINONI, Luiz Guilherme; ARENHART, Sérgio Cruz. *Curso de processo civil*, vol. 3: execução. 2. ed. São Paulo: Revista dos Tribunais, 2008, p. 406.

[293] DINAMARCO, Cândido Rangel. *Execução civil*. 3. ed. São Paulo: Malheiros, 1993, p. 300.

[294] THEODORO JR., Humberto. *Processo de execução e cumprimento da sentença*. 28. ed. São Paulo: Leud, 2014, p. 413.

[295] ASSIS, Araken de. *Comentários ao Código de Processo Civil*, v. IX: do processo de execução. São Paulo: Revista dos Tribunais, 2000, p. 410.

O procedimento constitucional aplicável às execuções em face do Poder Público é complementado pela legislação ordinária, mais especificamente pelo Código de Processo Civil, que será analisado em seguida, tanto na sua versão anterior – CPC/1973 –, quanto no CPC/2015, em vigor desde 18.03.2016.

2.3. O regime no Código de Processo Civil de 1973

Regulamentando a regra do artigo 100 da Constituição Federal,[296] o CPC/1973 disciplinou, nos artigos 730 e 731, o procedimento de pagamento de quantia certa pela Fazenda Pública condenada em sentença judiciária ou consubstanciada em título extrajudicial.[297] Como se percebe, o tratamento legal do tema de tamanha relevância, não obstante uma regulação constitucional, deixou a desejar no Código Buzaid. Com dois pequenos artigos, muitas dúvidas surgiram, ficando a cargo da doutrina e jurisprudência o melhor detalhamento da sistemática.

Prefacialmente, cumpre salientar que mesmo em relação às sentenças condenatórias ao pagamento de quantia proferidas contra o Poder Público, persistia a necessidade de ajuizamento de ação autônoma de execução. Neste particular, a doutrina majoritária defende que a execução por quantia certa em face da Fazenda Pública fundada em título judicial, contida no CPC/1973, não sofreu qualquer alteração pela Lei nº 11.232/2005, que instituiu o *processo sincrético*, ao criar a *fase de cumprimento da sentença*, continuando a possuir natureza independente e os respectivos embargos configurarem verdadeira ação autônoma, o que não permaneceu no CPC/2015, como se verá adiante.

Esta é a lição, por exemplo, de Humberto Theodoro Jr. ainda à luz do Código Buzaid, ao afirmar que "a reforma da Lei nº 11.232/2005

---

[296] "Os pagamentos devidos pelas Fazendas Públicas Federal, Estaduais, Distrital e Municipais, em virtude de sentença judiciária, far-se-ão exclusivamente na ordem cronológica de apresentação dos precatórios e à conta dos créditos respectivos, proibida a designação de casos ou de pessoas nas dotações orçamentárias e nos créditos adicionais abertos para este fim".

[297] Ressalte-se que apesar da literalidade do artigo 100 da CF, ao se referir tão somente a *sentença judiciária*, o STJ, através do Enunciado n. 279 de sua súmula, já pacificou que "é cabível execução por título extrajudicial contra a Fazenda Pública", seguindo o mesmo rito aplicável aos títulos judiciais. Este é o entendimento compartilhado por: CUNHA, Leonardo Carneiro da. *A Fazenda Pública em juízo*. 13. ed. Rio de Janeiro: Forense, 2016, p. 352-354. Defendendo a impossibilidade de execução contra a Fazenda Pública fundada em título extrajudicial: LEMOS, Bruno Espiñeira. *Precatório*: trajetória e desvirtuamento de um instituto. Porto Alegre: S. A. Fabris, 2004, p. 61-62.

não atingiu as execuções singulares especiais por dívidas da Fazenda Pública e pelas obrigações de alimentos, que se conservaram nos padrões antigos de separação das duas ações: uma para condenar, outra para executar".[298] Assim, formalizado o título executivo com o trânsito em julgado da decisão condenatória, ao autor caberia promover a ação de execução, com posterior citação do ente executado para, no prazo de trinta dias, opor embargos à execução.

Em relação aos embargos, defesa cabível tanto para execuções de títulos judiciais, quanto extrajudiciais, cuja disciplina se encontrava nos arts. 741 a 743 do CPC/1973, os mesmos só poderiam versar sobre:[299] falta ou nulidade da citação, se o processo correu à revelia; inexigibilidade do título; ilegitimidade das partes; cumulação indevida de execuções; excesso de execução; qualquer causa impeditiva, modificativa ou extintiva da obrigação, como pagamento, novação, compensação, transação ou prescrição, desde que superveniente à sentença; ou incompetência do juízo da execução, bem como suspeição ou impedimento do juiz.

A lei ainda considerava, para os fins de ser considerado inexigível e, portanto, inapto a aparelhar a execução, o título judicial *fundado em lei ou ato normativo declarados inconstitucionais pelo Supremo Tribunal Federal, ou fundado em aplicação ou interpretação da lei ou ato normativo tidas pelo Supremo Tribunal Federal como incompatíveis com a Constituição Federal* (art. 741, parágrafo único, CPC/1973) – é o que a doutrina convencionou chamar de *eficácia rescisória dos embargos à execução*,[300] feição assumida para atacar a *coisa julgada inconstitucional*.

Neste ponto, a discussão doutrinária girava em torno do momento do julgamento do STF a ser invocado nos embargos à execução: se anterior ou não ao trânsito em julgado da decisão exequenda. Sob a égide do Código Buzaid, Leonardo Carneiro da Cunha assentou que:

> Com efeito, a decisão exequenda somente pode ser rescindida, com base no parágrafo único do art. 741 do CPC, se o posicionamento do STF for *anterior* à sua pro-

---

[298] THEODORO JR., Humberto. *As Novas Reformas do Código de Processo Civil.* 2. ed. Rio de Janeiro: Forense, 2007, p. 113.

[299] Leonardo Carneiro da Cunha defende que quanto aos embargos opostos em execução de título extrajudicial, as regras são as mesmas da execução geral, e o rol de matérias suscitáveis não se limita aos trazidos no art. 741, aplicáveis apenas quando se trata de título judicial (CUNHA, Leonardo Carneiro da. *A Fazenda Pública em juízo.* 11. ed. São Paulo: Dialética, 2013, p. 319-320).

[300] ZAVASCKI, Teori Albino. Inexigibilidade das sentenças inconstitucionais. *Revista da AJUFERGS*, ed. 3. Disponível em: <http://www.esmafe.org.br/web/revista/rev03/02_teori_albino_zavascki.pdf>. Acesso em 20.04.2015.

lação, de modo que ela tenha sido proferida com um *defeito genético*: já surgiu em desconformidade com a orientação do STF.[301]

O processualista pernambucano ainda fez a ressalva de que há quem admitia a possibilidade de um julgamento posterior do STF rescindir uma sentença transita em julgado, mas desde que houvesse a expressa menção da Suprema Corte ao efeito rescisório retroativo do julgamento, devendo ser observado o prazo para ajuizamento de ação rescisória, e, ainda, que houvesse relação entre a norma tida por inconstitucional e a conclusão do julgamento exequendo, pena de golpe mortal à garantia constitucional da coisa julgada.

Concluindo a disciplina legal dos embargos à execução, o CPC/1973 listou, no art. 743, as situações que caracterizavam excesso de execução, quais sejam, quando o credor pleiteia quantia superior à do título; quando recai sobre coisa diversa daquela declarada no título; quando se processa de modo diferente do que foi determinado na sentença; quando o credor, sem cumprir a prestação que lhe corresponde, exige o adimplemento da do devedor (art. 582, CPC/1973); se o credor não provar que a condição se realizou.

Dessa forma, não sendo os mencionados embargos opostos ou, se opostos, rejeitados, expedir-se-ia, conforme o caso, precatório ou requisição de pequeno valor, consistente no requerimento do juízo da execução, por intermédio do Presidente do respectivo Tribunal, para inclusão do crédito no orçamento do ente devedor, a ser quitado nos termos do art. 100 da Constituição, prevendo, exclusivamente no caso de quebra da ordem cronológica de pagamento (art. 731, CPC/1973), o sequestro de verbas públicas, medida já prevista na CF (art. 100, § 6º).

Todavia, apesar de inexistir previsão constitucional ou legal nesse sentido, a doutrina majoritária e a jurisprudência[302] entendiam que só seria viável a expedição da requisição de pagamento após o trânsito em julgado do julgamento dos embargos à execução. Noutras palavras, para a expedição do precatório, haveria a necessidade de

---

[301] CUNHA, Leonardo Carneiro da. *A Fazenda Pública em juízo*. 11. ed. São Paulo: Dialética, 2013, p. 338.

[302] "EMBARGOS À EXECUÇÃO. EFEITO SUSPENSIVO. AGRAVO REGIMENTAL CONTRA DECISÃO QUE INDEFERIU A CONCESSÃO DE EFEITO SUSPENSIVO. 1. "Mera possibilidade de excesso de execução não autoriza a concessão de efeito suspensivo aos embargos, tanto quanto a alegação de litispendência. Precedente da Terceira Seção." (AgRg nos EmbExeMS 6864/DF, 3ª Seção, Rel. Ministro PAULO GALLOTTI, Dje de 12/06/2009.) 2. A expedição do precatório somente se viabiliza após a definição do quantum debeatur, resultante do exame das questões arguidas nos embargos à execução. Nesses termos, os valores impugnados somente poderão ser pagos após o trânsito em julgado dos embargos à execução, independentemente da concessão de efeito suspensivo. 3. Agravo regimental desprovido. (STJ, 3ª Seção, AgRg nos EmbExeMS 6.864/DF, Rel. Min. Laurita Vaz, j. 13.10.2010, DJe 05.11.2010)".

dois trânsitos em julgado: um do julgamento da ação originária (conhecimento) e outro da sentença de improcedência dos embargos à execução, caso opostos, o que representava, sem dúvidas, um duro golpe na razoável duração e efetividade do processo.

Sobre o tema, e na vigência do CPC/1973, Leonardo Carneiro da Cunha avalizava que os embargos à execução em face da Fazenda Pública sempre deveriam ser recebidos no efeito suspensivo – uma espécie de efeito suspensivo *ope legis* – assim como eventuais recursos interpostos contra o seu julgamento de improcedência, não se aplicando, *in casu*, a regra do art. 520, V, do CPC/1973.[303] O autor ainda afirmava que

> O trânsito em julgado a que se refere o parágrafo 5º do art. 100 da Constituição Federal é o da sentença que julgar os embargos à execução. E isso porque o valor a ser incluído no orçamento deve ser definitivo, não pendendo qualquer discussão a seu respeito.[304]

O STJ chancelou tal entendimento, consagrando a tese de que os embargos à execução e eventuais recursos possuíam efeito suspensivo automático em relação ao objeto da impugnação (salvo se houvesse parcela da condenação não impugnada, a qual era tida por incontroversa e já poderia ser objeto de execução definitiva).[305] No mesmo sentido também era a lição de Cássio Scarpinella Bueno, para quem "o trânsito em julgado que autoriza a execução contra a Fazenda só pode ser o dos embargos à execução, superados, pois, os processos de conhecimento e o de eventual liquidação".[306] Em todo caso, a questão tende a apresentar nova solução, com necessária guinada na jurisprudência do STJ, em virtude do advento do novo CPC, que se passa a analisar.

2.4. O sistema no Código de Processo Civil de 2015

Com a vigência do novo Código de Processo Civil, instituído pela Lei n. 13.105/2015, visando dar um passo rumo à dignidade

---

[303] "Art. 520. A apelação será recebida em seu efeito devolutivo e suspensivo. Será, no entanto, recebida só no efeito devolutivo, quando interposta de sentença que: [...] V – rejeitar liminarmente embargos à execução ou julgá-los improcedentes".

[304] CUNHA, Leonardo Carneiro da. *A Fazenda Pública em juízo*. 11. ed. São Paulo: Dialética, 2013, p. 315.

[305] STJ, 1ª. Turma, AgRg no AREsp 23.908/PR, rel. Min. Napoleão Nunes Maia Filho, j. 20.08.2015, DJe 31.08.2015; STJ, 2ª Turma, AgRg no REsp 1276037/PR, rel. Min. Humberto Martins, j. 10.04.2012, DJe 19.04.2012.

[306] BUENO, Cássio Scarpinella. Execução por quantia certa contra a Fazenda Pública – uma proposta atual de sistematização. In: SHIMURA, Sérgio; WAMBIER, Teresa Arruda Alvim. [coord.] *Processo de execução*. São Paulo: RT, 2001, p. 140-41.

processual, algumas mudanças foram implementadas na sistemática legal da execução por quantia certa em face da Fazenda Pública arrimada em título judicial. Em verdade, o legislador ordinário pouco inovou na matéria, considerando o tratamento constitucional detalhado linhas acima, que, de resto, limita o âmbito de atuação infraconstitucional, mas certamente não inviabiliza por completo inovações que podem trazer maior efetividade a este tipo impróprio de execução.

Entretanto, há de ser reconhecido o esforço legislativo para amenizar as fundamentadas críticas lançadas ao procedimento. As alterações promovidas trouxeram uma melhor sistematização do procedimento e, a depender da doutrina e jurisprudência, com aplicação de adequada hermenêutica comprometida com a pauta dos direitos fundamentais, podem recuperar um pouco da credibilidade do jurisdicionado de há muito perdida quando o assunto é litígio judicial contra o Estado.

Prima facie, ganha destaque a adoção do sincretismo nas execuções de títulos judiciais em desfavor da Fazenda Pública, que finalmente chegou aos processos movidos em face do Estado – e na execução de alimentos também – atendendo a uma parte dos reclamos da doutrina,[307] que considerava desarrazoado benefício ao Poder Público em juízo manter o antigo sistema *dual* de processo de conhecimento e processo de execução.

Se na *reforma da execução* do CPC/1973, levada a efeito pelas Leis 11.232/2005 e 11.382/2006, o sincretismo processual não havia atingido a execução por quantia certa em face da Fazenda Pública com base em título judicial, que continuava imune aos avanços legislativos, no novel ordenamento a execução agregada ao processo de conhecimento, sob a rubrica *fase de cumprimento*, ato contínuo à fase cognitiva, se torna aplicável também aos procedimentos contra o Estado.

A alteração trazida pelo novo CPC já se apresenta no título do capítulo destinado ao tratamento da matéria: *Do Cumprimento de Sentença que Reconheça a Exigibilidade de Obrigação de Pagar Quantia Certa pela Fazenda Pública*, encerrando os artigos 534 e 535, em substituição ao anterior *Da Execução Contra a Fazenda Pública*, que subsiste no

---

[307] Alexandre Freitas Câmara, por exemplo, referindo-se à nova sistemática implementada pela Lei n. 11.232/05 e a sua não aplicação às exceções contra a Fazenda Pública, afirma que "trata-se de mais uma demonstração de como o direito processual brasileiro superprotege o Poder Público, conferindo-lhe uma série de privilégios absolutamente inaceitáveis" (CÂMARA, Alexandre Freitas. *A nova execução de sentença*. 6. ed. Rio de Janeiro: Lumen Juris, 2009, p. 150).

artigo 910, mas agora somente aplicável quando se tratar de execução com base em título extrajudicial, adiante detalhado. De toda sorte, agora existem dois regramentos distintos: um para execuções de títulos judiciais – agora nomeadamente fase de cumprimento – e outro para execuções aparelhadas em títulos extrajudiciais.

2.4.1. Execução em face da Fazenda Pública com base em título extrajudicial

O novo Código de Processo Civil, em harmonia com a doutrina e recepcionando a jurisprudência dos tribunais superiores, passa a admitir expressamente a execução contra a Administração Pública fundada em título executivo extrajudicial.

Ressalte-se que apesar da literalidade do artigo 100 da CF, que menciona tão somente a *sentença judiciária*, o STJ, por meio do enunciado n. 279 de sua súmula, já havia pacificado que "é cabível execução por título extrajudicial contra a Fazenda Pública", seguindo o mesmo rito aplicável aos títulos judiciais. Este também já era o entendimento compartilhado por Leonardo Carneiro da Cunha, lembrando que o próprio CPC/1973 se referia à execução de título extrajudicial como execução definitiva (art. 587), conforme se extrai da seguinte passagem:

> Ao se referir à execução definitiva, estar-se-á aludindo à execução fundada em sentença transitada em julgado ou em título extrajudicial. A menção, no texto constitucional, ao *trânsito em julgado* veda, como já se viu, a *execução provisória* contra a Fazenda Pública, permitindo, em razão disso, a *execução definitiva*, que poderá ser fundada em título extrajudicial ou em sentença condenatória transitada em julgado.[308]

Quanto ao procedimento da execução por quantia certa baseada em título extrajudicial em face da Fazenda Pública, o CPC/2015 intenta conferir tratamento diferenciado em relação à execução de título judicial, que passará a ser uma fase do processo de conhecimento – cumprimento da sentença que reconheça a exigibilidade de obrigação de pagar quantia certa pela Fazenda Pública, tratada em capítulo à parte –, mas sem descuidar da disciplina constitucional. Prescreve o novo CPC:

---

[308] CUNHA, Leonardo Carneiro da. *A Fazenda Pública em juízo*. 11. ed. São Paulo: Dialética, 2013, p. 382. Defendendo a impossibilidade de execução contra a Fazenda Pública fundada em título extrajudicial: LEMOS, Bruno Espiñeira. *Precatório*: trajetória e desvirtuamento de um instituto. Porto Alegre: S. A. Fabris, 2004, p. 61-62.

Art. 910. Na execução fundada em título extrajudicial, a Fazenda Pública será citada para opor embargos em 30 (trinta) dias.

§ 1º Não opostos embargos ou transitada em julgado a decisão que os rejeitar, expedir-se-á precatório ou requisição de pequeno valor em favor do exequente, observando-se o disposto no art. 100 da Constituição Federal.

§ 2º Nos embargos, a Fazenda Pública poderá alegar qualquer matéria que lhe seria lícito deduzir como defesa no processo de conhecimento.

§ 3º Aplica-se a este Capítulo, no que couber, o disposto nos artigos 534 e 535.

Nota-se que apesar de prevista a possibilidade de título extrajudicial embasar a execução contra a Fazenda Pública, não se dispensou a necessidade de sentença transitada em julgado e expedição de precatório ou requisição de pequeno valor, dependendo do valor executado, o que não poderia se dar de forma diferente, considerando a necessidade de compatibilização com o texto constitucional, que impõe tais exigências.

O CPC/2015 prevê, ainda, a aplicação subsidiária dos artigos 534 e 535, que disciplinam o cumprimento de sentença contra a Fazenda. Dessa forma, ao propor a execução com base em título extrajudicial, o credor deverá instruir seu pedido com o respectivo título, dados do credor, demonstrativo do débito atualizado, o índice de correção monetária e juros aplicados, bem como os termos inicial e final de sua incidência e a periodicidade de sua capitalização.

Deste modo, proposta a ação de execução, o ente executado será citado[309] não para pagar o débito em três dias sob pena de penhora, como no procedimento comum do art. 829 do CPC/2015, mas para opor embargos à execução no prazo de trinta dias.[310]

Calha ressaltar que o procedimento aqui tratado (art. 910) aplica-se apenas às obrigações *pecuniárias* consubstanciadas em título extrajudicial, não se voltando às demais obrigações de entregar, fazer e não fazer, as quais, por dispensarem a expedição de precatório ou requisição de pequeno valor, não inspiram tratamento diferenciado da execução comum contra o particular (arts. 806 a 823, CPC/2015).[311]

---

[309] Aqui, também de forma subsidiária, se aplica o art. 535 do novo CPC, que prevê a intimação da Fazenda Pública "na pessoa de seu representante judicial, mediante carga, remessa ou por meio eletrônico".

[310] Com isso, se encerra a divergência instalada sob a égide do CPC/1973 acerca deste prazo: o art. 730 do CPC/1973 prevê dez dias para oposição dos embargos e a Lei nº 9.494/97, resultado da conversão da Medida Provisória nº 2.180-35/2001, ampliou para trinta dias.

[311] Neste sentido: GAJARDONI, Fernando da Fonseca; DELLORE, Luiz; ROQUE, Andre Vasconcelos; DUARTE, Zulmar. *Execução e recursos*: comentários ao CPC 2015. São Paulo: Método, 2017, p. 471/72.

2.4.2. Defesa da Fazenda Pública: embargos à execução

Na sistemática introduzida pelo novo CPC, diferentemente do que ocorria no CPC/1973, no qual os embargos se prestavam a impugnar qualquer espécie de execução contra a Administração Pública, eles somente serão admitidos nas execuções lastreadas em título extrajudicial, adotando, para os casos de título executivo judicial, a sistemática da *impugnação*, em harmonia com o processo sincrético vigente nas demais espécies de cumprimento de sentença, o que será abordado em capítulo específico mais à frente.

Optando o ente executado pela via dos embargos – que possui verdadeira natureza de ação[312] – neles poderá ser suscitada qualquer matéria de defesa que seria lícito alegar no processo de conhecimento, conforme regra contida no art. 910, § 2º, do CPC/2015. A previsão se amolda ao regime constitucional tratado no item 2.2 acima.

Em se tratando de documento extrajudicial, no qual não houve participação do Estado-juiz na sua formação, justifica-se, neste ponto, a plena e exauriente cognição acerca de sua certeza, liquidez e/ou exigibilidade, ou ainda quanto ao próprio processo de execução movido, oportunizando-se o contraditório e a ampla defesa e, por fim, ensejando uma decisão judicial. Logo, tem-se a participação da Fazenda Pública na formação do título, por meio de um vasto e efetivo contraditório, e a possibilidade de uma decisão passada em julgado, inclusive apta a fazer coisa julgada material, porém não sujeita ao reexame necessário no caso de rejeição/improcedência, como já pacificado pelo STJ.[313]

Ademais, as matérias passíveis de arguição nos casos de impugnação ao cumprimento de sentença, elencadas nos incisos I ao VI do art. 535, do novo CPC, como excesso de execução ou inexequibilidade do título, também são aplicáveis aqui, em decorrência da citada regra de subsidiariedade contida no art. 910, § 3º

Ponto que merece destaque diz respeito ao efeito suspensivo *ope legis* dos embargos, assim como dos recursos eventualmente interpostos no seu bojo. A despeito do art. 919 do CPC/2015, não trazer qualquer hipótese de efeito suspensivo automático, a redação do § 1º

---

[312] ASSIS, Araken de. *Manual da execução*. 19. ed. São Paulo: RT, 2017, p. 1.620-1.623.

[313] STJ, 2ª. Turma, AgRg no AREsp 731882/MA, rel. Min. Assusete Magalhães, j. 08.03.2016, DJe 17.03.2016; STJ, 1ª Turma, AgRg no AREsp 766072/PR, rel. Min. Benedito Gonçalves, j. 17.12.2015, DJe 05.02.2016.

do art. 910[314] não deixa dúvidas quanto à indispensabilidade do seu trânsito em julgado para a continuidade dos atos executórios – leia-se: expedição da requisição de pagamento (precatório ou RPV) – concluindo-se, assim, pela suspensão automática, ainda que relativa à parte controvertida da obrigação.

Andre Vasconcelos Roque, comentando o citado art. 910, esclarece que:

> Os embargos da Fazenda Pública, ao contrário do que se verifica na execução contra particulares, possui efeito suspensivo automático, pois o precatório ou requisitório de pequeno valor somente será expedido após transitada em julgado a decisão que os rejeitar, na forma do § 1º.
>
> O efeito suspensivo pode ser total, paralisando por completo a execução, ou parcial, quando os embargos disserem respeito a apenas parte do objeto da execução (por exemplo, no caso em que se alega apenas excesso de execução). Tratando-se de embargos parciais, o processo de execução deverá prosseguir em relação ao incontroverso, com a expedição de precatório ou requisitório de pequeno valor (art. 535, § 4º, aplicável subsidiariamente).[315]

Em verdade, na vigência do Código Buzaid, era discussão recorrente na doutrina a suspensividade ou não dos embargos à execução de título judicial, pendendo a doutrina para a ideia de que os embargos à execução opostos pela Fazenda Pública possuíam efeito suspensivo automático quanto ao seu objeto de impugnação, como analisado em linhas anteriores no item 2.3, em virtude da exigência constitucional do trânsito em julgado, uma vez que a própria lei silenciava nesse particular.

Com a alteração legislativa, todavia, não se fala mais em embargos para questionar execuções fundadas em títulos judiciais, e sim em impugnação. Então, eis o panorama no novo CPC: i) os embargos à execução por quantia certa baseada em título extrajudicial contra a Fazenda Pública sempre terão efeito suspensivo quanto ao objeto da impugnação, assim como os recursos manejados pelo Estado no seu processamento, e somente depois do trânsito em julgado da sentença que os rejeita poderá ser expedida a requisição de pagamento; ii) em regra, não mais serão admitidos embargos às execuções fundadas em título judicial, substituídos pela impugnação ao cumprimento da

---

[314] "Art. 910. [...] § 1º Não opostos embargos ou transitada em julgado a decisão que os rejeitar, expedir-se-á precatório ou requisição de pequeno valor em favor do exequente, observando-se o disposto no art. 100 da Constituição Federal".

[315] GAJARDONI, Fernando da Fonseca; DELLORE, Luiz; ROQUE, Andre Vasconcelos; DUARTE, Zulmar. *Execução e recursos*: comentários ao CPC 2015. São Paulo: Método, 2017, p. 476/77.

sentença, também com efeito suspensivo, mas não extensivo aos recursos, como detalhado mais adiante.

Dessa forma, não opostos os embargos ou transitada em julgado a decisão que os rejeitou, o precatório ou requisição de pequeno valor será expedido, preenchendo a necessidade de decisão judicial transitada em julgado, conformando-se o procedimento, portanto, com a disciplina constitucional da matéria.

2.4.3. Cumprimento de sentença que reconheça a exigibilidade de obrigação de pagar quantia certa pela Fazenda Pública

Disciplinado nos artigos 534 e 535 do CPC/2015, o procedimento de cumprimento de sentenças judiciais que condenam o Estado ao pagamento de quantia certa se inicia sempre com o requerimento do credor, logo após o trânsito em julgado da decisão condenatória.[316]

O requerimento (um para cada exequente, nos casos de litisconsórcio, conforme preceitua o art. 534, § 1º) deve conter: o nome completo, o número do Cadastro de Pessoas Físicas ou do Cadastro Nacional de Pessoas Jurídicas do exequente; o índice de correção

---

[316] Neste ponto, há divergência doutrinária quanto à possibilidade de execução provisória de sentença que condena a Fazenda ao pagamento de quantia certa, sobretudo após o advento da EC 62/2009, que retirou do caput do art. 100 da CF a expressão "transitadas em julgado", mas a manteve nos parágrafos do mesmo artigo, a exemplo do § 5º, *in verbis*: "É obrigatória a inclusão, no orçamento das entidades de direito público, de verba necessária ao pagamento de seus débitos, oriundos de sentenças transitadas em julgado, constantes de precatórios judiciários apresentados até 1º de julho, fazendo-se o pagamento até o final do exercício seguinte, quando terão seus valores atualizados monetariamente". Humberto Theodoro Jr. é de posicionamento contrário à possibilidade de execução provisória contra a Fazenda Pública: "Com a Emenda Constitucional nº 30, de 13.09.2000, que deu nova redação ao § 1º do art. 100 da CF/88, ficou claro que, no caso de obrigação por quantia certa, a execução contra a Fazenda Pública, nos moldes do art. 730 do CPC, somente será possível com base em sentença transitada em julgado, restando, pois, afastada, na espécie, a execução provisória" (THEODORO JR., Humberto. *Processo de execução e cumprimento da sentença*. 28. ed. São Paulo: Leud, 2014, p. 418). Marinoni, por seu turno, defende a execução provisória contra a Fazenda Pública, assinalando que o que a CF/88 vincula ao prévio trânsito em julgado é apenas a expedição da requisição de pagamento, e não a realização dos atos executivos próprios cabíveis. (MARINONI, Luiz Guilherme; ARENHART, Sérgio Cruz; MITIDIERO, Daniel. *Novo curso de processo civil* – vol. 2. São Paulo: RT, 2015, p. 1042). Leonardo Carneiro da Cunha, nesta mesma linha, defende que "[...] a exigência constitucional do prévio trânsito em julgado diz respeito à expedição do precatório ou da requisição de pequeno valor. Tal exigência não impede a execução provisória, nem a liquidação imediata ou 'provisória'. O trânsito em julgado, não custa repetir, é necessário, apenas, para a *expedição* do precatório ou da requisição de pequeno valor. O procedimento que antecede tal expedição já pode – e recomenda-se que assim seja – ser adiantado, em prol, até mesmo, do princípio constitucional da duração razoável dos processos (CF/88, art. 5º, LXXVIII)". (CUNHA, Leonardo Carneiro da. *A Fazenda Pública em juízo*. 11. ed. São Paulo: Dialética, 2013, p. 310).

monetária adotado; os juros aplicados e as respectivas taxas; o termo inicial e o termo final dos juros e da correção monetária utilizados; a periodicidade da capitalização de juros, quando aplicável, bem como a especificação de eventuais descontos obrigatórios realizados, como, por exemplo, o valor devido a título de imposto de renda ou contribuições previdenciárias.

Ressalte-se que a deficiência ou mesmo inexistência do demonstrativo a instruir o requerimento de cumprimento não gera o seu indeferimento automático, cabendo ao juízo da execução, em atenção ao princípio da cooperação (art. 6º), providenciar o saneamento do vício, fixando prazo de 15 dias e intimando a parte exequente para as providências cabíveis (art. 801). Caso haja a necessidade da apresentação de dados em poder do executado ou terceiros para a elaboração do cálculo, o juiz deverá requisitá-los, sob cominação do crime de desobediência (art. 524, § 3º).

Não obstante os requisitos formais do demonstrativo do débito que deve acompanhar a petição de cumprimento da sentença, a expressa previsão de fracionamento da execução, com demonstrativo individualizado para cada credor, se harmoniza com o atual entendimento do STJ sobre o tema, segundo o qual:

> O fracionamento vedado pela norma constitucional toma por base a titularidade do crédito. Assim, um mesmo credor não pode ter seu crédito satisfeito por RPV e precatório, simultaneamente. Nada impede, todavia, que dois ou mais credores, incluídos no polo ativo da mesma execução, possam receber seus créditos por sistemas distintos (RPV ou precatório), de acordo com o valor que couber a cada qual.
>
> Sendo a execução promovida em regime de litisconsórcio ativo voluntário, a aferição do valor, para fins de submissão ao rito da RPV (art. 100, § 3º, da CF/88), deve levar em conta o crédito individual de cada exequente. Precedentes de ambas as Turmas de Direito Público do STJ.[317]

Dessa forma, o litisconsórcio multitudinário, comum em ações movidas contra a Administração, não representa um atentado à duração razoável do processo, podendo, a critério do juiz, ser limitado (art. 113, § 1º, CPC/2015) e, na fase de cumprimento, ser o precatório fracionado, levando-se em consideração não o montante total, que comumente enseja a expedição de precatório, mas o valor individual de cada credor isoladamente considerado, autorizando, se for o caso, que alguns recebam por intermédio de *pagamento de obrigação de pequeno valor*, no prazo máximo de dois meses contado da entrega da

---

[317] REsp 1347736/RS, Rel. Ministro CASTRO MEIRA, Rel. p/Acórdão Ministro Herman Benjamin, Primeira Seção, julgado em 09/10/2013, DJe 15/04/2014.

requisição, mediante depósito na agência de banco oficial mais próxima da residência do exequente (art. 535, § 3º, II, CPC/2015).

Novamente seguindo a linha da jurisprudência firmada no Superior Tribunal de Justiça,[318] o CPC/2015 encerra a discussão sobre o cabimento ou não da multa de 10% prevista no art. 523, § 1º, no cumprimento de sentença movido contra a Fazenda Pública: não se aplica a citada multa ao Estado, conforme art. 534, § 2º, posto não lhe ser facultado o pagamento voluntário, conforme disciplina constitucional já tratada.

2.4.4. Defesa da Fazenda Pública: impugnação ao cumprimento de sentença

A preservação do sistema anterior (CPC/1973) marca a disciplina apresentada pelo novo CPC quanto à insurreição da Fazenda Pública ao cumprimento da sentença que a condena ao pagamento de quantia certa, procedimento previsto no art. 535.[319]

Destarte, requerido pelo credor o cumprimento da sentença condenatória, devidamente instrumentalizado com o demonstrativo atualizado do débito, conforme restou demonstrado no item anterior, o ente executado será intimado não para pagar a dívida no prazo de 15 dias, como acontece no cumprimento de sentença contra particular, ou para opor embargos no prazo de 30 dias, como ocorre na execução de título extrajudicial contra a Fazenda Pública, mas para impugnar o cumprimento – equivocadamente no texto ainda

---

[318] PROCESSUAL CIVIL. EXECUÇÃO CONTRA A FAZENDA PÚBLICA. MULTA DO ART. 475-J DO CPC. INAPLICABILIDADE. PRECATÓRIO DE NATUREZA ALIMENTAR. ART. 100 DA CF/88. JUROS DE MORA. ART. 1º-F DA LEI N. 9.494/97. PRECLUSÃO E COISA JULGADA. FUNDAMENTOS DO ACÓRDÃO RECORRIDO NÃO IMPUGNADOS. INCIDÊNCIA DA SÚMULA N. 283/STF. 1. A despeito de a condenação referir-se à verba de natureza alimentar (proventos/pensões), a execução contra a Fazenda Pública deve seguir o rito do art. 730 do CPC, por tratar de execução de quantia certa. É que o art. 100 da Constituição Federal não excepcionou a verba alimentícia do regime dos precatórios, antes, apenas lhe atribuiu preferência sobre os demais débitos, exceto sobre aqueles referidos no § 2º do referido dispositivo legal (Redação dada pela Emenda Constitucional nº 62, de 2009). 2. Não há que se falar em incidência da multa de 10% prevista no art. 475-J do CPC em sede de execução contra a Fazenda Pública, visto que não é possível exigir que Fisco pague o débito nos 15 dias de que trata o dispositivo supra, eis que o pagamento do débito alimentar será realizado na ordem preferencial de precatórios dessa natureza. [...] 4. Recurso especial parcialmente conhecido e, nessa parte, provido. (REsp 1201255/RJ, Rel. Ministro Mauro Campbell Marques, Segunda Turma, julgado em 02/09/2010, DJe 04/10/2010)REsp 1201255/RJ, Rel. Ministro Mauro Campbell Marques, Segunda Turma, julgado em 02/09/2010, DJe 04/10/2010).

[319] "Art. 535. A Fazenda Pública será intimada na pessoa de seu representante judicial, por carga, remessa ou meio eletronico, para, querendo, no prazo de 30 (trinta) dias e nos próprios autos, impugnar a execução [...]".

para "impugnar a execução" – considerando-se que na nova sistemática o termo *execução* fica restrito ao procedimento destinado aos títulos extrajudiciais, apesar de ambas referirem-se à atividade jurisdicional executiva.

Neste ponto, a alteração fica por conta da substituição da *citação*, constante no modelo do CPC/1973, para *intimação*, proposta pelo CPC/2015. A inovação se justifica pelas razões já apontadas em linhas anteriores, considerando seja o cumprimento de sentença uma fase posterior à fase de conhecimento, na mesma relação processual, não mais se poderia falar em citação – ato reservado ao chamamento do réu para "ciência da demanda contra si proposta"[320] – uma vez que já houve citação na fase cognitiva e, portanto, conhecimento do feito pelo ente condenado, revelando-se a intimação como meio mais adequado ao sincretismo implementado. A intimação far-se-á na pessoa do representante judicial da Fazenda Pública (arts. 182 e 183, CPC/2015).

Quanto ao prazo para apresentação da impugnação, manteve-se o anterior de 30 (trinta) dias, previsto no art. 1º-B da Lei nº 9.494/97, na redação da Medida Provisória nº 2.180-35/2001, não havendo mudanças neste aspecto.

Ao contrário do que acontece nos embargos à execução fundada em título extrajudicial, nos quais a Fazenda executada poderá suscitar qualquer matéria de defesa que seria lícito alegar no processo de conhecimento (art. 910, § 2º, do CPC/2015), na impugnação ao cumprimento da sentença, o Código traça limites objetivos. Como se trata de execução de sentença, a defesa é restrita, não abrangendo matérias que foram ou deveriam ter sido alegadas na fase de conhecimento. O STJ inclusive já se manifestou pela taxatividade das hipóteses de cabimento de embargos à execução fundada em título executivo judicial,[321] entendimento este que deve ser mantido na vigência do novo ordenamento processual.

Quase imperceptíveis as mudanças quanto às matérias suscitáveis em sede de impugnação ao cumprimento da sentença, mantendo-se praticamente inalterado o rol do art. 741 do revogado CPC/1973. A impugnação pode versar sobre falta ou nulidade da citação, suposto que a fase de conhecimento tenha corrido à revelia; ilegitimidade de parte; excesso de execução (definida no art. 917, § 2º,

---

[320] WAMBIER, Luiz Rodrigues; TALAMINI, Eduardo. *Curso avançado de processo civil*, vol. 1. 14 ed. São Paulo: Revista dos Tribunais, 2014, p. 397.

[321] "As hipóteses de cabimento de embargos contra execução fundada em título judicial são taxativas." (REsp 860.342/CE, Segunda Turma, Rel. Min. Humberto Martins, DJ de 22.09.2006).

do CPC/2015) ou cumulação indevida de execuções; incompetência absoluta do juízo que proferiu a condenação, ou mesmo relativa, do juízo da execução; fato superveniente, modificativo ou extintivo da obrigação, posterior ao trânsito em julgado da sentença.[322]

No caso de alegado excesso de execução, constitui requisito de admissibilidade da impugnação, a indicação do valor incontroverso (art. 535, § 2º). Outra novidade é a possibilidade de parte da condenação não impugnada ser objeto de cumprimento imediato, não precisando aguardar o julgamento da impugnação (art. 535, § 4º), expedindo-se desde logo o precatório ou requisição de pequeno valor, a depender do caso, afinando-se com a atualizada doutrina[323] e jurisprudência do STJ,[324] que entendem se tratar de verdadeira execução definitiva quanto à parcela incontroversa da condenação.[325]

Portanto, por meio de interpretação sistemática das regras aplicáveis aos embargos à execução de título extrajudicial e à impugna-

---

[322] Não obstante a atual redação do inciso VI do art. 741 não mencionar expressamente o trânsito em julgado, a doutrina já fazia a advertência: "Se o fato é *superveniente* à sentença, mas *anterior* ao trânsito em julgado, não poderá ser alegado nos embargos, não estando contido na hipótese do inciso VI do art. 741 do CPC. Isso porque será tido como alegado e repelido (CPC, art. 474)" (CUNHA, Leonardo Carneiro da. *A Fazenda Pública em juízo*. 11. ed. São Paulo: Dialética, 2013, p. 328). O CPC/2015 acaba com a divergência e dispõe que o fato modificativo ou extintivo da obrigação deve ser posterior ao trânsito em julgado da sentença exequenda.

[323] "Quando os embargos forem parciais, a execução, nos termos do parágrafo 3º do art. 739-A do CPC, prosseguirá quanto à parte não embargada. Tal regra aplica-se aos aos embargos opostos pela Fazenda Pública. Nesse caso, a execução deve prosseguir relativamente ao valor equivalente à parte incontroversa, expedindo-se, quanto a essa parte, o precatório". (CUNHA, Leonardo Carneiro da. *A Fazenda Pública em juízo*, op. cit., p. 316).

[324] PROCESSUAL CIVIL. APELAÇÃO. DUPLO EFEITO. EMBARGOS À EXECUÇÃO MOVIDA CONTRA A FAZENDA PÚBLICA PENDENTE DE JUÍZO SOBRE PRESCRIÇÃO DA EXECUÇÃO. EFEITO SUSPENSIVO. POSSIBILIDADE. 1. Embora a regra geral para o caso da sentença que julga improcedentes os embargos do devedor é a apelação ser recebida apenas no efeito devolutivo, somente é possível o prosseguimento da execução contra a Fazenda Pública, para fins de expedição de precatório, em se tratando de parcela incontroversa, o que não é o caso dos autos, pois ainda está pendente de julgamento em sede de apelação a prescrição da execução do crédito pleiteado, que poderá fulminar o próprio direito discutido. 2. Precedentes: AgRg no REsp 1.275.883/PR, Min. Humberto Martins, DJe de 4.10.2011, REsp 1.125.582/MG, Rel. Min. Luiz Fux, Primeira Turma, DJe 5.10.2010. Agravo regimental improvido. (AgRg no REsp 1276037/PR, Rel. Ministro Humberto Martins, Segunda Turma, julgado em 10/04/2012, DJe 19/04/2012).

[325] Ressalte-se que os tribunais têm entendido que no caso de execução de parcela incontroversa do débito, o valor "antecipadamente" executado não importa para a classificação da requisição de pagamento – se por meio de RPV ou precatório – levando-se em consideração o valor total executado (apresentado como devido pelo exequente na sua memória de cálculo), o que pode ser verificado, por exemplo, na resolução do Conselho da Justiça Federal Res n. CJF-RES-2017/00458, de 04/10/2017, *in verbis*: "Art. 4º [...] Parágrafo único. Serão também requisitados por meio de precatório os pagamentos parciais, complementares ou suplementares de qualquer valor, quando a importância total do crédito executado, por beneficiário, for superior aos limites estabelecidos no artigo anterior [que trata dos valores enquadrados como de pequeno valor]".

ção ao cumprimento de sentença, o CPC/2015 põe fim à controvérsia doutrinária e regulamenta ordinariamente o *trânsito em julgado* exigido no art. 100 da CF/88.

Como se viu, na sistemática do CPC/1973, a doutrina e os tribunais construíram entendimento no sentido de que o art. 100 da CF exigia *dois trânsitos em julgado*, um da decisão no processo de conhecimento (decisão condenatória) e outro da decisão que desacolhesse os embargos à execução, trazendo assombrosa demora ao procedimento de execução, mesmo depois de concluído o processo de conhecimento, já que normalmente instaurava-se um *novo processo de conhecimento* sob o rótulo de embargos à execução, não raro com nova sequência de recursos, inclusive chegando aos tribunais superiores, obstando o trânsito e julgado e, portanto, a expedição da requisição de pagamento.

O Fórum Permanente de Processualistas Civis – FPPC –, seguido a mesma linha de entendimento, editou o Enunciado n. 532 com a seguinte redação: "A expedição do precatório ou da RPV depende do trânsito em julgado da decisão que rejeita as arguições da Fazenda Pública executada".

Vem de Leonardo Carneiro da Cunha a justificativa de tal posicionamento, expondo as razões por detrás da *tese dos dois trânsitos em julgado:*

> O trânsito em julgado a que se referem os §§ 3º e 5º do art. 100 da Constituição Federal é o da sentença que julgar a impugnação ao cumprimento da sentença ou os embargos à execução fundada em título extrajudicial. E isso porque o valor a ser incluído no orçamento deve ser definitivo, não pendendo qualquer discussão a seu respeito. Observe-se que toda lei orçamentária que é aprovada estabelece, em um de seus dispositivos, que somente incluirá dotações para o pagamento de precatórios cujos processos contenham certidão de trânsito em julgado da decisão exequenda e, igualmente, certidão de trânsito em julgado dos embargos à execução ou, em seu lugar, certidão de que não tenham sido opostos embargos ou qualquer impugnação aos respectivos cálculos.[326]

Como visto, a tese do *duplo trânsito em julgado* se apoia unicamente na necessidade de *definitividade do débito exequendo* para expedição da requisição de pagamento. Indaga-se: onde pode ser encontrado tal requisito? Na Constituição Federal ou no novo Código de Processo Civil certamente não.

Porém, a despeito da inexistência de previsão constitucional ou no CPC, cumpre esclarecer que as leis de diretrizes orçamentárias

---

[326] CUNHA, Leonardo Carneiro da. *A Fazenda Pública em juízo.* 13. ed. Rio de Janeiro: Forense, 2016, p. 337.

geralmente trazem tal exigência,[327] não se revelando, entretanto, motivo idôneo para incluir nova exigência na sistemática constitucional dos precatórios, em especial quando a própria Constituição não o fez, sobretudo por se tratar de regra que restringe sobremaneira garantias fundamentais do jurisdicionado, como efetividade do processo e duração razoável, malferindo a ideia de dignidade processual.

Assim, o *state of the art* sobre a matéria pode-se resumir da seguinte forma: a simples apresentação de impugnação pela Fazenda Pública suspende automaticamente o cumprimento da sentença e eventuais recursos interpostos posteriormente terão efeito suspensivo *ope legis*.

Cássio Scarpinella Bueno, em contrapartida, entende que o trânsito em julgado exigido pela Constituição no art. 100 não é e nem poderia ser o da decisão da impugnação. Segundo o autor:

> Para os §§ 1º, 3º e 5º do art. 100 da CF, a decisão que dever ter transitado em julgado, na normalidade dos casos, para viabilizar o precatório ou a requisição de pequeno valor é (e só pode ser) a da etapa de conhecimento e não a da etapa de cumprimento, isto é, aquela a ser proferida em eventual impugnação apresentada pela Fazenda Pública. Tanto é assim que o próprio § 3º do art. 535 [do CPC/2015], em sua primeira parte, que reconhece a possibilidade de a impugnação *não ser* apresentada pela Fazenda Pública ou, ainda, o seu § 4º que se refere à hipótese de a impugnação ser *parcial* e a "parte não questionada pela executada" ser, "desde logo, objeto de cumprimento".[328]

Com a nova sistemática, para a expedição da requisição de pagamento, o trânsito em julgado só se apresenta indispensável para os embargos à execução lastreada em título extrajudicial, já que possuem evidente natureza jurídica de ação,[329] com abrangente espectro

---

[327] A Lei de Diretrizes Orçamentárias da União de 2018 (Lei 13.473/2017), por exemplo, traz o seguinte dispositivo: "Art. 26. A Lei Orçamentária de 2018 somente incluirá dotações para o pagamento de precatórios cujos processos contenham certidão de trânsito em julgado da decisão exequenda e pelo menos um dos seguintes documentos: I – certidão de trânsito em julgado dos embargos à execução; e II – certidão de que não tenham sido opostos embargos ou qualquer impugnação aos cálculos".

[328] BUENO, Cassio Scarpinella. *Manual de direito processual civil*. 4. ed. São Paulo: Saraiva, 2018, p. 538-539.

[329] Conforme doutrina majoritária, os embargos à execução "constituem ação de conhecimento que resta por gerar um processo incidental e autônomo, através do qual o executado tem a oportunidade de impugnar a pretensão creditícia do exequente e a validade da relação processual executiva" (PINHO, Humberto Dalla Bernardina de. *Direito processual civil contemporâneo*: processo de conhecimento, procedimentos especiais, processo de execução, processo nos tribunais e disposições finais e transitórias. v.2. 4. ed. São Paulo: Saraiva, 2017, p. 744). Não se olvida, entretanto, vozes que sustentam a natureza de *defesa* dos embargos, a exemplo de: BUENO, Cassio Scarpinella. *Manual de direito processual civil*. 4. ed. São Paulo: Saraiva, 2018. Há ainda autores que defendem a natureza *dúplice* dos embargos à execução, podendo ser de *ação de conhecimento* ou mera *defesa incidental*, a depender da matéria veiculada, nesse sentido:

de matérias suscitáveis, *havendo expressa menção à necessidade do trânsito em julgado da sentença que rejeita os embargos*,[330] *in casu*, o primeiro e único trânsito, considerando a inexistência de prévia fase de conhecimento.

Entretanto, quanto aos títulos judiciais, oriundos de uma fase cognitiva bastante ampla, a oposição ao pedido de sua execução prescinde de nova ação (embargos), havendo apenas a necessidade de se oportunizar à Fazenda condenada o manejo de impugnação ao cumprimento, via incidental, com campo de discussão limitado e efeito suspensivo *ope legis* (nos termos do art. 535, § 3º, somente depois de transcorrido *in albis* o prazo de impugnação ou sendo esta rejeitada, a execução terá prosseguimento). Este também é o entendimento de Marinoni, Arenhart e Mitidiero:

> Por outras palavras, e ao contrário do que sucede com o regime geral do CPC, aplicável a qualquer outro devedor, em relação à execução movida contra a Fazenda Pública, ainda que fundada em título judicial, a impugnação tem sempre efeito suspensivo, independentemente do preenchimento dos requisitos do art. 525, § 6º.[331]

Advogando tese contrária – de que a impugnação eventualmente apresentada pela Fazenda Pública não tem efeito suspensivo automático – Cássio Scarpinella Bueno assevera que:

> [...] é correto entender que cabe à Fazenda Pública requerer a concessão de efeito suspensivo à sua impugnação, hipótese em que deverá demonstrar ao magistrado a ocorrência dos pressupostos do § 6º do art. 525. A única (e essencial) distinção com relação ao que ocorre no cumprimento de sentença regida por aquele dispositivo, esta, sim, perfeitamente harmônica com o "modelo constitucional", é que a Fazenda não fica sujeita a garantir o juízo.[332]

Contudo, diferentemente do que ocorre nos embargos à execução, haja vista que a necessidade do trânsito em julgado da sentença que os rejeita implica a obrigatória suspensividade do recurso contra ela interposto (efeito suspensivo *ope legis*), como já defendido acima, o incidente de impugnação será resolvido por decisão interlocutória, atacável por agravo de instrumento, nos termos do

---

MEDINA, José Miguel Garcia. *Execução*: teoria geral, princípios fundamentais e procedimento no processo civil brasileiro. 5. ed. São Paulo: RT, 2017, p. 395/397.

[330] "Art. 910. [...] § 1º Não opostos embargos ou transitada em julgado a decisão que os rejeitar, expedir-se-á precatório ou requisição de pequeno valor em favor do exequente, observando-se o disposto no art. 100 da Constituição Federal".

[331] MARINONI, Luiz Guilherme; ARENHART, Sérgio Cruz; MITIDIERO, Daniel. Novo curso de processo civil – vol. 2. São Paulo: RT, 2015, p. 1043.

[332] BUENO, Cassio Scarpinella. Manual de direito processual civil. 4 ed. São Paulo: Saraiva, 2018, p. 539.

artigo 1.015, parágrafo único,[333] dispensando-se a necessidade de trânsito em julgado da citada decisão para a continuidade da execução em seus ulteriores atos, pois o citado recurso não possui efeito suspensivo *ope legis*.

É o que se extrai do art. 535, § 3º, do CPC/2015, uma vez que, *não impugnada a execução ou rejeitadas as arguições da executada*, será expedida a requisição de pagamento. Com efeito, nesta situação, o credor já teve seu direito certificado na fase de conhecimento e, portanto, já dispõe de sentença transitada em julgado, atendendo, assim, à exigência constitucional do art. 100, § 5º, da CF/88, não sendo razoável, agora em sede de cumprimento de sentença, instaurar-se nova fase cognitiva, com novos recursos dotados de suspensividade, capaz de obstar a realização do direito material assegurado ao jurisdicionado, frustrando talvez a mais substancial inovação rumo à dignidade processual nesta seara.

Ora, quando o legislador quis impor o trânsito em julgado da decisão que rejeita a ação/defesa do devedor como exigência para a expedição do precatório, ele o fez de maneira expressa, a teor do art. 910, § 1º, do CPC/2015. Não se pode simplesmente tachar de *lapso* o fato de o legislador não ter inserido previsão idêntica no capítulo de cumprimento de sentença. É preciso se fazer o cotejo entre os dois regramentos (cumprimento de sentença e execução de título extrajudicial), e todo o sistema processual, para então, a partir daí extrair-se a norma que melhor se adéque à ideia de processo digno, aqui defendida.

Corroborando a tese que ora se sustenta – desnecessidade do trânsito em julgado da decisão que rejeita a impugnação para a expedição de requisição de pagamento – existe o fato de que o Projeto de Lei do Senado n. 166/2010, com as alterações apresentadas no relatório-geral do Senador Valter Pereira,[334] que deu origem ao CPC/2015, disciplinava a matéria ora tratada (cumprimento de sentença em face da Fazenda Pública) nos artigos 519 e 520, chamando a atenção a redação original do artigo que abria a disciplina (art. 519):

> Art. 519. Transitada em julgado a sentença que impuser à Fazenda Pública o dever de pagar quantia certa, ou, se for o caso, a decisão que julgar a liquidação, o exequente apresentará demonstrativo discriminado e atualizado do crédito [...]

---

[333] "Art. 1.015. [...] Parágrafo único. Também caberá agravo de instrumento contra decisões interlocutórias proferidas na fase de liquidação de sentença ou de cumprimento de sentença, no processo de execução e no processo de inventário".

[334] Disponível em <http://legis.senado.leg.br/sdleg-getter/documento?dm=4550612&disposition=inline>. Acesso em 20.03.2018.

Percebe-se, na redação original, a expressa referência à necessidade de *trânsito em julgado* da decisão que julgar a liquidação, o que foi retirado na redação definitiva do dispositivo (hoje art. 534). Tal opção certamente revela uma posição do legislador sobre o tema: não é necessário o trânsito em julgado da impugnação para expedição do precatório.

Nesse ponto, vale transcrever a advertência de Humberto Theodoro Jr., Dierle Nunes, Alexandre Bahia e Flávio Pedron:

> Assim, o Novo CPC somente pode ser interpretado a partir de suas premissas, de sua unidade, e especialmente de suas normas fundamentais, de modo que não será possível interpretar/aplicar dispositivos ao longo de seu bojo sem levar em consideração seus princípios e sua aplicação dinâmica (substancial).
>
> Ademais, não será possível analisar dispositivos de modo isolado, toda compreensão deve se dar mediante o entendimento pleno de seu sistema, sob pena de se impor leituras apressadas e desprovidas de embasamento consistente.[335]

Logo, trazer a exigência do trânsito de julgado da decisão que rejeitar a impugnação onde o próprio legislador não o fez, promovendo uma interpretação isolada do art. 535, § 3º, do CPC/2015, revela-se opção descomprometida com garantias processuais fundamentais do jurisdicionado.

2.4.5. Impossibilidade de atribuição de efeito suspensivo *ope legis* ao agravo de instrumento contra decisão que rejeita a impugnação apresentada pela Fazenda Pública

Não obstante os aclaramentos sobre a sistemática implementada pelo CPC/2015, máxime a prescindibilidade do trânsito em julgado da decisão que rejeita a impugnação ao cumprimento de sentença para a continuidade deste, expedindo-se desde logo a requisição de pagamento, surge uma questão crucial à efetivação do processo digno no âmbito da execução contra a Fazenda Pública: a possibilidade da atribuição de efeito suspensivo ao agravo de instrumento interponível contra a citada decisão.

O artigo 1.015 do novo CPC – num rol *numerus clausus* – traz as decisões interlocutórias que desafiam agravo de instrumento, constando, dentre elas, aquelas proferidas na fase de cumprimento da sentença, caso do ato judicial que rejeita a impugnação ora tratada. O ato que acolhe as alegações da Fazenda impugnante, também

---

[335] THEODORO JR., Humberto; NUNES, Dierle; BAHIA, Alexandre Melo Franco; PEDRON, Flávio Quinaud. *Novo CPC – fundamentos e sistematização*. Rio de Janeiro: Forense, 2015, p. 13.

decisão interlocutória e agravável, não traz tanta importância ao presente livro, uma vez que neste caso, à evidência, a execução ter seu prosseguimento obstado.

Como visto linhas acima, o legislador optou por atribuir à impugnação apresentada pela Fazenda Pública um inarredável efeito suspensivo, com o qual não se discorda, razão pela qual apenas no caso de não impugnação no prazo ou se forem "rejeitadas as arguições da executada", poderá, *incontinenti*, ser expedido o precatório ou requisição de pequeno valor, ainda que a decisão esteja sujeita a recurso (embargos de declaração ou agravo de instrumento). Este também é o entendimento esposado por Marinoni, Arenhart e Mitidiero.[336]

Dessa forma, apesar do tratamento diferenciado que ainda pode deixar transparecer uma proteção exacerbada à Fazenda Pública – na regra geral, a impugnação tem efeito suspensivo *ope juris*, que só será deferido nas situações do art. 525, § 6º, do CPC/2015 – o sincretismo trouxe a principal novidade em termos de dignidade processual na execução contra a Fazenda Pública: o credor não precisa esperar mais um trânsito em julgado (já existe o trânsito em julgado da decisão condenatória, cumprindo, portanto, a exigência constitucional) para a expedição da ordem de pagamento e entrar na "fila de precatórios".

Ademais, não seria caso de voltar à discussão sobre a viabilidade ou não de execução provisória contra a Fazenda Pública – ou cumprimento provisório de sentença – uma vez que o desencadeamento da fase de execução por quantia certa continua demandando o prévio trânsito em julgado da sentença condenatória. É que no novo ordenamento existe a efetiva possibilidade de imediata expedição de precatório, como já dito, o que, advirta-se, só pode acontecer com a condenação passada em julgado, segundo exigência do art. 100, § 5º, da CF/88. Portanto, nesses casos, sempre se estará diante de execução definitiva.

De outro norte, para a extração da máxima eficácia do novo regramento, e consagração das garantias constitucionais processuais em benefício do cidadão, quase sempre anuladas quando o executado é o Estado, impõe-se que ao agravo de instrumento interponível contra a decisão que rejeita a impugnação não seja conferido efeito suspensivo automático. Caso contrário, a previsão de expedição da

---

[336] MARINONI, Luiz Guilherme; ARENHART, Sérgio Cruz; MITIDIERO, Daniel. *Novo curso de processo civil* – vol. 2. São Paulo: RT, 2015, p. 1042-1044.

requisição de pagamento logo após a rejeição das alegações da executada (art. 535, § 3º) se faria letra morta.

Não se defende aqui a total impossibilidade de atribuição de efeito suspensivo ao agravo de instrumento interposto contra decisão que rejeita a impugnação apresentada pelo Estado, mas apenas que isso não pode ocorrer de forma automática, ante a ausência de previsão legal, ficando condicionada tal medida a um juízo de viabilidade realizado pelo Relator e desde que preenchidos os requisitos legais.

O CPC/2015, ao disciplinar o agravo de instrumento, que continua com o processamento semelhante ao sistema do CPC/1973, prevê que o relator poderá lhe atribuir efeito suspensivo (art. 1.019), nas hipóteses previstas no art. 995, parágrafo único.[337] Todavia, no caso da execução contra a Fazenda Pública por título judicial, após processo de cognição exauriente, o prosseguimento da execução, com expedição de precatório, em regra, uma vez que já delimitada a condenação, não traz qualquer dano grave, de difícil ou impossível reparação ao erário, salvo em casos de abusos do exequente, hipótese em que restará resguardada a possibilidade de atribuição de efeito suspensivo *ope iudicis*.

Ao revés, defender que sempre será necessário atribuir efeito suspensivo, para aguardar o julgamento do agravo e, provavelmente, outros meios de impugnação utilizados à exaustão pelo Estado, é que teria o condão de atingir o núcleo essencial do direito fundamental ao processo digno conferido ao cidadão, que, não raro nesses casos, vai a óbito aguardando receber "seu precatório", cujo prazo de pagamento em algumas situações, somado ao processo de conhecimento, supera décadas.[338]

Em verdade, nesta situação, já milita a favor do credor uma sentença passada em julgado (que certificou o direito e já é indiscutível) e uma decisão na fase de cumprimento que rejeitou as arguições da executada, revelando-se medida desproporcional fazê-lo esperar pelo final de mais um procedimento, aplicando-se as mesmas regras

---

[337] "Art. 995. Os recursos não impedem a eficácia da decisão, salvo disposição legal ou decisão judicial em sentido diverso. Parágrafo único. A eficácia da decisão recorrida poderá ser suspensa por decisão do relator, se da imediata produção de seus efeitos houver risco de dano grave, de difícil ou impossível reparação, e ficar demonstrada a probabilidade de provimento do recurso".

[338] Conforme levantamento realizado pela OAB/SP, ainda em 2009, mais de 60 mil credores em condenações judiciais contra o estado de São Paulo já haviam morrido na fila de espera, sem receber o que lhes foi assegurado pelo Judiciário. Disponível em <http://www.oabsp.org.br/noticias/2009/11/27/5834>. Acesso em 30.04.2015.

de contraditório, instrução e recursos previstas para a fase de conhecimento. Este entendimento poderia ser empregado nos embargos à execução do CPC/1973, porquanto configuravam verdadeira ação autônoma (v. item 2.3), mas definitivamente não se ajustam à nova fase cumprimento de sentença e sua respectiva impugnação, agora endoprocessual.

Nesta mesma linha de raciocínio, por meio de interpretação sistemática[339] do regramento do cumprimento de sentença em relação à execução de título extrajudicial, ambos por quantia certa em face da Fazenda Pública, fica evidente o desígnio legislativo, ao criar dois sistemas distintos, a depender do título que o embasa. Na execução por quantia certa, optou o legislador por manter os embargos como verdadeira ação judicial e igualmente indispensável o *trânsito em julgado a decisão que os rejeitar*, com expressa previsão no art. 910, § 1º.

Noutra direção disciplinou o cumprimento da sentença, que, por já se encontrar trânsita em julgado e gozar de inegável estabilidade, proporcionada pela cognição exauriente na fase anterior, já estaria apta a surtir seus efeitos, não havendo necessidade de nova imutabilidade da decisão que rejeita a impugnação. E perdão pela insistência, mas assoma-se aqui o fato de não ter o legislador expressamente exigido o trânsito em julgado desta última decisão – como fez em relação ao julgamento dos embargos – condicionando a expedição do precatório apenas à não apresentação da impugnação no prazo de 30 (trinta) dias ou sua rejeição pelo juízo da execução.

Conclui-se, portanto, que caso os tribunais optem por manter o entendimento de atribuir efeito suspensivo *ope legis* aos agravos interpostos pela Fazenda Pública contra as decisões que rejeitarem as respectivas impugnações, toda a alteração no texto do CPC/2015 vai abaixo, e as expectativas dos litigantes contra o Estado, assim como da academia, serão frustradas, pois o sistema, apesar dos novos dispositivos, continuará funcionando com as mesmas normas[340] do CPC/1973 e sob as premissas do velho sistema, que, como já visto, não atendem às necessidades do que hoje se entende por processo digno.

---

[339] Segundo o professor Juarez Freitas, toda interpretação é sistemática ou não é interpretação (FREITAS, Juarez. *A Interpretação sistemática do direito*. 4. ed. São Paulo: Malheiros, 2004, p 62).

[340] Sobre a distinção entre texto e norma, em que esta é o resultado da interpretação daquele, consultar: GUASTINI, Riccardo. *Das fontes às normas*. Edson Bini (trad.). São Paulo: Quartier Latin, 2005.

Ademais, sempre se deve ter presente que é compromisso do Estado-Juiz envidar esforços no sentido de conferir interpretações comprometidas com a máxima concretização das disposições constitucionais, notadamente quanto aos direitos e garantias fundamentais, aí incluídas as garantias constitucionais processuais e o direito fundamental ao processo digno, seguramente ameaçado caso se mantenha uma interpretação tão protetiva e assimétrica em favor da Administração. Aliás, nunca é demais lembrar a lição do art. 1º do CPC/2015: "O processo civil será ordenado, disciplinado e interpretado conforme os valores e as normas fundamentais estabelecidos na Constituição da República Federativa do Brasil, observando-se as disposições deste Código".

Com efeito, este tem que ser o entendimento dos juízes e tribunais no momento de aplicar as novas regras dos arts. 534 e 535 do novo CPC para que se abrande o desalento dos cidadãos que litigam contra o Poder Público, já que outra parte do problema se encontra na demora de quitação, mesmo já inserido na ordem cronológica para pagamento, como se verá mais adiante.

Percebe-se agora o esforço do legislador para implementar regras que buscam a realização do direito fundamental ao processo digno na seara da execução contra a Fazenda Pública, ideia historicamente rechaçada no ordenamento jurídico pátrio. Rosemiro Pereira Leal já chamava a atenção para o fato de que apesar das inúmeras reformas no processo civil brasileiro, aquele procedimento continuava intacto, não obstante as reivindicações doutrinárias e sociais. Assim se manifestou o processualista da UFMG:

> [...] a execução contra a Fazenda Pública não sofre alterações, porque, sendo o *locus* sacratíssimo, é o lugar soberano de *re-velação* do fora-da-lei (o que pode interditar a lei a seu próprio benefício, como está bem explícito no caráter dissimétrico atribuído a essa espécie de execução [...][341]

Identifica-se, outrossim, na sistemática trazida pelo CPC/2015, grande potencial para, finalmente, eliminar um dos últimos redutos infensos à constitucionalização do direito processual e seus consectários já abordados aqui, a depender da sua apreensão e aplicação pelo Judiciário, a quem compete o poder de dar vida ao espírito do CPC/2015, mas também tem a força de abortar todo o esforço empregado na sua elaboração.

---

[341] LEAL, Rosemiro Pereira. A persistente inocuidade da execução imprópria. In: SANTOS, Ernane Fidélis dos [*et al.*] (coords.). *Execução civil*: estudos em homenagem ao professor Humberto Theodoro Júnior. São Paulo: RT, 2007, p. 943.

2.4.6. Ultimação da fase de cumprimento – expedição das requisições de pagamento

Por fim, *não impugnada a execução ou rejeitadas as arguições da executada*, expedir-se-á, conforme o caso, o precatório ou a requisição de pequeno valor. Nesse particular, o art. 100, § 4º, da CF permitiu que cada entidade de direito público fixe, por lei própria, o valor para fins de pagamento através de RPV, observando um limite mínimo do maior benefício do regime geral de previdência social. No âmbito federal esse valor corresponde a 60 salários mínimos.

A alteração implementada aqui fica por conta do procedimento de expedição das requisições de pagamento, melhor sistematizada, visando sua otimização, especialmente quando se trata de requisição de pequeno valor.

Quando se tratar de precatório, a sistemática permanece a mesma do Código Buzaid, ou seja, será expedido por intermédio do presidente do tribunal competente. Entretanto, quando se tratar de RPV, a requisição será expedida diretamente pelo juízo da execução ao ente devedor, que deverá quitar o débito no prazo de 2 (dois) meses contados da entrega da requisição, *mediante depósito na agência de banco oficial mais próxima da residência do exequente*, sob pena de sequestro da quantia.

Ademais, ressalte-se que, uma vez expedido o precatório, o credor tem direito de cedê-lo, total ou parcialmente, a terceiro, independentemente da concordância do devedor, que poderá utilizá-lo para promover compensação com débitos de natureza tributária ou de outra natureza que até 25 de março de 2015 tenham sido inscritos na dívida ativa dos Estados, do Distrito Federal ou dos Municípios.

Evidenciando a criatividade legislativa quando se trata de conferir prerrogativas à Fazenda Pública devedora, em detrimento da satisfatividade dos credores, em julho de 2017 foi aprovada a Lei n. 13.463/2017, que prevê o cancelamento de precatórios e RPVs federais cujos valores não tenham sido levantados pelo credor e se encontrem depositados em instituição financeira oficial há mais de dois anos.

Certo que a *ratio legis* é a inércia do credor e, ainda que assegurada a expedição de nova requisição a pedido do interessado – que conservará a posição original na lista cronológica de pagamento – a citada norma acaba por criar mais uma restrição ao jurisdicionado, não bastassem as dificuldades enfrentadas em uma execução contra a Fazenda Pública: as requisições de pagamento agora têm prazo de vencimento de dois anos.

Sobre a criação de restrições em matéria de precatórios pelo legislador ordinário, o STF já se manifestou no sentido de sua impossibilidade, merecendo destaque passagem do voto da ministra Cármen Lúcia no julgamento da ADI 3453, segundo quem "a matéria relativa a precatórios não chama a atuação do legislador infraconstitucional, menos ainda para impor restrições que não se coadunam com o direito à efetividade da jurisdição e o respeito à coisa julgada".[342]

Ademais, segundo a lei, a atribuição para realizar o cancelamento é unicamente da instituição financeira depositária, que o fará de forma unilateral, sem qualquer consulta ao juízo da execução ou mesmo às partes. Quedou-se omisso o legislador quanto a situações que o não levantamento da quantia não significa, necessariamente, inércia do credor. Explica-se: imagine-se a situação de falecimento do credor originário e que seus herdeiros estão promovendo a sucessão processual, às vezes dependente de abertura de processo de inventário, o que pode levar algum tempo, não raro superior a dois anos.

---

[342] AÇÃO DIRETA DE INCONSTITUCIONALIDADE. PRECATÓRIOS. ART. 19 DA LEI NACIONAL Nº 11.033, DE 21 DE DEZEMBRO DE 2004. AFRONTA AOS ARTS. 5º, INC. XXXVI, E 100 DA CONSTITUIÇÃO DA REPÚBLICA. 1. O art. 19 da Lei n. 11.033/04 impõe condições para o levantamento dos valores do precatório devido pela Fazenda Pública. 2. A norma infraconstitucional estatuiu condição para a satisfação do direito do jurisdicionado – constitucionalmente garantido – que não se contém na norma fundamental da República. 3. A matéria relativa a precatórios não chama a atuação do legislador infraconstitucional, menos ainda para impor restrições que não se coadunam com o direito à efetividade da jurisdição e o respeito à coisa julgada. 4. O condicionamento do levantamento do que é devido por força de decisão judicial ou de autorização para o depósito em conta bancária de valores decorrentes de precatório judicial, estabelecido pela norma questionada, agrava o que vem estatuído como dever da Fazenda Pública em face de obrigação que se tenha reconhecido judicialmente em razão e nas condições estabelecidas pelo Poder Judiciário, não se mesclando, confundindo ou, menos ainda, frustrando pela existência paralela de débitos de outra fonte e natureza que, eventualmente, o jurisdicionado tenha com a Fazenda Pública. 5. Entendimento contrário avilta o princípio da separação de poderes e, a um só tempo, restringe o vigor e a eficácia das decisões judiciais ou da satisfação a elas devida. 6. Os requisitos definidos para a satisfação dos precatórios somente podem ser fixados pela Constituição, a saber: a requisição do pagamento pelo Presidente do Tribunal que tenha proferido a decisão; a inclusão, no orçamento das entidades políticas, das verbas necessárias ao pagamento de precatórios apresentados até 1º de julho de cada ano; o pagamento atualizado até o final do exercício seguinte ao da apresentação dos precatórios, observada a ordem cronológica de sua apresentação. 7. A determinação de condicionantes e requisitos para o levantamento ou a autorização para depósito em conta bancária de valores decorrentes de precatórios judiciais, que não aqueles constantes de norma constitucional, ofende os princípios da garantia da jurisdição efetiva (art. 5º, inc. XXXVI) e o art. 100 e seus incisos, não podendo ser tida como válida a norma que, ao fixar novos requisitos, embaraça o levantamento dos precatórios. 8. Ação Direta de Inconstitucionalidade julgada procedente. (ADI 3453, Relator(a): Min. CÁRMEN LÚCIA, Tribunal Pleno, julgado em 30/11/2006, DJ 16-03-2007 PP-00020 EMENT VOL-02268-02 PP-00304 RTJ VOL-00200-01 PP-00070 RT v. 96, n. 861, 2007, p. 85-95 RDDT n. 140, 2007, p. 171-179 RDDP n. 50, 2007, p. 135-144).

Nesse caso, não houve inércia dos interessados, pois estão adotando as medidas necessárias ao recebimento do crédito, mas mesmo assim, de uma interpretação literal do dispositivo, o cancelamento é medida que se impõe, tendo que requerer, após, a expedição de novas requisições de pagamento. Enfim, longe de beneficiar o credor, a lei traz mais um entrave à prestação jurisdicional digna.

De toda sorte, a constitucionalidade da lei está sendo questionada perante o STF na ADI 5.755, mas, ainda que mantida sua higidez, interpretação adequada à ideia de processo digno seria, antes do cancelamento, ouvir os interessados – ou ao menos o juízo da execução – pois a inércia a atrair a aplicação do dispositivo não pode (e nem poderia) ser aferida *ex officio* pela instituição financeira, pena de punir credores diligentes, mas ainda impedidos de levantar os valores, como exemplificado acima.

2.5. A execução contra a Fazenda Pública no direito estrangeiro

Apesar de ser o precatório criação genuinamente brasileira,[343] a circunstância de um cidadão litigando contra o Estado certamente não se limita ao Brasil, revelando-se no mínimo útil ao presente livro, a análise superficial, *sem pretensão de valoração, positiva ou negativa, favorável ou crítica, das outras instituições*,[344] de como a matéria é tratada em alguns ordenamentos jurídicos alienígenas, como nos Estados Unidos, em Portugal e na Alemanha.

2.5.1. A sistemática no direito estadunidense

Semelhante ao que ocorre em *terrae brasilis*, nos Estados Unidos, o cumprimento de condenações impostas ao Poder Público se dá de forma indireta, levado a cabo por mecanismos de coerção, e não sub-rogatórios, excetuando-se a possibilidade de expropriação do patrimônio público, desde que expressamente autorizado em Constituições estaduais, o que ocorre na minoria delas.

---

[343] DANTAS, Francisco Wildo Lacerda. *Execução contra a Fazenda Pública*: regime de precatório. 2. ed. Rio de Janeiro: Forense, 2010, p. 84-85.

[344] SACCO, Rodolfo. *Introdução ao Direito Comparado*. São Paulo: Revista dos Tribunais, 2001, p. 28.

Citando estudo de Charles D. Cole, professor da *Samford University*, Dantas[345] esclarece o sistema de execução de sentenças que condenam os Estados Unidos da América ao pagamento de quantia, havendo dois procedimentos a depender do *quantum debeatur*: i) para sentenças condenatórias superiores a U$ 100.000, o credor deverá encaminhar os autos originais da sentença ao Ministério da Fazenda para vista pelo Congresso de que o pagamento é devido ou apropriado. Caso positivo, o Gabinete-Geral de Contabilidade transmite um certificado de liquidação para o Ministério da Fazenda, que emitirá um cheque nominal ao autor, a ser pago pelo *Field Operations Group, Financial Management Service*, responsável pela administração do tesouro federal; ii) no caso de condenações inferiores a 100.000 dólares, o *Financial Management Service* apenas certifica a regularidade da decisão, sem adentrar no mérito, verificando se é caso de pagamento pelo próprio ente envolvido ou se por um fundo criado especificamente para este fim: *The Judgment Fund*.

No sistema estadunidense, a exemplo do que a Constituição Federal, após as inúmeras emendas sofridas sobre a matéria, implementou aqui, é possível a compensação entre o crédito e débitos que o exequente porventura tenha junto à Fazenda Pública americana. Destaca-se, ainda, naquele sistema jurídico da família da *common law*, o instituto do *contempt of court*, que "consiste em 'punir' aquele que age com desrespeito à corte, sendo possível, inclusive, a utilização de coerção pessoal (prisão civil) do devedor recalcitrante",[346] não se tratando de prisão por dívida, mas por desrespeito à ordem judicial, incidente sobre o agente público responsável pelo cumprimento.

A possibilidade de utilização da medida no direito brasileiro, em especial nas execuções contra a Fazenda Pública, e sua compatibilização com o direito interno, será abordada em tópico à parte.

2.5.2. O sistema português de execução contra o Estado

Em matéria de execução, quando o executado é o Estado o único meio de satisfação do credor em Portugal é por meio do contencioso administrativo, cujo órgão máximo é o Supremo Tribunal Administrativo, a sistemática não diverge muito do que ocorre no Brasil.

---

[345] DANTAS, Francisco Wildo Lacerda. *Execução contra a Fazenda Pública*: regime de precatório. 2. ed. Rio de Janeiro: Forense, 2010, p. 164-167.

[346] CARVALHO, Fabiano Aita. *Multa e prisão civil*: o *contempt of court* no direito brasileiro. Porto Alegre: Livraria do Advogado, 2012, p. 14.

Com efeito, as ações contra o Poder Público até 2002 era regidas pelo Decreto-Lei 256-A/1977, tramitando na esfera administrativa, com grande ineficácia na execução dos julgamentos administrativos que, quando envolviam o pagamento de quantias, eram pagos somente quanto a Fazenda entendesse oportuno, de forma voluntária. Ricaro Perlingeiro,[347] à época da vigência do citado decreto-lei, citou o § 4º do art. 77 do Regulamento do Supremo Tribunal Administrativo para ratificar o entendimento: "se a execução for por quantia certa, será levada a efeito quando o Governo, em Conselho de Ministros, julgar conveniente a sua liquidação".

Todavia, com o advento do Código de Processo dos Tribunais Administrativos Português – CPTA –,[348] em 2002, o processo administrativo, e, consequentemente, a execução de suas decisões, sofreu profundas mudanças no sentido de dar efetividade ao procedimento. Se antes o credor ficava refém da espontaneidade da Fazenda devedora, agora são possíveis *providências de execução*.

Segundo disposto no art. 170 do CPTA, a Administração tem o prazo de trinta dias para cumprimento espontâneo da condenação pecuniária. Caso expirado o prazo sem o cumprimento, o credor poderá requerer a execução dentro de seis meses. A execução pode-se dar basicamente de três formas: i) por meio de compensação tributária, caso o credor possua débitos junto ao ente devedor; ii) pagamento, por conta da dotação *orçamental* inscrita à ordem do Conselho Superior dos Tribunais Administrativos e Fiscais;[349] iii) no caso de insuficiência da dotação orçamentária referida no item anterior, ao credor é facultado o direito de requerer que o tribunal administrativo dê seguimento à execução, aplicando o regime da execução para pagamento de quantia certa, regulado na lei processual civil.

A diferença em relação ao sistema brasileiro, portanto, diz respeito à possibilidade de, em não sendo paga a condenação no prazo assinalado, o credor poder aplicar as regras gerais de execução previstas no Código de Processo Civil português, inclusive com penhora

---

[347] PERLINGEIRO, Ricardo. *Execução contra a Fazenda Pública*. São Paulo: Malheiros, 1999, p. 73.

[348] Lei n. 15/2002 (Código de Processo nos Tribunais Administrativos), modificada, posteriormente, pela Lei n. 4-A/2003, de 19 de fevereiro e Lei n. 59/2008, de 11 de setembro.

[349] "Art. 172. [...] 3 – No Orçamento do Estado é anualmente inscrita uma dotação à ordem do Conselho Superior dos Tribunais Administrativos e Fiscais, afecta ao pagamento de quantias devidas a título de cumprimento de decisões jurisdicionais, a qual corresponde, no mínimo, ao montante acumulado das condenações decretadas no ano anterior e respectivos juros de mora".

sobre o patrimônio do ente devedor. Ricardo Perlingeiro,[350] citando a doutrina lusitana de José Alberto dos Reis e Enrico Lopes-Cardoso, lembra, entretanto, que apenas os bens não afetados à realização de fins de utilidade pública podem ser apreendidos para a execução.

2.5.3. A execução contra a Fazenda Pública no direito alemão

A execução contra o Poder Público, na Alemanha, passou inicialmente por um período de negação. Otto Mayer, citado por Dantas,[351] considerado o pai do direito administrativo alemão, defendia que o Estado não precisaria ser coagido a cumprir suas próprias normas, pena de ferir sua dignidade.

Entretanto, desde o advento da Lei Fundamental de Bonn, em 1949, "a possibilidade da execução forçada contra o Estado tornou-se um imperativo deduzido da garantia à tutela dos direitos subjetivos (*Rechtsschutzgarantie*)".[352] Prevê o art. 14, IV, 1, da Constituição alemã: "Toda pessoa, cujos direitos forem violados pelo poder público, poderá recorrer à via judicial. Se não se justificar outra jurisdição, a via judicial será a dos tribunais ordinários".

Ademais, a execução contra a Fazenda Pública na Alemanha pode ter origem em sentença originária tanto da jurisdição cível, quanto da jurisdição administrativa, havendo regramentos próprios para cada situação. No primeiro caso, são observadas as regras do Código de Processo Civil alemão – ZPO – (*Zivilprozessordnung*):

> Na execução forçada contra a Federação ou um estado, fundada em título oriundo da jurisdição civil, a execução somente poderá ter início quatro semanas após o momento em que o credor manifeste, face à autoridade a que cabe a representação do devedor, sua intenção de proceder à execução forçada. Nos casos em que a execução forçada recaia sobre o patrimônio administrado por outra autoridade que não a que representa o devedor, tal manifestação deve também ser dirigida ao competente ministro das finanças, conforme o § 882a, I, ZPO. No caso de execução forçada contra o município, está excluída a aplicação do § 882a, I e II, ZPO, em favor das normas especiais das leis orgânicas dos municípios. Isto decorre do § 15, III, da Lei de

---

[350] PERLINGEIRO, Ricardo. *Execução contra a Fazenda Pública*. São Paulo: Malheiros, 1999, p. 74-75.

[351] DANTAS, Francisco Wildo Lacerda. *Execução contra a Fazenda Pública*: regime de precatório. 2 ed. Rio de Janeiro: Forense, 2010, p. 168.

[352] SOMMERMAN, Karl-Peter. *A execução por quantia certa contra a Fazenda Pública no direito alemão*. Trad. Luis Greco. Disponível em <http://daleth.cjf.jus.br/revista/seriecadernos/vol23/artigo04.pdf>. Acesso em 01.05.2015.

Introdução ao Código de Processo Civil. De acordo com as leis orgânicas dos municípios, é necessária a autorização da autoridade superior competente [...][353]

Quanto à execução de sentença proferia pela jurisdição administrativa, existem regras próprias contidas no Código de Jurisdição Administrativa alemão – VwGO – (*Verwaltungsgerichtsordnung*), aplicando-se de forma subsidiária o ZPO no que se refere à execução sobre coisas móveis, sobre pretensões pecuniárias e sobre o patrimônio imóvel. Segundo Sommerman, catedrático de Direito Público da Universidade de Speyer, Alemanha,

> na execução forçada com base em títulos oriundos da jurisdição administrativa, os poderes de disposição do exequente são restringidos em favor do Tribunal da execução, que tem o poder de direção do processo. Este Tribunal é idêntico ao juízo que julgou o processo em primeira instância (§ 170, I e II, VwGO). Cabe ao juízo da execução determinar as medidas executivas a serem tomadas, e exigir do órgão competente o seu cumprimento. Ele não está vinculado a pedidos do credor.27 Antes da emissão da ordem de execução, deve o juízo comunicar à autoridade ou, no caso de corporações, instituições ou fundações de direito público, ao representante legal, a existência da execução. A este ato combina-se a exortação à Administração no sentido de que, dentro de um prazo fixado pelo juízo, não superior a um mês, evite a execução. Os dispositivos do Código de Processo Administrativo vigem também para a execução contra um município. Deste modo, subsiste um regime processual unitário para a Federação, estados e municípios.[354]

Ademais, nem à execução civil e nem à administrativa são permitidos atos de expropriação sobre o patrimônio indispensável para a realização de tarefas públicas do devedor ou cuja alienação contrarie o interesse público, como carros de bombeiros, armamentos e prédios da Administração, ou seja, absolutamente imprescindíveis para a realização de tarefas públicas. Demais bens patrimoniais não afetos ao interesse público e direitos creditícios não estão imunes à execução.

2.6. Medidas *de lege lata* para a efetivação do processo digno no âmbito da execução contra a Fazenda Pública

Poder-se-ia, neste tópico, pender rumo à cultura jurídica brasileira de que "tudo se resolve com lei", tecendo-se fundadas considerações de que a solução para o problema da inefetividade da

---

[353] SOMMERMAN, Karl-Peter. *A execução por quantia certa contra a Fazenda Pública no direito alemão*. Trad. Luis Greco. Disponível em <http://daleth.cjf.jus.br/revista/seriecadernos/vol23/artigo04.pdf>. Acesso em 01.05.2015, p. 112.

[354] Idem, p. 112-113.

execução por quantia certa contra a Fazenda Pública, com base em título judicial, passaria, necessariamente, por uma reforma constitucional no art. 100 – mais uma! – e/ou na legislação infraconstitucional sobre a matéria, propondo a criação de novas regras neste sentido. Soluções *de lege ferenda*.

Todavia, optou-se por analisar o ordenamento jurídico em vigência – constitucional e legal, com destaque para o CPC/2015 – e extrair dos seus dispositivos algumas propostas normativas que representem efetivo avanço em direção à dignidade processual, sem que, para isso, haja a necessidade de alteração legislativa. Noutras palavras, buscou-se saídas *de lege lata*, à luz do direito vigente, sem, contudo, ignorar os benefícios – apesar de imediatamente frustrante – que podem apresentar uma reforma constitucional ou legislativa realmente comprometidas com a efetividade da tutela jurisdicional na seara dos litígios em face do Estado.

2.6.1. O sequestro constitucional

Com assento constitucional desde a Constituição de 1934,[355] a medida de sequestro[356] de verbas públicas para viabilizar o pagamento das requisições de pagamento poderia ser o ato executivo dotado de maior eficácia à satisfação do credor, quando executada a Fazenda Pública, mas esta não foi a opção legislativa, tornando o sequestro meio completamente inócuo ao cumprimento das condenações pecuniárias impostas ao Estado,[357] considerando as restrições para sua utilização.

---

[355] "Art. 182. Os pagamentos devidos pela Fazenda federal, em virtude de sentença judiciária, far-se-ão na ordem de apresentação dos precatórios e à conta dos créditos respectivos, sendo vedada a designação de caso ou pessoas nas verbas legais. Parágrafo único – Estes créditos serão consignados pelo Poder Executivo ao Poder Judiciário, recolhendo-se as importâncias ao cofre dos depósitos públicos. Cabe ao Presidente da Corte Suprema expedir as ordens de pagamento, dentro das forças do depósito, e, a requerimento do credor que alegar preterição da sua precedência, autorizar o seqüestro da quantia necessária para o satisfazer, depois de ouvido o Procurador-Geral da República".

[356] Segundo Leonardo Carneiro Cunha: "O referido sequestro nada mais é do que um arresto, sendo imprópria a designação de sequestro. Tal arresto, contudo, não ostenta a natureza de medida cautelar, consistindo numa medida satisfativa, de natureza executiva, destinada a entregar a quantia apreendida ao credor preterido em sua preferência" (CUNHA, Leonardo Carneiro da. *A Fazenda Pública em juízo*. 11. ed. São Paulo: Dialética, 2013, p. 357).

[357] O art. 78 do ADCT, incluído pela EC n. 30/2000, instituiu o parcelamento dos precatórios pendentes de pagamento oriundos de ações ajuizadas até 31.12.1999 em dez parcelas anuais, prevendo ainda a possibilidade de sequestro de verbas públicas quando *vencido o prazo ou em caso de omissão no orçamento* das parcelas, criando outra possibilidade do sequestro. Todavia, o Plenário do STF, analisando as ADIs n. 2.356 e 2.362, deferiu medida cautelar para sustar a

Até 2009, na Constituição Federal, com a redação dada pela EC 30/2000, o sequestro de verbas públicas só era cabível "a requerimento do credor e exclusivamente para o caso de preterimento de precedência", ou seja, bastaria ao gestor a estrita observância da ordem cronológica de pagamento dos precatórios, que estaria imune à ordem de sequestro das verbas públicas. Sem qualquer previsão de cabimento da medida constritiva no caso de não pagamento das requisições, portanto.

Neste sentido, Vicente Greco Filho chegou a afirmar que o sequestro previsto na Constituição e no Código de Processo Civil de 1973[358] visava apenas à "recomposição da ordem cronológica e de preferência dos precatórios",[359] evitando a *escolha* de credores pelo Poder Público, possuindo natureza apenas cautelar, salvo quando requerido pelo primeiro colocado na ordem de pagamento, hipótese em que se vislumbraria o caráter satisfativo da medida, com o pagamento a este.

Ricardo Perlingeiro assim se posicionou:

> Não é demais frisar que o sequestro constitucional depende, exclusivamente, de preterição na ordem do pagamento. Nenhuma outra causa pode justificá-lo. Dessa maneira, mantida a ordem de pagamento, a falta de recursos orçamentários ou a insuficiência do depósito, por si sós, não ensejam o sequestro.[360]

Com efeito, a jurisprudência[361] deu contribuição relevante para a atual situação de inefetividade da medida ao firmar entendimento de que só seria cabível o decreto do sequestro quando configurada a quebra da ordem cronológica, não se aplicando a medida aos casos de pagamento intempestivo ou não quitação no período determinado pela CF/88, qual seja, até o final do exercício seguinte, tornando o § 5º do art. 100[362] verdadeira letra morta.

---

vigência do citado art. 78 do ADCT. As Ações Diretas de Inconstitucionalidade ainda se encontravam pendentes de julgamento na data de fechamento dessa obra, em 30.03.2018.

[358] "Art. 731. Se o credor for preterido no seu direito de preferência, o presidente do tribunal, que expediu a ordem, poderá, depois de ouvido o chefe do Ministério Público, ordenar o seqüestro da quantia necessária para satisfazer o débito".

[359] GRECO FILHO, Vicente. *Da execução contra a Fazenda Pública*. São Paulo: Saraiva, 1986, p. 881, nota n. 5 ao art. 731 do CPC.

[360] PERLINGEIRO, Ricardo. *Execução contra a Fazenda Pública*. São Paulo: Malheiros, 1999, p. 124.

[361] STJ, REsp 980.134/RS, Rel. Ministro Luiz Fux, Primeira Turma, julgado em 25/08/2009, DJe 21/09/2009; RMS 26.218/SP, Rel. Ministro Benedito Gonçalves, Primeira Turma, julgado em 05/03/2009, DJe 19/03/2009; REsp 737.157/SP, Rel. Ministro Arnaldo Esteves Lima, Quinta Turma, julgado em 03/03/2009, DJe 30/03/2009.

[362] "§ 5º É obrigatória a inclusão, no orçamento das entidades de direito público, de verba necessária ao pagamento de seus débitos, oriundos de sentenças transitadas em julgado, constantes de precatórios judiciários apresentados até 1º de julho, fazendo-se o pagamento até o final do exercício seguinte, quando terão seus valores atualizados monetariamente".

Discussão doutrinária também se instalou quanto ao legitimado passivo da medida, se o Estado ou o credor beneficiado com a quebra da ordem cronológica. Leonardo Cunha[363] lembra que Ovídio A. Baptista da Silva entende que o sequestro deve incidir apenas sobre rendas públicas, tratando-se de verdadeira exceção à impenhorabilidade dos bens públicos. Por seu turno, José Carlos Barbosa Moreira, citado por Ricardo Perlingeiro,[364] defende que apenas o patrimônio do credor que recebeu antes do tempo se sujeitaria ao sequestro, considerando que a impenhorabilidade do dinheiro público também inviabilizaria esta medida de apreensão. Araken de Assis,[365] a cuja doutrina se perfilha esta pesquisa, prega um litisconsórcio passivo da medida, em que tanto o patrimônio do credor beneficiado, quanto as rendas públicas, estariam sujeitos à constrição, em prol da máxima efetividade da regra.

Todavia, cumpre lembrar que a EC 94/2016, ao acrescentar o art. 104 ao ADCT, prevê, para o caso específico de não liberação tempestiva dos recursos a que se refere o regime especial implementado (v. item 2.2), o sequestro apenas nas contas do ente federado inadimplente.

Com o advento da EC n. 62/2009,[366] que deu nova redação ao dispositivo que previa o sequestro constitucional, agora insculpido no § 6º do art. 100 da CF/88,[367] além da hipótese de quebra da ordem cronológica, que restou mantida, passou a se admitir expressamente o sequestro de verbas públicas no caso de *não alocação orçamentária do valor necessário à satisfação do seu débito*, dando sobrevida à regra do § 5º, citada acima.

Dessa forma, a CF/88 incluiu a previsão de sequestro no caso de não inclusão, pelo ente devedor, no seu orçamento, de numerário suficiente ao pagamento dos precatórios. Mesmo antes da expressa previsão constitucional, Vicente Greco Filho já tratava a omissão

---

[363] CUNHA, Leonardo Carneiro da. *A Fazenda Pública em juízo*. 11. ed. São Paulo: Dialética, 2013, p. 357.

[364] PERLINGEIRO, Ricardo. *Execução contra a Fazenda Pública*. São Paulo: Malheiros, 1999, p. 125.

[365] ASSIS, Araken de. *Manual da execução*. 19. ed. São Paulo: RT, 2017, p. 1.465.

[366] Como já advertido, o STF, no julgamento das ADI`s 4357 e 4425, declarou inconstitucional grande parte da EC 62/2009, ficando mantido, todavia, o § 6º do art. 100 da CF/88, com a nova redação. Atualmente, está em vigor o regime especial implementado pela EC 99/2017.

[367] "§ 6º As dotações orçamentárias e os créditos abertos serão consignados diretamente ao Poder Judiciário, cabendo ao Presidente do Tribunal que proferir a decisão exequenda determinar o pagamento integral e autorizar, a requerimento do credor e exclusivamente para os casos de preterimento de seu direito de precedência ou de não alocação orçamentária do valor necessário à satisfação do seu débito, o sequestro da quantia respectiva".

orçamentária quanto aos precatórios como manifesto descumprimento de ordem judicial, "motivando consequências penais, disciplinares e políticas: crime de responsabilidade da autoridade e a intervenção da União no Estado ou do Estado no Município".[368]

Todavia, apesar da inovação constitucional em 2009, a ampliação textual do cabimento da medida de sequestro ainda foi tímida em relação às reivindicações da doutrina e constatações práticas da inefetividade da sistemática. Ora, para não sofrer a medida expropriatória, é suficiente que o administrador obedeça à ordem cronológica de pagamento e sempre proceda às devidas alocações orçamentárias dos precatórios, ainda que depois utilize o numerário inicialmente dedicado às condenações judiciais para outros fins, não quitando os precatórios dentro do exercício ao qual estavam inicialmente previstos, o que reiteradamente ocorre na maioria dos Estados da Federação.

Sobre o tema, e ainda sob a égide da Constituição de 1967 (o dispositivo que trata do sequestro constitucional foi mantido, com pequenas alterações, desde a Constituição de 1934 até a CF/88, como já dito), cujas regras foram acompanhadas pelo CPC/1973, mas retiradas no CPC/2015, como já visto, Adílson Abreu Dallari, citado por Ricardo Perlingeiro, observava a diferença entre a *não previsão orçamentária* e o *não pagamento dentro do exercício financeiro*, sendo aquele bem mais grave do que este, não havendo a possibilidade do sequestro no caso de pagamento intempestivo, por simples ausência de previsão constitucional expressa:

> A jurisprudência sobre essa matéria é tranquila no sentido de considerar como cometido o crime de responsabilidade quando o prefeito não procede à inclusão no orçamento de verba para o pagamento dos débitos constantes dos precatórios. Tal situação é totalmente diferente da falta de pagamento, ou seja, da entrega de dinheiro, ao credor, no curso do exercício, dado que esta segunda situação depende de circunstâncias imponderáveis e incontroláveis, tais como o comportamento da receita e o surgimento de despesas de maior prioridade a serem realizadas pela Administração.[369]

Entretanto, inobstante a falta de previsão expressa do sequestro no caso de não pagamento dentro do prazo instituído pelo multicitado § 5º do art. 100 da CF/88 (no máximo de 18 meses após a inclusão orçamentária), defende-se aqui a medida expropriatória igualmente para os casos de inadimplemento, sob pena de continuar inefetiva

---

[368] PERLINGEIRO, Ricardo. *Execução contra a Fazenda Pública*. São Paulo: Malheiros, 1999, p. 125.
[369] Ibidem.

a sistemática aplicável à Fazenda Pública, configurando inaceitável privilégio ao Estado em completa afronta à isonomia processual.

Ora, a par das demais prerrogativas processuais (prazos elásticos, reexame necessário, isenção de custas, etc.), a Fazenda Pública já goza da vantagem de realizar seus pagamentos oriundos de condenações judiciais[370] não imediatamente, como ocorre na regra geral, mas por meio do sistema de precatório, conferindo-lhe prazo de até dezoito meses para o cumprimento da obrigação, sem qualquer sanção, permitindo-lhe, assim, a organização contábil e como forma de manter a harmonia entre os Poderes, como já defendido no item 2.2. Até aí tudo bem, não se questiona a legitimidade do procedimento.

Ocorre que o procedimento claramente vislumbrou proteger demasiadamente a figura do devedor, *in casu*, o Estado, anulando completamente a efetividade e, por conseguinte, a satisfação do credor. Previu um procedimento que melhor se adequasse às necessidades particulares do devedor, mas, em contrapartida, não previu expressamente qualquer tipo de solução para o caso do inadimplemento contumaz.

Com a EC n. 62/2009, acrescentando-se a possibilidade de determinação do sequestro no caso de não alocação orçamentária da quantia necessária ao pagamento do precatório – situação lesiva já constatada pela doutrina mesmo antes da alteração constitucional, como visto acima –, acredita-se compreendida também a condição de inadimplência do ente devedor, que pode ter suas rendas atingidas quando não quitar as requisições dentro do prazo previsto.

Ora, sustentar que o devedor agora tem a obrigação de incluir no seu orçamento a quantia suficiente para satisfação do débito executado, mas igual obrigação não lhe foi imputada para realizar o pagamento – leia-se, a entrega do dinheiro – no prazo estipulado, seria fulminar toda e qualquer ideia de efetividade da tutela jurisdicional, assim como anular integralmente dispositivo constitucional, sobretudo a obrigatoriedade do pagamento no exercício seguinte trazida no art. 100, § 5º, da CF/88, uma evidente *norma constitucional definidora de direito*.

Luís Roberto Barroso, em obra sobre o tema, defende que tais normas constitucionais definidoras de direitos subjetivos aos indivíduos – em especial do cidadão em face do Estado – investem "os

---

[370] Excluídas as consideradas de *pequeno valor*, ressalte-se, que dispensam a expedição de precatórios e devem ser pagas em até 60 (sessenta) dias após a expedição da requisição de pagamento.

jurisdicionados no poder de exigir do Estado – ou de outro eventual destinatário da norma prestações positivas ou negativas, que proporcionem o desfrute dos bens jurídicos nelas consagrados".[371] O constitucionalista avaliza ainda que a imperatividade de uma norma é vulnerada "quer quando se faz aquilo que ela proíbe, quer quando se deixa de fazer o que ela determina. Vale dizer: a Constituição é suscetível de descumprimento tanto por ação como por omissão".[372]

Assim, toda norma constitucional é dotada de plena eficácia e sua interpretação deve estar voltada à sua "ótima concretização (*Gebot optimaler Verwirklichung der Norm*)",[373] competindo aos juízes pautar seus julgamentos nestas premissas. Colha-se mais uma vez a lição de Luís Roberto Barroso, para quem seria suficiente a "a explicitação de que toda norma definidora de direito subjetivo constitucional tem aplicação direta e imediata, cabendo ao juiz competente para a causa integrar a ordem jurídica, quando isto seja indispensável ao exercício do direito".[374]

Uma interpretação puramente gramatical ou literal do § 6º do art. 100 da CF/88 implica uma substancial e inaceitável redução do sentido e alcance da proposição normativa, sobretudo se tomada como integrante de um sistema informado ainda pelas garantias constitucionais processuais. Interpretá-la sem considerar as demais normas aplicáveis, seria romper com o princípio da unidade da Constituição, que é uma "especificação da interpretação sistemática, e impõe ao intérprete o dever de harmonizar as tensões e contradições entre normas".[375]

Como se admitir, portanto, que a Constituição previne e pune com o decreto de sequestro a falta de inclusão orçamentária (inadimplemento indireto) – obrigação acessória e menos relevante ao credor – e deixa sem qualquer solução o não pagamento na data aprazada (inadimplemento direto), única conduta que interessa ao jurisdicionado? Tal interpretação seria no mínimo teratológica. Com efeito, o sequestro do numerário suficiente ao pagamento de um precatório não orçado certamente traria consequências mais desastrosas para a

---

[371] BARROSO, Luís Roberto. *Interpretação e Aplicação da Constituição*. 7. ed. São Paulo: Saraiva, 2010, p. 262.

[372] Idem, p. 264.

[373] HESSE, Konrad. A força normativa da Constituição. Trad. Gilmar Ferreira Mendes. Porto Alegre: Sergio Antonio Fabris, 1991, p. 22.

[374] BARROSO, Luís Roberto. *Interpretação e Aplicação da Constituição*. 5. ed. São Paulo: Saraiva, 2003, p. 272.

[375] Idem, 7. ed., 2010, p. 202.

Administração do que em relação a um débito previamente incluído. E, mesmo assim, a Constituição prevê expressamente a medida no primeiro caso. É antiga a máxima[376] de que *"in eo quod plus est semper inest et minus"* (quem pode o mais, pode o menos).

Neste sentido, Augusto César Silva pondera que:

> O atual Texto Constitucional (§ 6º do art. 100) mitigou de vez o princípio da obrigatória previsão orçamentária para realização de despesas públicas. Assim, como se vê, pode haver o sequestro de rendas públicas, mesmo ante ausência de previsão orçamentária. De outra banda, a toda evidência, pode haver o sequestro quando presente a previsão orçamentária, porém não ocorre a liquidação do precatório dentro do prazo estabelecido pela Magna Carta (§ 5º, art. 100, CF). Raciocinar em sentido contrário levaria ao absurdo de se admitir o sequestro de rendas públicas na ausência de previsão orçamentária e não admitir quando a verba foi devidamente orçada.[377]

O Supremo Tribunal Federal, analisando a constitucionalidade da Instrução Normativa n° 11/97, inciso III, do Tribunal Superior do Trabalho, que autorizava expedição da ordem de sequestro nos casos de omissão orçamentária dos débitos judiciais consistentes em precatórios, mesmo sem previsão constitucional, decidiu pela inconstitucionalidade da medida, somente possível no caso de quebra da ordem cronológica.[378]

Entretanto, o momento social é outro, e as disposições constitucionais também. Salta aos olhos a diferença de tratamento injustificadamente dispensada ao Estado. É assustadora a tranquilidade dos gestores que simplesmente optam por não quitar os precatórios, sem qualquer consequência advinda dali.

Como exemplo da percepção, por parte do STF, do problema patológico do não pagamento dos precatórios pelos Estados e Municípios, a EC n. 62/2009 – apelidada por alguns de "Emenda do Calote"[379] – já tratada aqui em outros momentos, teve grande parte de suas "inovações" rechaçada pela Suprema Corte no julgamento das ADIs 4357 e 4425, em março/2013, dentre as quais a criação de um

---

[376] Sobre o valor dos axiomas ou máximas jurídicas, ver: FREITAS, Vladimir Passos de. Os pouco conhecidos e lembrados brocardos jurídicos. *Revista Eletrônica Consultor Jurídico*, São Paulo. Disponível em <http://www.conjur.com.br/2013-mar-24/segunda-leitura-conhecidos-lembrados-brocardos-juridicos>. Acesso em 05.05.2015.

[377] SILVA, Augusto César Pereira da. Previsão orçamentária de precatório, sequestro e julgamento da Emenda 62. *Revista Jus Navigandi*, Teresina, ano 18, n. 3601, 11 maio 2013. Disponível em: <http://jus.com.br/artigos/24414>. Acesso em 05.05.2015.

[378] ADI 1662, Relator(a): Min. MAURÍCIO CORRÊA, Tribunal Pleno, julgado em 30/08/2001, DJ 19-09-2003 PP-00014 EMENT VOL-02124-02 PP-00300.

[379] HARADA, Kiyoshi. Precatórios. Suspensão do art. 78 do ADCT. Conseqüências. In: *Âmbito Jurídico*, Rio Grande, XIII, n. 83, dez 2010. Disponível em: <http://www.ambito-juridico.com.br/site/index.php?n_link= revista_artigos_leitura&artigo_id=8773>. Acesso em 05.05.2015.

regime especial de pagamento que instituía leilões de deságio e nova moratória de quinze anos aos devedores, entendendo o STF que tal regime, em uma só tacada, "viola a cláusula constitucional do Estado de Direito (CF, art. 1º, *caput*), o princípio da Separação de Poderes (CF, art. 2º), o postulado da isonomia (CF, art. 5º), a garantia do acesso à justiça e a efetividade da tutela jurisdicional (CF, art. 5º, XXXV), o direito adquirido e à coisa julgada (CF, art. 5º, XXXVI)".[380][381]

Ademais, a falta de previsão constitucional expressa não inviabiliza a tese ora defendida. É corrente na doutrina a diferença teórica entre texto (*disposição normativa*) e norma, defendida por Riccardo Guastini, para quem esta é o produto da atividade interpretativa daquele. Nas suas palavras, "interpretar é produzir uma norma. Por definição, as normas são produtos dos intérpretes".[382] Tal diferenciação é tida como efeito inarredável da hermenêutica no neoconstitucionalismo.[383]

Partindo desse pressuposto, Guastini ainda defende a existência de *normas sem disposições*, ou seja, não veiculadas direta ou imediatamente por uma determinada disposição linguística específica. Norma sem texto expresso. Exemplos não faltam, como o *princípio da proporcionalidade*, o *princípio da razoabilidade* e o *princípio da efetividade do processo*, amplamente aceitos na doutrina e jurisprudência, mas sem um correspondente textual expresso, que podem ser extraídas "mediante interpretação de alguma disposição específica ou combinação de disposições que podem ser encontradas nas fontes".[384]

E conclui o jurista italiano que

> Uma norma não expressa habitualmente é deduzida ou de uma outra norma expressa (por exemplo, mediante analogia), ou do ordenamento jurídico no seu conjunto, ou de algum subconjunto de normas considerado unitariamente (o sistema do direito civil, o sistema do direito administrativo, etc.).[385]

Dessa forma, admitindo-se a existência de normas implícitas, assim como o sistema constitucional processual vigente, voltado à

---

[380] ADI 4357, Relator(a): Min. Ayres Britto, Relator(a) p/ Acórdão: Min. LUIZ FUX, Tribunal Pleno, julgado em 14/03/2013, Acórdão Eletrônico. DJe-188 DIVULG 25-09-2014 PUBLIC 26-09-2014.

[381] Atualmente, encontra-se em vigor o regime especial instituído pela EC 99/2017, que prevê o pagamento de todos os precatórios vencidos e vincendos até 31.12.2024.

[382] GUASTINI, Riccardo. *Das fontes às normas*. Edson Bini (trad.). São Paulo: Quartier Latin, 2005, p. 131.

[383] DIDIER JR., Fredie. *Sobre a teoria geral do processo*: essa desconhecida. 2. ed. Salvador: Juspodivm, 2013, p. 123.

[384] GUASTINI, Riccardo. *Das fontes às normas*, op. cit., p. 40-43.

[385] Idem, p. 41.

realização do processo digno, poder-se-ia concluir pela viabilidade do sequestro da receita do ente devedor no caso de não pagamento do precatório, dentro do exercício inicialmente previsto, independentemente de sua previsão orçamentária.

No mesmo sentido, Marinoni, Arenhart e Mitidiero entendem que no regime atual de execução por quantia certa contra a Fazenda Pública, "o pagamento deve ocorrer necessariamente no exercício financeiro seguinte, sob pena de sequestrar-se a quantia necessária a esse adimplemento diretamente do patrimônio do ente público (100, § 6º, da CF)".[386] Ressalve-se que possibilidade da determinação do sequestro não isenta o gestor de responder em outras searas, como por improbidade administrativa, crime de responsabilidade e mesmo crime de desobediência à determinação judicial, cujos requisitos e cabimento ao caso em tela merecem estudo à parte mais aprofundado, razão pela qual não serão tratados aqui por limitação temática.

Reconhecendo a possibilidade de relativização da regra do sequestro constitucional, sobretudo quando se trata de proteger e promover a dignidade da pessoa humana, que exige uma (re)leitura *humanizada* do sistema processual, o STJ autorizou o chamado "sequestro humanitário", fixando a seguinte tese na sistemática dos recursos repetitivos (efeito vinculante): "Tema 84. Tratando-se de fornecimento de medicamentos, cabe ao Juiz adotar medidas eficazes à efetivação de suas decisões, podendo, se necessário, determinar até mesmo o sequestro de valores do devedor (bloqueio), segundo o seu prudente arbítrio, e sempre com adequada fundamentação".

Ainda sobre o tema da flexibilização do sequestro de verbas públicas em situações para além das tipificadas, sobretudo quando fundada na dignidade humana, o Supremo Tribunal Federal irá analisar a possibilidade da medida para *pagamento de crédito a portador de moléstia grave, sem observância à regra dos precatórios* previstas na Constituição Federal, já tendo reconhecido a repercussão geral da matéria, classificada como Tema 598.

Portanto, a apreensão do instituto do sequestro e seu cabimento na forma aqui apresentada é medida que se impõe como indispensável à atribuição de maior efetividade ao processo contra a Fazenda Pública, notadamente na tutela executiva por quantia certa, adaptando-se o instrumento aos seus escopos, para, dessa forma, harmonizar

---

[386] MARINONI, Luiz Guilherme; ARENHART, Sérgio Cruz; MITIDIERO, Daniel. *Novo curso de processo civil*, vol. 2: tutela dos direitos mediante procedimento comum. São Paulo: RT, 2015, p. 1.045.

a atual sistemática à ideia de processo digno, prometido pela Constituição Federal.

Cumpre esclarecer, entretanto, com o advento da EC 94/2016, que implementou o novo regime especial de pagamento de precatórios, posteriormente alterado pela EC 99/2017, ao acrescentar o art. 103 do ADCT, de duvidosa constitucionalidade, ficou vedado o sequestro de verbas públicas enquanto durar tal regime, salvo no caso de não liberação tempestiva dos recursos a que se refere, conforme analisado no item 2.2.

2.6.2. A intervenção federal

Acondicionada nos artigos 34 a 36 da Constituição Federal, a intervenção da União no Distrito Federal e nos Estados e destes nos Municípios é medida extrema que configura certa mitigação da autonomia dos entes federados, característica marcante do modelo de estado adotado pelo Brasil: o Estado Federal. Na lição de José Afonso da Silva, "intervenção é antítese da autonomia. Por ela afasta-se momentaneamente a atuação autônoma do Estado, Distrito Federal ou Município que a tenha sofrido".[387]

Cônscio da excepcionalidade que cerca este mecanismo constitucional, continua o mestre assentando que o decreto intervencionista

> [...] só há de ocorrer nos casos nela [Constituição] taxativamente estabelecidos e indicados como exceção ao *princípio da não intervenção*, conforme o art. 34: "A União *não* intervirá nos Estados *nem* no Distrito Federal, *exceto para* [...]", e o art. 35: "O Estado *não* intervirá em seus Municípios, *nem* a União nos Municípios localizados em Território Federal, *exceto quando*: [...]", arrolando-se em seguida os casos em que é facultada a intervenção estreitamente considerados.[388]

Enrique Ricardo Lewandowski,[389] por seu turno, leciona que no Brasil só se admite a quebra do *princípio da não intervenção* quando presente algum dos denominados pressupostos materiais ou de fundo da intervenção federal, que, citando José Afonso da Silva, "constituem situações críticas que põem em risco a segurança do Estado, o

---

[387] SILVA, José Afonso da. *Curso de Direito Constitucional Positivo*. 35. ed. São Paulo: Malheiros, 2012, p. 485.

[388] Op. cit., p. 485.

[389] LEWANDOWSKI, Enrique Ricardo. *Pressupostos materiais e formais da intervenção federal do Brasil*. São Paulo: Revista dos Tribunais, 1994, p. 87/88.

equilíbrio federativo, as finanças estaduais e a estabilidade de ordem constitucional".[390]

Logo, as estreitas situações que autorizam o decreto intervencionista, prescritas nos já mencionados artigos 34 e 35 da Constituição Federal, são para promover i) a defesa do Estado (quando a CF fala em manter a integridade nacional e/ou repelir invasão estrangeira); ii) a defesa do princípio federativo (a CF menciona repelir invasão de uma unidade da Federação em outra, pôr termo a grave comprometimento da ordem pública e/ou garantir o livre exercício de qualquer dos Poderes nas unidades da Federação); iii) a defesa das finanças estaduais (a CF se refere à unidade que suspender o pagamento de dívida fundada por mais de dois anos consecutivos, salvo força maior, e/ou deixar de entregar aos Municípios receitas tributárias fixadas na Constituição, dentro dos prazos fixados em lei); e iv) a defesa da ordem constitucional (a CF autoriza a intervenção para promover a execução de lei federal, ordem ou decisão judicial e assegurar a observância dos princípios constitucionais que arrola).[391]

Deste modo, diagnosticadas as hipóteses autorizadoras da intervenção e não obstante ser exceção à autonomia do federalismo, como já assentado, confirma-se sua finalidade precípua de salvaguardar o próprio estado federal, preservar o equilíbrio federativo. Nas palavras de Ernesto Leme, "a intervenção é, como vimos, um instituto generalizado entre as nações organizadas sob a forma federativa. É um princípio inerente ao próprio federalismo".[392]

Para os fins da presente obra, contudo, lança-se luz apenas sobre o descumprimento de decisão judicial apto a caracterizar caso de intervenção federal – como revelado acima, para promover a defesa da ordem constitucional – situação prevista no artigo 34, VI, da Constituição Federal, haja vista ser este o caso das dívidas judiciais reconhecidas em precatórios requisitórios.

Na lição do ministro Celso de Mello, do STF, o cumprimento de decisão judicial, seja ela de caráter antecipatório ou final, "[...] traduz

---

[390] LEWANDOWSKI, Enrique Ricardo. *Pressupostos materiais e formais da intervenção federal do Brasil*, op. cit., p. 87.

[391] A Constituição, no art. 34, VII, lista os seguintes princípios, que, se inobservados, autorizam a intervenção federal: forma republicana, sistema representativo e regime democrático; direitos da pessoa humana; autonomia municipal; prestação de contas da administração pública, direta e indireta; aplicação do mínimo exigido da receita resultante de impostos estaduais, compreendida a proveniente de transferências, na manutenção e desenvolvimento do ensino e nas ações e serviços públicos de saúde.

[392] LEME, Ernesto. *A Intervenção Federal nos Estados*. 2. ed. São Paulo: Revista dos Tribunais, 1930, p. 37, item 34.

imposição constitucional, justificada pelo princípio da separação dos poderes e fundada nos postulados que informam, em nosso sistema jurídico, a própria concepção de Estado Democrático de Direito".[393]

Continua o Ministro afiançando que:

> O dever de cumprir as decisões emanadas do Poder Judiciário, notadamente nos casos em que a condenação judicial tem por destinatário o próprio Poder Público, muito mais do que simples incumbência de ordem processual, representa uma incontornável obrigação institucional a que não se pode subtrair o aparelho de Estado, sob pena de grave comprometimento dos princípios consagrados no texto da Constituição da República.[394]

Dessa forma, o retardamento ou descumprimento de decisões judiciais com trânsito em julgado pela Administração Pública atenta contra o bom funcionamento do Poder Judiciário, importando em flagrante violação aos princípios da separação, independência e harmonia dos poderes, ensejando medidas enérgicas previstas no próprio texto constitucional, como é o caso da intervenção federal, trazida pelo artigo 34, VI, da CF.

No mesmo sentido, Lewandowski prega que o descumprimento de decisão judicial coloca em xeque, ainda, o princípio da inafastabilidade da jurisdição, insculpido no artigo 5º, XXXV, da CF, assentando:

> Cumpre notar, de outra parte, que o princípio segundo o qual "a lei não excluirá da apreciação do Poder Judiciário lesão ou ameaça a direito", expresso no art. 5º, XXXV, da Constituição Federal constitui um dos esteios do Estado de Direito, saltando à vista, pois, que o desacato às determinações de juízes e tribunais coloca em risco a própria existência do mesmo.[395]

Por sua vez, João Barbalho, citado por Ernesto Leme, corrobora que "[...] sem esse meio coercitivo, a Constituição não seria a suprema lei do país, os atos legislativos e sentenças [...] não passariam de simples conselhos, sem força obrigatória, e os poderes federais não poderiam preencher seus altos fins".[396]

Nos países integrantes da família do *common law*, o instituto do *contempt of court*, detalhado no tópico seguinte, desempenha importante função para a efetividade da prestação jurisdicional na medida

---

[393] Voto do Ministro Celso de Mello no julgamento da IF-QO nº 590-2, do Ceará, julgada em: 17.09.1998, pelo STF. Disponível em <www.stf.jus.br>. Acesso em 10.05.2017.

[394] Idem.

[395] LEWANDOWSKI, Enrique Ricardo. *Pressupostos materiais e formais da intervenção federal do Brasil*. São Paulo: Revista dos Tribunais, 1994, p. 103.

[396] LEME, Ernesto. *A Intervenção Federal nos Estados*. 2. ed. São Paulo: Revista dos Tribunais, 1930, p. 180, item 213.

em que prevê sanções civis e criminais para os casos de descumprimento de ordens judiciais, encarado como ultraje ao Judiciário. No Brasil, não há instituto correspondente ao *contempt of court*, e as ações legislativas ainda são muito incipientes na sua tarefa de conferir efetividade às decisões judiciais, sobretudo aquelas proferidas em desfavor do Estado.

Como já exposto acima, não obstante alguns doutrinadores defenderem uma responsabilização criminal para o não pagamento de precatórios, tais medidas, se admissíveis, se revestiriam de caráter estritamente punitivo direcionada ao agente recalcitrante. De outro norte, a intervenção federal se revela sanção política direcionada à pessoa jurídica destinatária da decisão judicial, no caso dos precatórios, a unidade da federação devedora. Ainda segundo José Afonso da Silva, "a intervenção é ato político que consiste na incursão da entidade interventora nos negócios da entidade que a suporta. Constitui o *punctum dolens* do Estado federal [...]".[397]

O procedimento da intervenção vem delineado no artigo 36 da CF, sempre dependendo de decreto do Presidente da República, que especificará a amplitude, o prazo e as condições de execução e que, se couber, nomeará o interventor, devendo ser submetido à apreciação do Congresso Nacional no prazo de vinte e quatro horas. Na hipótese de descumprimento de decisão judicial, o decreto presidencial deverá ser precedido de requisição do STF, ressalvada a competência do Tribunal Superior Eleitoral, que adotará o rito previsto no seu regimento interno e na Lei nº 8.038/1990.

Todavia, apesar da aparente aplicabilidade do instituto para o caso de entes públicos devedores contumazes, não é este o entendimento adotado pelo Supremo Tribunal Federal, quando instado inúmeras vezes a decidir sobre a possibilidade de decretação da medida extrema de intervenção da União nos Estados em caso de descumprimento de decisão judicial, especialmente pelo não pagamento de precatórios, com esteio no artigo 34, VI, da Constituição Federal.

Para demonstrar a posição do STF, tome-se o julgamento do pedido de Intervenção Federal nº 5.114/RS,[398] [399] formulado pelo Procu-

---

[397] SILVA, José Afonso da. *Curso de Direito Constitucional Positivo*. 35. ed. São Paulo: Malheiros, 2012, p. 484.

[398] BRASIL. Supremo Tribunal Federal, Intervenção Federal nº 5.114, do Rio Grande do Sul. Relator: Min. Cezar Peluso, Julgada em: 28.03.2012. Disponível em <http://www.stf.jus.br>. Acesso em 10.05.2017.

[399] Sobre o citado julgamento, já tivemos a oportunidade de nos manifestar em: PORTO, Sérgio Gilberto; CARVALHO, Fabrício de Farias. A intervenção federal pelo descumprimento de de-

rador-Geral de Justiça do Rio Grande do Sul, arguindo, em síntese, a recalcitrância da Administração Pública no inadimplemento de créditos judicialmente reconhecidos, trânsitos em julgado, descumprindo ordens de pagamento de precatórios vencidos, respectivamente, em 31 de dezembro de 2004, 31 de dezembro de 2003, 31 de dezembro de 2004 e 31 de dezembro de 2006.

Em 28.03.2012, o STF, por maioria de votos, decidiu pela improcedência do pedido de decretação da intervenção federal naquele Estado, nos termos do voto do então relator e Presidente, Ministro Cezar Peluso, assinalando como *ratio decidendi* o entendimento cristalizado naquela Corte de que apenas a atuação estatal voluntária e dolosa com o objetivo de descumprir decisão judicial transitada em julgado justificaria a medida extrema do decreto intervencionista, o que não restou configurado naquela hipótese, salientando ainda que a administração deve agir dentro dos limites do possível.[400]

No entanto, para o Ministro Marco Aurélio, voto vencido no julgamento:

> Há de se colocar, Presidente, termo final a esse círculo vicioso. Incumbe ao Supremo tornar efetiva a Lei Maior, que – já disse – precisa ser mais amada pelos brasileiros, principalmente pelos homens públicos. Garanto que, assentada a intervenção pelo Supremo, encontrar-se-á forma de liquidar o precatório.

Para o Ministro divergente,[401] o legislador constituinte, ao instituir e regulamentar a Intervenção Federal, não inseriu o elemento subjetivo da culpa, ou seja, não atrelou a intervenção à demonstração de dolo por parte do descumpridor da decisão judicial. Assevera que mesmo após três moratórias concedidas aos devedores, a primeira, na redação primitiva da Constituição, no Ato das Disposições Transitórias, as duas outras mediante emendas constitucionais, não se vê a liquidação dos débitos pelos Estados devedores. Finaliza o

---

cisão judicial consistente no inadimplemento de precatório à luz da jurisprudência do Supremo Tribunal Federal. *Revista Jurídica*, Porto Alegre, n. 443, set/2014, p. 93-110.

[400] Transcreve-se a síntese do resultado do julgamento: "[...]Não se justifica decreto de intervenção federal por não pagamento de precatório judicial, quando o fato não se deva a omissão voluntária e intencional do ente federado, mas a insuficiência temporária de recursos financeiros." BRASIL. Supremo Tribunal Federal, *Intervenção Federal* nº 5.114, do Rio Grande do Sul. Relator: Min. Cezar Peluso, Julgada em: 28.03.2012. Disponível em <http://www.stf.jus.br/portal/jurisprudencia/listarJurisprudencia.asp?s1=%28IF%24%2ESCLA% 2E+E+5114%2 ENUME%2E%29+OU+%28IF%2EACMS%2E+ADJ2+5114%2EACMS%2E%29&base=baseAco rdaos&url=http://tinyurl.com/crad3es>. Acesso em 10.05.2017.

[401] Voto do senhor Ministro Marco Aurélio no julgamento da Intervenção Federal nº 5.114, do Rio Grande do Sul, julgada em: 28.03.2012, pelo Supremo Tribunal Federal. Disponível em <http://www.stf.jus.br/portal/jurisprude ncia/listarJurisprudencia.asp?s1=%28IF%24%2ES CLA%2E+E+5114%2ENUME%2E%29+OU+%28IF%2EACMS%2E+ADJ2+5114%2EACMS%2 E%29&base=baseAcordaos&url=http://tinyurl.com/crad3es>. Acesso em 15.10.2017.

Ministro justificando sua posição divergente, vaticinando que o valioso instituto da intervenção pelo descumprimento de decisão judicial não pode se tornar letra morta da lei, sob pena de fragilização do Poder Judiciário.

Apesar de votarem pela improcedência do pedido de intervenção, os Ministros Gilmar Mendes e Ayres Britto demonstraram preocupação com a situação de inadimplência dos Estados frente aos precatórios, assinalando a necessidade de se adotarem meios alternativos para o pagamento, como parcelamentos efetivos e fiscalização por parte do Conselho Nacional de Justiça. O Ministro Gilmar Mendes ainda faz um convite para a seguinte reflexão: "Vamos mandar um interventor para o estado, sem dinheiro, para fazer pagamento a quem e em que condições?".[402]

O Ministro Ayres Britto, por seu turno, trouxe importante dado ao julgamento. Informa o magistrado que quando do julgamento da ADI nº 4.357, da qual era Relator, tomou conhecimento, por meio de parecer prévio de contas do governo gaúcho na página oficial do Tribunal de Contas daquele Estado, que o Rio Grande do Sul gastou, em 2009, com pagamento de precatórios, R$ 38,6 milhões, contra um montante superior a R$ 55 milhões gastos com publicidade e propaganda, bradando que "[...] se há matéria sob responsabilidade do Poder Público que é levada a descaso extremo, essa matéria é precatório [...]" e conclui afirmando "[...] quando se incide em inadimplência em matéria de precatório, a despeito da ordem ou da decisão judicial, quantos princípios constitucionais não estão sendo desrespeitados?".[403]

Em manifestação quando o Ministro Gilmar Mendes prolatava seu voto, a Ministra Cármem Lúcia também demonstrou inquietação com a inadimplência dos precatórios que assola o país, afiançando:

> É preciso pensar mesmo, como Vossa Excelência diz, Ministro Gilmar Mendes, porque isso está no cerne da federação, no cerne de um Judiciário eficiente, porque o direito à jurisdição é o direito de ter acesso à Justiça, à resposta do Judiciário e à eficácia do que decidido. Senão, de que adianta a decisão se ele faz o que a gente vê comentários: ganha, mas não leva.

Ao contrário do Relator, que fundamentou seu voto em questões estritamente políticas – sobretudo na deficiência financeira dos

---

[402] Voto do senhor Ministro Gilmar Mendes no julgamento da Intervenção Federal nº 5.114, do Rio Grande do Sul, julgada em: 28.03.2012, pelo Supremo Tribunal Federal. Disponível em <http://www.stf.jus.br/portal/jurisp rudencia/listarJurisprudencia.asp?s1=%28IF%24%2ESCLA%2E+E+5114%2ENUME%2E%29+OU+%28IF%2EACMS%2E+ADJ2+5114%2EACMS%2E%29&base=baseAcordaos&url=http://tinyurl.com/crad3es>. Acesso em 15.10.2017.

[403] Voto do senhor Ministro Ayres Britto no julgamento da Intervenção Federal nº 5.114, do Rio Grande do Sul, julgada em: 28.03.2012, pelo Supremo Tribunal Federal. Ibidem.

devedores –, o Ministro Celso de Mello proferiu voto pelo indeferimento do pedido de intervenção, mas suscitando também óbices de natureza jurídico-constitucional, posto que o instituto da intervenção federal se revela

> ainda que transitoriamente, a própria negação da autonomia institucional reconhecida aos Estados-membros pela Constituição da República. Essa autonomia, que possui extração constitucional, configura postulado fundamental peculiar à organização político-jurídica de qualquer sistema federativo, inclusive do sistema federativo vigente no Brasil.[404]

Conclui o Ministro assentando que:

> Para os fins a que se refere o art. 34, VI, c/c o art. 36, II, da Carta Política, a ordem constitucional brasileira não autoriza a intervenção federal fundada em involuntária demora de pagamento, motivada por falta ou insuficiência de recursos financeiros [...].[405]

Com esse argumento, a Suprema Corte nitidamente lançou mão do princípio da *proporcionalidade* ou *razoabilidade*,[406] também denominado por J. J. Gomes Canotilho[407] de "proibição de excesso", para anular inteiramente direitos fundamentais dos credores, dentre os quais destacam-se a efetividade da jurisdição e a razoável duração do processo, preservando-se na integralidade, em contrapartida, os já mencionados princípios da separação, independência e harmonia dos Poderes. Destarte, no caso citado, assentou o STF que deve prevalecer a manutenção do Chefe do Executivo eleito de forma democrática quando não restar comprovada sua conduta dolosa e deliberada objetivando o não pagamento de precatórios.

Em outra oportunidade, no julgamento do pedido de Intervenção Federal nº 2.915-5/SP, também paradigmático sobre o tema, o STF, pelo voto condutor do Ministro Gilmar Mendes, deixa claro que em lides como esta sempre há colisão de princípios constitucionais, como a proteção constitucional às decisões judiciais à favor da intervenção e, de outro lado, o princípio da autonomia das unidades

---

[404] Voto do senhor Ministro Celso de Mello no julgamento da Intervenção Federal nº 5.114, do Rio Grande do Sul, julgada em: 28.03.2012, pelo Supremo Tribunal Federal. Disponível em <http://www.stf.jus.br/portal/jurisp rudencia/listarJurisprudencia.asp?s1=%28IF%24%2ESCLA%2E+E+5114%2ENUME%2E%29+OU+%28IF%2EACMS%2E+ADJ2+5114%2EACMS%2E%29&base=baseAcordaos&url=http://tinyurl.com/crad3es>. Acesso em 15.10.2017.

[405] Ibidem.

[406] Luís Roberto Barroso defende a fungibilidade dos termos, sustentando que "um e outro abrigam os mesmos valores subjscentes: racionalidade, justiça, medida adequada, senso comum, rejeição aos atos arbitrários ou caprichosos [...]". (BARROSO, Luís Roberto. Interpretação e aplicação da Constituição. 7. ed. São Paulo: Saraiva, 2009, p. 374).

[407] CANOTILHO, J. J. Gomes. *Direito constitucional e teoria da constituição*. 7. ed. Coimbra: Almedina, 2003, p. 266/67.

federadas e, ainda que de forma indireta, da continuidade dos serviços públicos, militando contra a medida extrema.

Para o Ministro, este conflito de bens ou direitos fundamentais se resolve com a aplicação da máxima da proporcionalidade, e, utilizando o magistério de Robert Alexy,[408] defende que deve se estabelecer entre eles "uma relação de precedência condicionada, na qual se diz, sempre diante das peculiaridades do caso, em que condições um princípio prevalece sobre o outro",[409] finalizando o voto certificando que "a par da evidente ausência de proporcionalidade da intervenção para o caso em exame, o que bastaria para afastar aquela medida extrema, o caráter excepcional da intervenção [...] recomendam a precedência condicionada do princípio da autonomia dos Estados".[410]

Na avaliação do Ministro Gilmar Mendes, a decretação da intervenção federal, no caso de inexistência de conduta proposital e direcionada ao inadimplemento por parte da entidade devedora, não atende às "três máximas parciais da adequação, da necessidade (mandamento do meio menos gravoso) e da proporcionalidade em sentido estrito (mandamento de sopesamento propriamente dito)",[411] devendo, pois, ser indeferido.

De outro norte, como já esclarecido em linhas anteriores, o Ministro Marco Aurélio, voto vencido no julgamento da IF n. 5.114, mantém posição firme ao defender o cabimento da intervenção federal no caso de inadimplemento de precatório, uma vez que, segundo a atual sistemática, sempre será oriundo de decisão judicial transitada em julgado, revestida da autoridade da coisa julgada, cuja intangibilidade é uma das pilastras do Estado Democrático de Direito.

Protesta o Ministro que o texto constitucional não exige, para que se afigure descumprimento de decisão judicial apta a ensejar a intervenção, a presença do elemento subjetivo, ou seja, repudia a tese segundo a qual não basta o simples descumprimento da ordem judicial, é necessário que fique configurado a culpa ou dolo no inadimplemento de precatório, como vem se firmando na Suprema Corte. Sustenta o Ministro que:

> Essa condição é estranha à ordem jurídica, mesmo porque não é crível que, havendo numerário para o pagamento, deixe a pessoa jurídica de direito público de

---

[408] ALEXY, Robert. *Toria dos direitos fundamentais*. 2. ed., 2. tir. São Paulo: Malheiros, 2012.
[409] Voto do senhor Ministro Gilmar Mendes no julgamento da Intervenção Federal nº 3.601, de São Paulo, julgada em: 08.05.2003, pelo Supremo Tribunal Federal. Disponível em <http://redir.stf.jus.br/paginadorpub/paginador.jsp?docTP=AC&docID=81622>. Acesso em 17.10.2017.
[410] Ibidem.
[411] ALEXY, Robert. *Toria dos direitos fundamentais*, op. cit., p. 116.

implementá-lo. Prevalece o critério objetivo, o não-cumprimento da ordem judicial, a inobservância do título executivo judicial, pouco importando saber a causa. Entendimento diverso implica, diante de definições políticas de gastos, ofensa ao primado do Judiciário, à certeza da valia dos julgamentos. O Estado vê-se sempre diante de dificuldades de caixa, sendo presumível, assim, a contumácia no descumprimento das obrigações pecuniárias estampadas na sentença.[412]

Com propriedade, Luís Roberto Barroso[413] chama atenção para o fato de que sob o regime constitucional de 1988, jamais ocorreu a intervenção federal formalmente decretada. Aliás, tampouco na vigência da Constituição de 1967-69, certamente não por falta de iniciativas ou razões, haja vista que os pedidos se multiplicam, e os precatórios se amontoam país afora, mas pelo comportamento demasiado condescendente do STF que, em matéria de intervenção, tem adotado "uma interpretação, digamos assim, frouxa"[414] dos artigos 100 e 34 da Constituição Federal.

Assim como procedeu o Ministro Gilmar Mendes, ao se partir para uma análise do problema sob a perspectiva da máxima da proporcionalidade em sentido amplo, poder-se-ia vislumbrar, num exercício hermenêutico, o perfeito atendimento às três máximas parciais.

O decreto intervencionista se revela adequado na medida em que, por ser espécie de sanção política – já que as jurídicas são insuficientes –, a simples ameaça de sofrer afastamento do cargo eletivo, ainda que temporariamente, passando uma imagem de mau gestor à população e gerando sério desgaste político, certamente traria efeitos práticos mais concretos na conduta do Governador de Estado, por exemplo. A propósito, o Ministro Marco Aurélio assegurou no seu voto que decretada a intervenção em um Estado, nos outros o dinheiro aparece!

De igual modo se revela a necessidade da intervenção, assim entendida como "mandamento do meio menos gravoso",[415] pois outra medida coercitiva disponível no texto constitucional seria o

---

[412] Voto do senhor Ministro Marco Aurélio no julgamento da Intervenção Federal nº 3.601, de São Paulo, julgada em: 08.05.2003, pelo Supremo Tribunal Federal. Disponível em <http://redir.stf.jus.br/paginadorpub/paginador.jsp?docTP=AC&docID=81622>. Acesso em 17.10.2017.

[413] BARROSO, Luis Roberto. *Controle de constitucionalidade no direito brasileiro*. 5. ed. São Paulo: Saraiva, 2011.

[414] Voto do senhor Ministro Ayres Britto no julgamento da Intervenção Federal nº 5.114, do Rio Grande do Sul, julgada em: 28.03.2012, pelo Supremo Tribunal Federal. Disponível em <http://www.stf.jus.br/portal/jurisprude ncia/listarJurisprudencia.asp?s1=%28IF%24%2ESCLA%2E+E+5114%2ENUME%2E%29+OU+%28IF%2EACMS%2E+ADJ2+5114%2EACMS%2E%29&base=baseAcordaos&url=http://tinyurl.com/crad3es>. Acesso em 15.10.2017.

[415] ALEXY, Robert. *Toria dos direitos fundamentais*. 2. ed., 2. tir. São Paulo: Malheiros, 2012, p. 117.

sequestro de verbas públicas, também medida extrema e violenta, mas que não confere ao Estado a tranquilidade e possibilidade de organização prévia garantida pela intervenção federal, determinada por meio de decreto presidencial, com limites e prazos predelimitados, o que poderia ser objeto de acordo entre o gestor e o Presidente da República. Um sequestro nas contas públicas, repentinamente, traria graves transtornos aos serviços públicos, ao passo que a conduta do *interventor* estaria condicionada à salvaguarda dos direitos fundamentais.

Por fim, quanto à proporcionalidade em sentido estrito, também nominado por J. J. Gomes Canotilho[416] como "princípio da 'justa medida'", é aquele em que "meios e fim são colocados em equação mediante um juízo de ponderação, com o objectivo de se avaliar se o meio utilizado é ou não desproporcionado em relação ao fim". Neste particular, cumpre anotar a lição de Alexy em relação à contraposição de princípios:

> Duas normas levam, se isoladamente consideradas, a resultados contraditórios entre si. Nenhuma delas é inválida, nenhuma tem precedência absoluta sobre a outra. O que vale depende da forma como será decidida a precedência entre elas sob a luz do caso concreto.[417]

Nos julgados citados, os princípios colidentes identificados são, de um lado, o da não intervenção nos Estados, previsto no artigo 34 da CF e, de outro lado, os da efetividade da jurisdição e razoável duração do processo. Aqui, considerando a paridade hierárquica, não se imagina desproporcionalidade em se realizar a efetividade da jurisdição e razoável duração do processo com o afastamento temporário do gestor recalcitrante, não obstante a fundamentalidade do princípio da não intervenção. Aqui vislumbra-se uma situação em que a relativização deste princípio em prol daqueles se revela medida mais adequada aos fins pretendidos pelo texto constitucional.

Então cabe indagar se realmente é proporcional sempre se optar pelas mais acanhada das opções, reiteradamente indeferindo pedidos de intervenção federal sob o mesmo argumento de preservação da autonomia dos Estados, como algo mecânico, ignorando solenemente direitos fundamentais dos credores como da efetividade da jurisdição e da razoável duração do processo, de forma desequilibrada e sempre pendendo para o lado mais forte: o Estado.

---

[416] CANOTILHO, J.J. Gomes. *Direito constitucional e teoria da constituição*. 7. ed. Coimbra: Almedina, 2003, pp 270.

[417] ALEXY, Robert. *Toria dos direitos fundamentais*. 2. ed., 2. tir. São Paulo: Malheiros, 2012, p. 101.

2.6.3. O *contempt of court*

Nos sistemas jurídicos da família do *common law*, o instituto do *contempt of court*[418] desempenha importante função para a efetividade da prestação jurisdicional na medida em que prevê sanções civis e criminais para os casos de *disregard*, a saber, o descumprimento de uma ordem judicial, encarado como ultraje ao Judiciário. Neste caso, o próprio órgão prolator da decisão deve zelar pela dignidade de sua corte, impondo penas pessoais – civis e criminais – aos envolvidos no processo pelo inadimplemento de suas determinações.[419] Assim, trata-se de punição aplicada nos casos de desacato à autoridade judicial, e não condutas que prejudicam a outra parte.

No Brasil, não há instituto correspondente ao *contempt of court*, e as ações legislativas ainda são muito incipientes na sua tarefa de conferir efetividade às decisões judiciais, sobretudo aquelas direcionadas ao Poder Público. Parte da doutrina, ainda na vigência do CPC/1973, entendia que o inciso V e parágrafo primeiro do art. 14 do CPC/1973,[420] mantidos no art. 77, IV, e § 2º, do CPC/2015, seriam uma *adoção à brasileira*[421] do instituto anglo-americano. Outra parte[422] ainda aponta os arts. 600 e 601 do CPC/1973 (mantidos no art. 774 do CPC/2015) como indicadores do *contempt of court* em *terrae brasi-*

---

[418] Nas palavras de Araken de Assis, "pode-se definir o *contempt of court* como a ofensa ao órgão judiciário ou à pessoa do juiz, que recebeu o poder de julgar do povo, comportando-se a parte conforme suas conveniências, sem respeitar a ordem emanada da autoridade judicial". (ASSIS, Araken de. O contempt of court no direito brasileiro. Disponível em <http://www.abdpc.org.br/abdpc/artigos/Araken%20de%20Assis(4)%20-%20formatad o.pdf>. Acesso em 11.05.2017).

[419] MURPHY, Walter. *Courts, Judges and Politics. An Introduction to the Judicial Process*. p. 196., *apud* WEBER, Márcia Regina Lusa Cadore. Da repressão a ato atentatório ao exercício da jurisdição, disponível em <http://www.tex.pro.br/home/artigos/102-artigos-mai-2005/5170-da-repressao-a-ato-atentatorio-ao-exercicio-da-jurisdicao-a-previsao-contida-no-artigo-14-inciso-v-e-paragrafo-unico-do-cpc>. Acesso em 11/05/2017.

[420] "Art. 14. São deveres das partes e de todos aqueles que de qualquer forma participam do processo: [...] V – cumprir com exatidão os provimentos mandamentais e não criar embaraços à efetivação de provimentos judiciais, de natureza antecipatória ou final. Parágrafo único. Ressalvados os advogados que se sujeitam exclusivamente aos estatutos da OAB, a violação do disposto no inciso V deste artigo constitui ato atentatório ao exercício da jurisdição, podendo o juiz, sem prejuízo das sanções criminais, civis e processuais cabíveis, aplicar ao responsável multa em montante a ser fixado de acordo com a gravidade da conduta e não superior a vinte por cento do valor da causa; não sendo paga no prazo estabelecido, contado do trânsito em julgado da decisão final da causa, a multa será inscrita sempre como dívida ativa da União ou do Estado".

[421] BRAGA, Paula Sarno. O parágrafo único do art. 14 do CPC e a multa punitiva imputada aos infratores do dever processual previsto no inciso V: um contempt of court à brasileira. Disponível em <http://www.didiersodrerosa.com.br/artigos>. Acesso em 12.05.2017.

[422] DINAMARCO, Cândido Rangel. *Execução civil*. 8. ed. São Paulo: Malheiros, 2000, p. 186.

lis, ao instituir multa de até 20% (vinte por cento) do valor executado para condutas atentatórias à dignidade da justiça no processo de execução, dentre as quais, *resistência injustificada às ordens judiciais*.

O contraponto vem de Fabiano Aita Carvalho,[423] ao defender que as regras dos revogados arts. 600 e 601 do CPC/1973 (atualmente art. 774) não representam o instituto, uma vez que as hipóteses de cabimento são taxativamente limitadas – no direito anglo-americano, qualquer conduta desonrosa à corte pode ser considerada *contempt of court* – e a multa prevista é revertida ao exequente, ao passo que originalmente é o Estado – que teve sua autoridade violada – que se beneficia dos valores recolhidos com multas.

Noutro giro, em trabalho monográfico sobre o tema, Fabiano Aita identifica uma inspiração no *contempt of court* para a regra trazida pelo citado art. 77 do CPC/2015. Segundo o autor,

> forçoso admitirmos que a legislação em comento não limita a conduta, ou melhor, prevê, de forma aberta descumprimento de provimentos mandamentais e criação de embaraços à efetivação dos provimentos judiciais. Nota-se, pois, a clara intenção de preservar a autoridade da decisão judicial, punindo com multa toda e qualquer pessoa (não necessariamente parte no processo), que colocar obstáculo à efetivação de provimentos judiciais ou descumprir ordem judicial. Ainda, com relação à multa imposta, esta se destina ao Estado, vez que, não paga, será inscrita em dívida ativa.[424]

Ocorre que o estudo do *contempt of court*, seja na origem, seja na forma importada pelo legislador brasileiro, está sempre vinculado a um mandamento judicial – a *injunction*[425] do direito anglo-americano –, levando a uma equivocada ideia de que somente pode ser aplicado, em solo brasileiro, nas obrigações de fazer, não fazer e entregar coisa, excluindo-se as condenações que impõem obrigação de pagar quantia.

Nessa senda, Marcelo Lima Guerra ressalta a diferença que há no *common law* entre os *money judgements* e os *other than money judgements*, sendo aqueles equivalentes às condenações ao pagamento de quantia e estes os que trazem qualquer outro tipo de obrigação, como obrigações de fazer, não fazer e entregar coisa diversa de dinheiro. Para ele,

---

[423] CARVALHO, Fabiano Aita. *Multa e prisão civil*: o *contempt of court* no direito brasileiro. Porto Alegre: Livraria do Advogado, 2012, p. 36-37.

[424] Idem, p. 38.

[425] Sobre a *injunction*, Michele Taruffo esclarece que "trata-se de uma ordem de fazer (*mandatory*) ou de não fazer ou cessar um comportamento lesivo (*prohibitory*), que pode ter natureza cautelar ou final" (TARUFFO, Michele. *Processo civil comparado*: ensaios. Apres. Org. Trad. Daniel Mitidiero. São Paulo: Marcial Pons, 2013.

Os *money judgements* são executados através de procedimentos executivos estabelecidos em lei, o que não ocorre em relação aos *other than money judgements*. Nestes, fica a critério do órgão judicial a escolha, segundo as nuances do caso concreto, do meio mais adequado. Todavia, é na execução dessas modalidades de decisões judiciais que o juiz pode se valer do instituto do *contempt of court*.[426]

Fabiano Aita Carvalho, por seu turno, com esteio na classificação quinária das sentenças proposta por Pontes de Miranda, assenta ser "impossível afastar do reconhecimento do *contempt* o ato de desrespeito aos provimentos mandamentais e, também, aos de eficácia executiva *lato sensu*",[427] adicionando estas, mas igualmente afastando a aplicação do instituto às obrigações de pagar quantia.

Entretanto, não parece ser a melhor opção adotar interpretação tão restritiva assim, sobretudo quando se está em jogo a efetividade da prestação jurisdicional, o processo digno prometido pela Constituição Federal. Ademais, a execução que ora se trata é aquela por quantia certa, promovida em face da Fazenda Pública, que, especialmente pela impenhorabilidade dos bens públicos, não admite meios sub-rogatórios (execução direta) para a satisfação do credor, mas apenas medidas coercitivas (execução indireta), cujo resultado é sempre o cumprimento da obrigação por intermédio do devedor, ainda que involuntariamente.

Assim, deve-se fazer as devidas adaptações ao importar o instituto. Especialmente no que toca à presente pesquisa, esclareça-se o *common law* não identifica o *contempt* nas obrigações de pagar (*money judgement*) descumpridas, já que nesses casos o meio executivo vem previsto na própria lei e muito se assemelha à execução forçada brasileira, consistente na apreensão de patrimônio do devedor, transformando-o em dinheiro.

Ocorre que na específica execução por quantia certa contra a Fazenda Pública, tais mecanismos expropriatórios não são possíveis no ordenamento interno, razão pela qual subsiste um sistema especial – de precatórios, no art. 100 da CF/88 –, sem qualquer espécie de instrumento sub-rogatório e, quando muito, contemplando pouquíssimos casos de medidas coercitivas, como o sequestro e a intervenção federal, ventilada linhas acima, configurando, assim, verdadeira execução indireta, atraindo as respectivas normas.[428]

---

[426] GUERRA, Marcelo Lima. *Execução indireta*. São Paulo: RT, 1999, p. 72.

[427] CARVALHO, Fabiano Aita. *Multa e prisão civil*: o *contempt of court* no direito brasileiro. Porto Alegre: Livraria do Advogado, 2012, p. 45.

[428] Guilherme Rizzo Amaral, por sua vez, defende a relativização da dicotomia *execução de pagar* (técnica da expropriação) X *execução de fazer, não fazer e entregar* (técnica da tutela especí-

Corroborando o entendimento, Christopher J. Miller, citado por Ricardo Perlingeiro, salienta que mesmo em casos de dívida por dinheiro, o *contempt of court* poderá ficar caracterizado, como nos casos dívidas decorrentes de sanções penais, custas processuais, alienação fiduciária e alimentos, ou seja, aquelas que recebem tratamento especial da legislação, não se sujeitando às regras gerais da expropriação patrimonial do devedor. Seguindo o mesmo raciocínio, Ricardo Perlingeiro assenta que:

> Nas execuções contra a Fazenda Pública não há mecanismos de força (expropriação judicial) no sistema *common law*. É, portanto, o mesmo que uma execução impossível e deve se sujeitar aos mesmos meios de coação psicológica, vale dizer, do próprio *contempt of court*. Creio assim que o *contempt of court* é aplicável não só nas obrigações de fazer e dar, mas também nas de dinheiro, ao menos enquanto a Fazenda Pública estiver na posição de devedora.[429]

No mesmo sentido, Michele Taruffo defende a *notável versatilidade* do *contempt of court*, "por vezes empregado também como meio coercitivo para execução de prestações pecuniárias, configurando-se, portanto, como remédio tendencialmente geral, idôneo para evitar os custos e os longos tempos da execução por expropriação",[430] referindo-se à faceta do *coercive contempt*.

Para melhor compreensão do que se pretende, é preciso ter em mente que o instituto do *contempt of court* identifica "o desprezo, menosprezo à corte, revestindo-se este em ilícito tipicamente processual, cometido pela pessoa que desobedece a uma ordem judicial",[431] não importando se parte ou não na contenda.

Segundo Osmar Vieira da Silva,

> não é essencial que a conduta passível de caracterizar a inobservância seja, especificamente, a da parte a quem a ordem foi dirigida. Quando, por exemplo, a parte no feito for uma pessoa jurídica, a conduta dos que a representam, na qualidade de

---

fica), existente no direito processual pátrio, tecendo fundamentada crítica ao aperfeiçoamento legislativo quanto a estas últimas, implementando uma ideia de *adaptabilidade, maleabilidade* da decisão judicial (arts. 461 e 461-A do CPC/1973, mantidos nos arts. 497 e 498 e 536 a 538 do CPC/2015), ao passo que nas obrigações de pagar o juiz continua engessado à sistemática de expropriação, "não havendo nada semelhante ao § 5º do artigo 461 do CPC, por exemplo, que conferiria maior agilidade e efetividade à atividade jurisdicional". Prega, portanto, a aplicação das regras coercitivas previstas para as obrigações de fazer, não fazer e entregar coisa às obrigações de pagar quantia certa (AMARAL, Guilherme Rizzo. *Cumprimento e execução da sentença sob a ótica do formalismo-valorativo*. Porto Alegre: Livraria do Advogado, 2008, p. 178).

[429] PERLINGEIRO, Ricardo. *Contempt of court e fazenda pública*. Niterói: Editora da UFF, 2015, e-Book, p. 53.

[430] TARUFFO, Michele. *Processo civil comparado*: ensaios. Apres. Org. Trad. Daniel Mitidiero. São Paulo: Marcial Pons, 2013, p. 95.

[431] CARVALHO, Fabiano Aita. *Multa e prisão civil*: o *contempt of court* no direito brasileiro. Porto Alegre: Livraria do Advogado, 2012, p. 24.

diretores ou administradores, deve ser examinada e servirá de base para a caracterização ou não do ato de *contempt of court* por descumprimento. O princípio da responsabilidade objetiva, portanto, aplica-se em tais casos, de modo que a parte obrigada pela ordem é responsável pelas ações ou omissões de qualquer agente seu que esteja a agir dentro do escopo de suas funções ou encargos.[432]

Dessa forma, não há como admitir que um ente devedor – e seu gestor – ao qual foi expedida uma ordem de pagamento pelo Tribunal – precatório requisitório – determinando a inclusão de quantia certa no seu orçamento e pagamento até o final do exercício financeiro seguinte, simplesmente ignore-a, fazendo tábula rasa da determinação judicial, rasgando a requisição, sem que isso configure desrespeito à corte.

Há que se diferenciar, ainda, o *contempt* civil do *contempt* criminal, sendo o primeiro caracterizado pelo "mau comportamento de uma das partes, que desrespeita, menospreza determinada ordem judicial, frustrando ou prejudicando o direito do outro litigante", cujo propósito é "coagir, induzir a parte a cumprir uma ordem judicial, evitando, com isso, que haja dano a direito da outra parte". Por outro lado, o *contempt* criminal caracteriza-se pela função meramente punitiva contra o desrespeito ao tribunal, possuindo "como finalidade castigar o infrator e dissuadir todos os demais à prática de ato similar".[433]

Advirta-se que essa classificação não tem relação com as sanções aplicáveis, que podem ser as mesmas em qualquer espécie de *contempt*, civil ou criminal, indo desde a perda de direitos processuais (vistas dos autos fora do cartório, proibição de falar no processo, etc.) podendo culminar com a prisão do destinatário da ordem judicial recalcitrante, incluindo-se multas pelo atraso no cumprimento da obrigação.[434] Ressalve-se que, apesar de defender sua aplicação

---

[432] SILVA, Osmar Vieira da. O *contempt of court* (desacato à ordem judicial) no Brasil. *Revista Jurídica da UniFil*, ano IV, n. 4, sem data., p. 91-111. Disponível em <http://web.unifil.br/docs/juridica/04/Revista%20 Juridica_04-7.pdf>. Acesso em 13.05.2017, p. 94.

[433] CARVALHO, Fabiano Aita. *Multa e prisão civil*: o *contempt of court* no direito brasileiro. Porto Alegre: Livraria do Advogado, 2012, p. 27.

[434] O STJ adota entendimento contrário, afastando a aplicação da multa por ato atentatório à dignidade da justiça em virtude do pagamento a destempo de precatório, como se infere do seguinte julgado: "PROCESSUAL CIVIL. ADMINISTRATIVO. ATRASO NO PAGAMENTO DE PRECATÓRIO. ART. 100, DA CF. MULTA POR ATO ATENTATÓRIO AO EXERCÍCIO DA JURISDIÇÃO. VIOLAÇÃO AO ART. 14, PARÁGRAFO ÚNICO E ART. 600 DO CPC. INOCORRÊNCIA. 1. O pagamento intempestivo do precatório, por si só, não consubstancia resistência injustificada à ordem judicial, tampouco ato atentatório à dignidade da jurisdição. 2. O adimplemento do precatório depende de dotação orçamentária do Estado, segundo procedimento previsto no art. 730, do CPC e § 2º do art. 100 da Constituição Federal, verbis: "As dotações orçamentárias e os créditos abertos serão consignados diretamente ao Poder Judiciário, cabendo ao

mesmo nas obrigações de pagar quantia, a prisão aqui tratada não é por dívida, proibida pelo Pacto de San Jose da Costa Rica, mas por inobservância de uma ordem judicial ou desacato à autoridade do juiz e da corte, também não se confundido com as prisões previstas na legislação penal.[435]

No Brasil, a viabilidade legal da prisão por *contempt of court*, repise-se, não é por dívida e nem a criminal, poderia ser extraída da *norma de encerramento*[436] contida no art. 536, § 1º, CPC/2015, topologicamente situada dentre as medidas coercitivas previstas para as execuções de fazer, não fazer e entregar coisa, mas extensíveis às obrigações de pagar, seguindo posição de Guilherme Rizzo Amaral, acima trazida, sem importar qualquer violação substancial a outro direito fundamental que seja, nem tampouco afrontar a segurança jurídica, uma vez que tais técnicas já se encontram disponíveis no ordenamento.

Defendendo a possibilidade da prisão como meio coativo para o cumprimento de decisão judicial, semelhante ao *contempt of court* do direito anglo-americano, e visando igualmente a concretização do direito fundamental ao processo efetivo, pode-se citar Sérgio Cruz Arenhart,[437] Luiz Guilherme Marinoni e Marcelo Lima

---

Presidente do Tribunal que proferir a decisão exeqüenda determinar o pagamento segundo as possibilidades do depósito, e autorizar, a requerimento do credor, e exclusividade para o caso de preterimento de seu direito de precedência, o seqüestro da quantia necessária à satisfação do débito". 3. A imposição de multa em razão do atraso no pagamento do precatório desconsidera a ordem cronológica de adimplemento do mencionado crédito, cuja violação importa no sequestro de verbas públicas, conforme orientação sedimentada no Superior Tribunal de Justiça. Precedentes: RMS 26.218/SP, Rel. Ministro BENEDITO GONÇALVES, PRIMEIRA TURMA, DJ. 19/03/2009; REsp 737.157/SP, Rel. Ministro ARNALDO ESTEVES LIMA, DJ. 30/03/2009. 4. Os atos classificados no art. 600, do CPC, pressupõem conduta dolosa por parte do infrator, consoante jurisprudência desta E. Corte. Precedentes: REsp 886119/SP, Rel. Ministra ELIANA CALMON, DJ 05/02/2007; REsp 472722/SP, Rel. Ministro ALDIR PASSARINHO JUNIOR, DJ. 17/03/2008. 5. O atraso do precatório, para ser considerado atentatório à dignidade da jurisdição (CPC, art. 14, V, par. único), exige conduta subjetiva maliciosa, ardil ou vil. Precedente: REsp 680469/RS, Rel. Ministro ARNALDO ESTEVES LIMA, DJ 19/09/2005. 6. Os embargos de declaração que enfrentam explicitamente a questão embargada não ensejam recurso especial pela violação do artigo 535, II, do CPC, sendo certo que o magistrado não está obrigado a rebater, um a um, os argumentos trazidos pela parte, desde que os fundamentos utilizados tenham sido suficientes para embasar a decisão. 7. Recurso especial provido." (REsp 980.134/RS, Rel. Ministro LUIZ FUX, PRIMEIRA TURMA, julgado em 25/08/2009, DJe 21/09/2009).

[435] Poder-se-ia enquadrar a conduta do administrador que recusa o cumprimento de decisão judicial, do pondo de vista penal, da seguinte forma: comete crime de desobediência (Art. 330 do Código Penal); comete crime de prevaricação (Art. 319 do CP); não comete crime algum, ante o princípio da inexistência de crime sem lei prévia que o defina; e, por último, o descumprimento de ordem judicial configuraria crime de responsabilidade, previsto na Lei nº 1.079/50.

[436] GUERRA, Marcelo Lima. *Execução indireta*. São Paulo: RT, 1999, p. 61-64.

[437] ARENHART, Sérgio Cruz. A prisão como meio coercitivo. In: TESHEINER, José Maria Rosa; MILHORANZA, Mariângela Guerreiro; PORTO, Sérgio Gilberto. *Instrumentos de coerção e outros temas de direito processual civil*. Rio de Janeiro: Forense, 2007, p. 634-651.

Guerra,[438] cujas lições, ainda que lançadas sob a égide do Código Buzaid, são plenamente compatíveis com o novo ordenamento processual. Tratando a prisão pelo descumprimento de decisão judicial, permitida pelo revogado § 5º do artigo 461 do CPC/1973 (atual art. 536, § 1º), como verdadeira punição ao *contempt of court*, Marinoni assenta que

> Contudo, a violação da ordem diz respeito ao juiz civil e, assim, deve ficar dentro de sua esfera de poder. Isso porque a prisão, no caso, não tem a finalidade de castigar o réu, mas, sobretudo, o objetivo de preservar a seriedade da função jurisdicional.[439]

Logo, o direito fundamental a um processo digno, extraído do art. 5º, XXXV, somado à regra contida no art. 100, § 5º, ambos da CF/88, que prevê a obrigatoriedade do pagamento das requisições de pagamento no exercício financeiro seguinte, para além da possibilidade do sequestro já defendido acima, exigem outras condutas do juiz para sua otimização. Outra exegese seria tornar letra morta os mencionados dispositivos constitucionais.

Portanto, achando-se o administrador público em situação de *contempt of court*, aqui caracterizado pela renitência ao pagamento das requisições de pagamento, atraindo a incidência do art. 77, IV, e § 2º, do CPC/2015, e com a permissividade da norma de encerramento do citado art. 536, § 1º, CPC/2015, somado a uma interpretação que confira efetividade ao texto constitucional, que deve pautar a atividade interpretativa contemporânea, conclui-se pela possibilidade de sua punição, seja com a multa, seja com prisão, sem prejuízo das demais sanções civis, penais e processuais.

2.6.4. Os meios executórios atípicos e a Fazenda Pública

Como destacado em momento anterior, uma das bandeiras levantadas pela comissão responsável por elaborar o novo Código de Processo Civil foi a da *efetividade do processo*, em especial, ao que mais de perto interessa à presente obra, da atividade executiva, que, segundo o ministro do STJ Paulo de Tarso Sanseverino, é o "calcanhar de Aquiles" do processo civil.[440]

---

[438] GUERRA, Marcelo Lima. *Execução indireta*. São Paulo: Revista dos Tribunais, 1999.

[439] MARINONI, Luiz Guilherme. *Técnica processual e tutela dos direitos*. 3. ed. São Paulo: Revista dos Tribunais, 2010, p. 221-222.

[440] Em entrevista concedida ao site Migalhas, 28.08.2015. Disponível em <http://www.migalhas.com.br/Quentes/17,MI226018,41046-Ministro+Sanseverino+Nosso+calcanhar+de+Aquiles+esta+na+fase+de>. Acesso em 20.03.2017.

Uma mostra do esforço legislativo nesse sentido foi a consolidação da *atipicidade dos meios executórios*, deixando para trás o engessamento causado pelo *princípio da tipicidade dos meios executórios*, há muito enraizado na tradição processual brasileira e considerado um verdadeiro entrave à efetividade do direito de ação,[441] rumando à liberdade e variedade de técnicas executivas em busca da satisfação do credor, obviamente pautado na proporcionalidade e razoabilidade.

Assim, o art. 139, IV, do CPC/2015 dispõe que "o juiz dirigirá o processo conforme as disposições deste Código, incumbindo-lhe [...] determinar todas as medidas indutivas, coercitivas, mandamentais ou sub-rogatórias necessárias para assegurar o cumprimento de ordem judicial, inclusive nas ações que tenham por objeto prestação pecuniária".

Em verdade, a aplicação de medidas atípicas nas obrigações de fazer, não fazer e entregar já era uma realidade no CPC/1973, podendo ser facilmente extraída da redação do revogado art. 461, § 5º, que permitia ao magistrado adotar, de ofício ou a requerimento, medidas idôneas a garantir a efetividade do pronunciamento judicial, a exemplo de imposição de multa por tempo de atraso, busca e apreensão, remoção de pessoas e coisas, desfazimento de obras e impedimento de atividade nociva, com vasta aplicação em processos contra particulares.

Todavia, quando era o próprio Estado que se encontrava no polo passivo de uma execução de tal natureza, permanecia o receio da "inovação" e da "atipicidade", considerando, dentre outras razões, o princípio da separação dos poderes.

É pacífico na doutrina e jurisprudência a aplicabilidade de medidas atípicas nas execuções de fazer, não fazer e entregar coisa em face da Fazenda Pública, uma vez que não há regramento especial nesse caso, submetendo-se a Administração às mesmas normas gerais aplicadas aos processos movidos em face do particular, situação em que o regramento do precatório é afastado, ainda que a obrigação de fazer traga reflexos pecuniários.

Nesse sentido decidiu recentemente o STF, prevendo, inclusive, a execução imediata/provisória (antes do trânsito em julgado dos embargos à execução) da condenação de obrigação de fazer consistente na implantação de pensão militar, fixando tese na sistemática

---

[441] MARINONI, Luiz Guilherme; ARENHART, Sérgio Cruz. *Curso de Processo Civil*, v. 3: execução. 2. ed. São Paulo: RT, 2008, p. 60.

da repercussão geral, o que torna vinculante tal entendimento, em acórdão assim ementado:

> RECURSO EXTRAORDINÁRIO COM REPERCUSSÃO GERAL. DIREITO CONSTITUCIONAL FINANCEIRO. SISTEMÁTICA DOS PRECATÓRIOS (ART. 100, CF/88). EXECUÇÃO PROVISÓRIA DE DÉBITOS DA FAZENDA PÚBLICA. OBRIGAÇÃO DE FAZER. SENTENÇA COM TRÂNSITO EM JULGADO. EMENDA CONSTITUCIONAL 30/2000. 1. Fixação da seguinte tese ao Tema 45 da sistemática da repercussão geral: "A execução provisória de obrigação de fazer em face da Fazenda Pública não atrai o regime constitucional dos precatórios". 2. A jurisprudência do STF firmou-se no sentido da inaplicabilidade ao Poder Público do regime jurídico da execução provisória de prestação de pagar quantia certa, após o advento da Emenda Constitucional 30/2000. Precedentes. 3. A sistemática constitucional dos precatórios não se aplica às obrigações de fato positivo ou negativo, dado a excepcionalidade do regime de pagamento de débitos pela Fazenda Pública, cuja interpretação deve ser restrita. Por consequência, a situação rege-se pela regra geral de que toda decisão não autossuficiente pode ser cumprida de maneira imediata, na pendência de recursos não recebidos com efeito suspensivo. 4. Não se encontra parâmetro constitucional ou legal que obste a pretensão de execução provisória de sentença condenatória de obrigação de fazer relativa à implantação de pensão de militar, antes do trânsito em julgado dos embargos do devedor opostos pela Fazenda Pública. 5. Há compatibilidade material entre o regime de cumprimento integral de decisão provisória e a sistemática dos precatórios, haja vista que este apenas se refere às obrigações de pagar quantia certa. 6. Recurso extraordinário a que se nega provimento. (RE 573872, Relator(a): Min. Edson Fachin, Tribunal Pleno, j. 24.05.2017, DJe 11.09.2017)[442]

Ocorre que os tempos mudaram, e muito mais do que um simples dispositivo incluído no texto da lei, o art. 139, IV, revela um compromisso político do CPC/2015 com a efetividade do processo, incluindo sua idoneidade para a satisfação material e integral do direito declarado, sobressaindo aí, mais uma vez e sempre, a dignidade da pessoa humana, compromisso esse do qual também deve ser signatário o juiz.

Nessa toada, ainda que de forma incipiente, já é possível identificar decisões judiciais nesse sentido, as quais, a par da discussão acerca de sua proporcionalidade e razoabilidade, apontam para uma tendência quanto à necessidade de imprimir efetividade ao cumprimento dos provimentos jurisdicionais, ganhando destaque os meios executórios atípicos, a exemplo da decisão proferida por um juiz de direito de Salvador (BA) que determinou a suspensão do fornecimento a energia elétrica do imóvel onde funciona a Secretaria de Administração da Bahia para obrigar o governo a nomear uma candidata

---

[442] Disponível em <http://www.stf.jus.br/portal/jurisprudencia/listarJurisprudencia.asp?s1=%28573872%2ENUME%2E+OU+573872%2EACMS%2E%29&base=baseAcordaos&url=http://tinyurl.com/h4vzluz>. Acesso em 25.12.2017.

aprovada em concurso público, ante o reiterado descumprimento de determinações anteriores do magistrado.[443]

Em outro caso, o juiz de direito 2ª Vara Cível, das Fazendas Públicas, Registros Públicos e Ambiental da Comarca de Valparaíso de Goiás, nos autos de Ação Civil Pública que pretendia a nomeação de candidatos aprovados em concurso público para o citado município, ante a renitência da então prefeita em descumprir decisões judiciais anteriores, determinou o cumprimento da medida no prazo de 48 horas, sob pena de "corte do fornecimento de energia elétrica que abastece a unidade imobiliária onde funciona a sede da Prefeitura de Valparaíso de Goiás, além da suspensão da Carteira Nacional de Habilitação e o recolhimento do Passaporte da atual prefeita municipal".[444]

Medidas atípicas também têm sido adotadas nas execuções de pagar contra particulares, como os já mencionados bloqueios de CNH, passaporte, etc. (v. item 1.7.2). Mas uma questão que surge e ainda não apresenta solução simples é a possibilidade de adoção de medidas atípicas nas execuções de pagar quantia certa em face da Fazenda Pública.

À primeira vista, a resposta parece ser negativa, tendo em conta o regime constitucional próprio de pagamento das dívidas constantes de condenações judiciais, que somente deve ocorrer por meio de precatório. Entretanto, como informado anteriormente, o STF irá analisar em breve o Tema 598, no qual irá decidir, com efeito vinculante, a possibilidade ou não do pagamento de crédito alimentício a portador de doença grave, sem observância da regra dos precatórios prevista na Constituição Federal, denotando-se, ao menos em princípio, uma preocupação da mais alta corte do país com a dignidade processual nas causas contra a Fazenda Pública e, quem sabe, com o advento de uma decisão positiva nesse sentido, flexibilizando-se a necessidade do precatório, surjam novas formas de compelir o ente devedor ao adimplemento da obrigação.

---

[443] Conforme noticiado no *site* Consultor Jurídico, em 08.10.2016. Disponível em <https://www.conjur.com.br/2016-out-08/juiz-manda-cortar-energia-forcar-estado-nomear-aprovada>. Acesso em 20.03.2017.

[444] Notícia disponível em <http://alovalparaiso.com/cidade/juiz-pode-cortar-luz-da-prefeitura-de-valparaiso-suspender-cnh-e-recolher-passaporte-de-lucimar-nascimento/attachment/lucimar-1-3/>. Acesso em 20.03.2017.

Considerações finais

Desde o segundo pós-guerra, o mundo vive um processo de constitucionalização dos direitos humanos, os quais, após positivados – formal e/ou materialmente – nos textos constitucionais, passam a ser tidos como direitos fundamentais, tendo como radical comum a dignidade do homem. A novel dogmática constitucional trouxe o reconhecimento da força normativa da Constituição, com eficácia plena e aplicação imediata de suas normas, consagração dos direitos fundamentais como vértice teleológico do sistema e expansão da jurisdição constitucional.

Outro reflexo natural do fenômeno foi a constitucionalização dos demais ramos do direito, aí incluído o processo civil. Dessa forma, no Brasil, a Constituição de 1988 passa a ser tida não como influenciadora do processo, mas como o mais importante tópico dentro do direito processual, cujos dispositivos devem ser lidos à luz daquela. Os efeitos também são sentidos na hermenêutica jurídica, que, a partir da ideia da separação entre texto e norma, passa a ser empregada sempre no sentido de emprestar máxima efetividade aos direitos fundamentais.

Neste quadro, ganham destaque as garantias constitucionais processuais, que representam um conteúdo mínimo indevassável a ser observado pelo Poder Público (sobretudo Poderes Legislativo e Judiciário) no momento de disciplinar o processo. Assim, as leis devem ser editada e as interpretações, elaboradas sempre no sentido de conferir ao processo a máxima aptidão de propiciar uma tutela jurisdicional efetiva, isonômica, em tempo razoável e que observe o devido processo legal, enfim, um processo digno.

Todavia, apesar da mudança de paradigma vivenciada desde a segunda metade do Século XX, um tipo específico de procedimento parece permanecer intacto às mutações culturais: o processo de execução por quantia certa contra a Fazenda Pública, com base em título judicial. Se atualmente o Poder Judiciário enfrenta uma crise de credibilidade, boa parte se deve à inefetividade das demandas contra o Estado, litigante frequente no foro. A doutrina aponta como um dos principais fatores do problema a sistemática – que conta com uma parte constitucional e outra legal – que induz a uma execução impossível, eis que desprovida de meios executórios próprios, sejam sub-rogatórios, sejam coercitivos. Dessa forma, em completo descompasso com as garantias constitucionais processuais, o credor *ganha, mas não leva.*

Assim, procurou-se neste trabalho analisar a problemática da falta de efetividade da execução contra a Fazenda Pública em face das garantias constitucionais processuais, há muito diagnosticada pela doutrina e pela sociedade, analisando os dispositivos constitucionais aplicáveis à espécie e laborando com o regramento processual infraconstitucional, especialmente o CPC/1973 e o CPC/2015, abordando, inclusive, as alterações legislativas advindas durante a elaboração da pesquisa.

Apesar das alterações empreendidas pelo CPC de 2015, trazendo mais racionalidade ao procedimento, inserindo-o também na ideia de processo sincrético – já aplicado às execuções em geral desde 2005 – o ponto fulcral é exatamente a falta de instrumentos hábeis a compelir o ente devedor quando a requisição de pagamento já foi expedida e o débito incluído no orçamento, pois até aqui o texto constitucional é expresso quanto ao cabimento do sequestro.

Também se analisou o tema em outros ordenamentos jurídicos, com o fito de investigar as experiências do direito estrangeiro e quais lições se poderia extrair e aplicar ao nosso ordenamento interno sem que isso significasse qualquer tipo de incompatibilidade normativa, como foi o caso do *contempt of court*.

Do citado exercício investigativo, concluiu-se que não obstante a insuficiência de legislação expressa sobre o tema – motivado muitas vezes pelo engessamento constitucional da matéria, dizem alguns – medidas *de lege lata*, intermediadas por uma boa dose de hermenêutica concretizadora, se apresentam viáveis e em certa medida suficientes ao arrefecimento do problema, a exemplo da ampliação das hipóteses de cabimento do sequestro constitucional de verbas públicas (especialmente depois da EC n. 62/2009 e declaração de inconstitucionalidade de grande parte dos seus dispositivos, revelando a tendência do STF em dar um basta no menoscabo das decisões judiciais pelo Estado), decretação da intervenção federal por descumprimento sistemático de decisões judiciais transitas em julgado e aplicação do instituto anglo-americano do *contempt of court* contra os gestores recalcitrantes.

Compreende-se, portanto, que a atual sistemática de execução contra a Fazenda Pública, e a forma com que vem sendo interpretada e aplicada pelos tribunais, revela-se um dos maiores entraves à ampla efetividade do processo civil na contemporaneidade, carecendo de maior atenção da doutrina e colocando em xeque todo a construção dogmática acerca da aplicabilidade imediata dos direitos fundamentais.

Por fim, ressalte-se que a temática das garantias constitucionais processuais e, por conseguinte, a dignidade processual, foi aqui enfrentada apenas sob uma perspectiva – na execução contra a Fazenda Pública por quantia certa – em virtude da limitação metodológica escolhida, admitindo ainda um sem-número de enfrentamentos sob outras óticas, que certamente serão objeto de futuras investidas científicas.

Referências bibliográficas

ABREU, Laura Sirangelo Belmonte. Multa coercitiva (arts. 461 e 461-A, CPC): uma abordagem à luz do direito fundamental à tutela jurisdicional efetiva. In: MITIDIERO, Daniel (coord.). *O processo civil no Estado Constitucional*. Salvador: Juspodivm, 2012, p. 67-127.

ALCALÁ-ZAMORA Y CASTILLO, Niceto. *Veinticinco años de evolución del derecho procesal (1940-1965)*. México: Instituto de Investigaciones Jurídicas, 1968.

ALEXY, Robert. *Teoria dos direitos fundamentais*. Trad. Virgílio Afonso da Silva. 2. ed. São Paulo: Malheiros, 2012.

ALVARO DE OLIVEIRA, Carlos Alberto. *Do formalismo no processo civil*: proposta de um formalismo-valorativo. 4. ed. São Paulo: Saraiva, 2010.

———. O processo civil na perspectiva dos direitos fundamentais. In: ——— (org.). *Processo e Constituição*. Rio de Janeiro: Forense, 2004.

ALVIM, Arruda. *Manual de direito processual civil*: teoria do processo e processo de conhecimento. 17 ed. São Paulo: RT, 2017.

———. et al. (Coord.). *Execução civil e temas afins – do CPC/1973 ao Novo CPC*. São Paulo: Revista dos Tribunais, 2014.

AMARAL, Guilherme Rizzo. *Cumprimento e execução da sentença sob a ótica do formalismo-valorativo*. Porto Alegre: Livraria do Advogado, 2008.

ASSIS, Araken de. *Manual da execução*. 19. ed. São Paulo: RT, 2017.

———. (org.) [et al.]. *Processo coletivo e outros temas de direito processual*: homenagem aos 50 anos de docência do professor José Maria Rosa Tesheiner e 30 anos de docência do professor Sérgio Gilberto Porto. Porto Alegre: Livraria do Advogado, 2012.

———. *Da execução de alimentos e prisão do devedor*. 8. ed. São Paulo: RT, 2013.

———. *Comentários ao Código de Processo Civil*, v. IX: do processo de execução. São Paulo: Revista dos Tribunais, 2000.

ARENHART, Sérgio Cruz. A prisão como meio coercitivo. In: TESHEINER, José Maria Rosa; MILHORANZA, Mariângela Guerreiro; PORTO, Sérgio Gilberto. *Instrumentos de coerção e outros temas de direito processual civil*. Rio de Janeiro: Forense, 2007, p. 634-651.

ARRUDA ALVIM, Eduardo; THAMAY, Rennan Faria Kruger; GRANADO, Daniel Willian. *Processo constitucional*. São Paulo: Revista dos Tribunais, 2014.

ÁVILA, Humberto. *Teoria dos princípios*. 14. ed. São Paulo: Malheiros, 2013.

———. Neoconstitucionalismo: entre a "ciência do direito" e o "direito da ciência". *Revista Eletrônica de Direito do Estado (REDE)*. Salvador: Instituto Brasileiro de Direito Público, n. 17, 2009. Disponível em <http://www.direitodoestado.com.br/rede.asp>. Acesso em 10.11.2014.

———. O que é "devido processo legal"? *Revista de Processo*, n. 163. São Paulo: RT, 2008.

BARBOSA MOREIRA, José Carlos. Notas sobre o problema da "efetividade" do processo. In: *Temas de direito processual*: terceira série. São Paulo: Saraiva, 1984, p. 27-42.

———. Tendências na execução de sentenças e ordens judiciais. In: *Temas de direito processual*: quarta série. São Paulo: Saraiva, 1989, p. 215 e ss.

BARROSO, Luís Roberto. *Interpretação e Aplicação da Constituição*. 7. ed. São Paulo: Saraiva, 2010.

——. *Neoconstitucionalismo e Constitucionalização do Direito*. (O Triunfo Tardio do Direito Constitucional no Brasil). Revista Eletrônica sobre a Reforma do Estado (RERE), Salvador, Instituto Brasileiro de Direito Público, no. 9, março/abril/maio, 2007. Disponível em <http://www.direitodoestado.com.br/rere.asp>. Acesso em 10.12.2014.

BEDAQUE, José Roberto dos Santos. *Direito e processo*: influência do direito material sobre o processo. 6. ed. São Paulo: Malheiros, 2011.

BOTELHO, Guilherme. *Direito ao processo qualificado*: o processo civil na perspectiva do estado constitucional. Porto Alegre: Livraria do Advogado, 2010.

BRAGA, Paula Sarno. *O parágrafo único do art. 14 do CPC e a multa punitiva imputada aos infratores do dever processual previsto no inciso V*: um contempt of court à brasileira. Disponível em < http://www.didiersodrerosa.com.br/artigos>. Acesso em 12.05.2015.

BUENO, Cassio Scarpinella. *Manual de direito processual civil*. 4. ed. São Paulo: Saraiva, 2018.

——. Execução por quantia certa contra a Fazenda Pública – uma proposta atual de sistematização. In: SHIMURA, Sérgio; WAMBIER, Teresa Arruda Alvim. [coord.] *Processo de execução*. São Paulo: RT, 2001.

BUZAID, Alfredo. *Estudos e pareceres de direito processual civil*. São Paulo: Revista dos Tribunais, 2002.

CAHALI, Cláudia Elisabete Schwerz. *O gerenciamento de processos judiciais*: em busca da efetividade da prestação jurisdicional. Brasília: Gazeta Jurídica, 2013.

CÂMARA, Alexandre Freitas. *A nova execução de sentença*. 6. ed. Rio de Janeiro: Lumen Juris, 2009.

CAMBI, Eduardo. "Neoconstitucionalismo e neoprocessualismo". In: FUX, Luiz; NERY JÚNIOR, Nelson; WAMBIER, Teresa Arruda Alvim [Org.]. *Processo e Constituição*: estudos em homenagem ao professor José Carlos Barbosa Moreira. São Paulo: RT, 2006, p. 662-683.

——; PADILHA, Elisângela. Reflexões sobre as dimensões da dignidade da pessoa humana. *Revista da Faculdade de Direito-RFD-UERJ* – Rio de Janeiro, n. 30 , dez. 2016, p. 338-352

CANOTILHO, J. J. Gomes. *Direito constitucional e teoria da constituição*. 7. ed. 11 reimp. Coimbra: Almedina, 2003.

——; MENDES, Gilmar F.; SARLET, Ingo W.; STRECK, Lenio L. (Coords.). *Comentários à Constituição do Brasil*. São Paulo: Saraiva/Almedina, 2013.

CAPELLETTI, Mauro; GARTH, Bryant. *Acesso à justiça*. Trad. e Rev. de Ellen Gracie Northfleet. Porto Alegre: Sergio Antonio Fabris Editor, 1988.

CARBONNEL, Miguel (Org.). *Neoconstitucionalismo(s)*. Madrid: Trotta, 2003.

CARNEIRO, Athos Gusmão. A dualidade conhecimento/execução e o Projeto de novo Código de Processo Civil. *In*: ALVIM, Arruda. *et al.* (Coord.). *Execução civil e temas afins* – do CPC/1973 ao Novo CPC. São Paulo: Revista dos Tribunais, 2014, p. 91-98.

CARVALHO, Fabiano Aita. *Multa e prisão civil*: o *contempt of court* no direito brasileiro. Porto Alegre: Livraria do Advogado, 2012.

CHEVALLIER, Jacques. *O estado pós-moderno*. Trad. Marçal Justen Filho. Belo Horizonte: Fórum, 2009.

CHIOVENDA, Giuseppe. *Instituições de direito processual civil* – v. 1. 3 ed. Trad. J. Guimarães Menegale. São Paulo: Saraiva, 1969.

COUTURE, Eduardo J. *Estudios de derecho processual civil*: la Constitución y el processo civil. Tomo I. 3 ed. Buenos Aires: Depalma, 1998.

CRUZ E TUCCI, José Rogério. Garantia do processo sem dilações indevidas. In: *Revista Jurídica*, n. 277, 2000.

CUNHA, Leonardo Carneiro da. *A Fazenda Pública em juízo*. 11. ed. São Paulo: Dialética, 2013.

——. *A Fazenda Pública em juízo*. 13 ed. Rio de Janeiro: Forense, 2016.

DANTAS, Francisco Wildo Lacerda. *Execução contra a Fazenda Pública*: regime de precatório. 2 ed. Rio de Janeiro: Forense, 2010.

DEU, Teresa Armenta. *A prova ilícita*: um estudo comparado. Trad. Nereu José Giacomolli. São Paulo: Marcial Pons, 2014.

DEXHEIMER, Vanessa Grazziotin. Atuação do juiz na condução do processo civil no estado constitucional. In: MITIDIERO, Daniel (coord.). *O processo civil no estado constitucional*. Salvador: Juspodivm, 2012, p. 481-548.

DIDIER JR., Fredie. *Sobre a teoria geral do processo*: essa desconhecida. 2. ed. Salvador: Juspodivm, 2013.

──. *Fundamentos do princípio da cooperação no direito processual civil português*. Coimbra: Coimbra Editora, 2010.

──. *Curso de direito processual civil*: introdução ao direito processual civil, parte geral e processo de conhecimento, v. 1. 17 ed. Salvador: Juspodivm, 2015.

──; CUNHA, Leonardo Carneiro da; BRAGA, Paula Sarno; OLIVEIRA, Rafael Alexandria de. *Curso de Direito Processual Civil*: Execução, v. 5. 6. ed. Salvador: Juspodivm, 2014.

──; ──; ──; ──. *Curso de Direito Processual Civil: Execução*, v. 5. 7. ed. Salvador: JusPODIVM, 2017.

──. Teoria do processo e teoria do direito. In: JOBIM, Marco Félix; TELLINI, Denise Estrella; JOBIM, Geraldo Cordeiro [Org.]. *Tempestividade e efetividade processual*: novos rumos do processo civil brasileiro. Caxias do Sul: Plenum, 2010, p. 200.

DINAMARCO, Cândido Rangel. *A instrumentalidade do processo*. 14. ed. São Paulo: Malheiros Ed., 2009.

──. *Instituições de direito processual civil*. Vol. I. 5. ed. São Paulo: Malheiros, 2005.

──. *Fundamentos do processo civil moderno*. Vol. I. 4. ed. São Paulo: Malheiros, 2001.

──. *Execução civil*. 8. ed. São Paulo: Malheiros, 2000.

FACHINNI NETO, Eugênio. O Judiciário no mundo contemporâneo. *Revista da AJURIS*, Porto Alegre, ano 34, n. 108, p. 139/165, dez. 2007.

FALZEA, Angelo. Sistema culturale e sistema giuridico. In: ──. *Ricerche di teoria generale del diritto e di dogmatica giuridica*. Milano: Giuffrè, 1999.

FERRAJOLI, Luigi. Pasado y futuro del estado de derecho. In: CARBONNEL, Miguel (Org.). *Neoconstitucionalismo(s)*. Madrid: Trotta, 2003, p. 13-29.

FERRAZ JÚNIOR, Tércio Sampaio. O Judiciário frente à divisão dos poderes: um princípio em decadência? *Revista USP*, n. 21, p. 18-19, mar./abr./maio 1994. Disponível em: <http://www.usp.br/revistausp/21/02-tercio.pdf>. Acesso em 10.12.2014.

FREITAS, Juarez. *A Interpretação sistemática do direito*. 4. ed. São Paulo: Malheiros, 2004.

FREITAS, Vladimir Passos de. *Os pouco conhecidos e lembrados brocardos jurídicos*. Disponível em <http://www.conjur.com.br/2013-mar-24/segunda-leitura-conhecidos-lembrados-brocardos-juridicos>. Acesso em 05.05.2015.

GAJARDONI, Fernando da Fonseca; DELLORE, Luiz; ROQUE, Andre Vasconcelos; DUARTE, Zulmar. *Execução e recursos*: comentários ao CPC 2015. São Paulo: Método, 2017.

──. *Flexibilização procedimental*. São Paulo: Atlas, 2008.

GATTO, Joaquim Henrique. *O duplo grau de jurisdição e a efetividade do processo*. Porto Alegre: Livraria do Advogado, 2010.

GRECO, Leonardo. *O processo de execução*. Rio de Janeiro: Renovar, 1999.

──. Novas perspectivas da efetividade e do garantismo processual. In: MITIDIERO, Daniel; AMARAL, Guilherme Rizzo (coord.). *Processo civil*: estudos em homenagem ao professor doutor Carlos Alberto Alvaro de Oliveira. São Paulo: Atlas, 2012, p. 273-308.

GRECO FILHO, Vicente. *Da execução contra a Fazenda Pública*. São Paulo: Saraiva, 1986.

GRINOVER, Ada Pellegrini. *As garantias constitucionais do direito de ação*. São Paulo: Revista dos Tribunais, 1973.

GUASTINI, Riccardo. La "constitucionalización" del ordenamiento jurídico: el caso italiano. In: CARBONNEL, Miguel (Org.). *Neoconstitucionalismo(s)*. Madrid: Trotta, 2003, p. 49-73.

──. *Das fontes às normas*. Edson Bini (trad.). São Paulo: Quartier Latin, 2005.

GUERRA, Marcelo Lima. *Execução indireta*. São Paulo: RT, 1999.

HABERLE, Peter. A dignidade humana como fundamento da comunidade estatal. In: SARLET, Ingo W. (org.) *et al*. *Dimensões da Dignidade*: ensaios de filosofia do direito e direito Constitucional. 2 ed. Porto Alegre: Livraria do Advogado, 2013, p. 45-104.

HARADA, Kiyoshi. *Precatórios. Suspensão do art. 78 do ADCT*. Conseqüências. In: Âmbito Jurídico, Rio Grande, XIII, n. 83, dez 2010. Disponível em: <http://www.ambito-juridico.com.br/site/index.php?n_link=revista_artigos_leitura&artigo_id=8773>. Acesso em 05.05.2015.

HERZL, Ricardo Augusto. *Neoprocessualismo, processo e Constituição*: tendências do direito processual civil à luz do neoconstitucionalismo. Florianópolis: Conceito, 2013.

HESSE, Konrad. *A força normativa da Constituição*. Trad. Gilmar Ferreira Mendes. Porto Alegre: Sérgio Antonio Fabris, 1991.

HOLLERBACH, Morgana Couto; PIRES, Gustavo Alves de Castro. *O princípio da efetividade na execução civil*. Disponível em: <http://www.fenord.edu.br/revistaacademica/ revista2014/textos/art09revaca2.pdf>. Acesso em 10.04.2015.

JOBIM, Marco Félix. *Medidas estruturantes*: da Suprema Corte Estadunidense ao Supremo Tribunal Federal. Porto Alegre: Livraria do Advogado, 2013.

──. *Cultura, escolas e fases metodológicas do processo*. 2. ed. Porto Alegre: Livraria do Advogado, 2014.

──. Os novos paradigmas culturais do direito e do processo na sociedade contemporânea. *Revista da AJURIS*, Ano 40, n. 131, p. 233-254, Porto Alegre, set. 2013.

──. As fases metodológicas do processo. *Revista Jurídica*, Ano 61, n. 428, jun. 2013, p. 71-103.

──. TELLINI, Denise Estrella; JOBIM, Geraldo Cordeiro (Org.). *Tempestividade e efetividade processual*: novos rumos do processo civil brasileiro. Caxias do Sul: Plenum, 2010.

LACERDA, Galeno. O código como sistema legal de adequação do processo. *Revista do Instituto dos Advogados do Rio Grande do Sul*: comemorativa do cinquentenário (1926-1976).

──. Processo e cultura. *Revista de Direito Processual Civil*, 3 (1962), p. 74-86.

LEAL, Rosemiro Pereira. A persistente inocuidade da execução imprópria. In: SANTOS, Ernane Fidélis dos... [*et al.*] (coord.). *Execução civil*: estudos em homenagem ao professor Humberto Theodoro Júnior. São Paulo: RT, 2007, p. 943-948.

LIEBMAN, Enrico Tullio. *Estudos sobre o processo civil brasileiro*. São Paulo: Bestbook, 2004.

LUCON, Paulo Henrique dos Santos. Garantia do tratamento paritário das partes. In: CRUZ E TUCCI, José Rogério (coord.). *Garantias constitucionais do processo civil*. São Paulo: RT, 1999.

MACEDO, Elaine Harzheim. *Jurisdição e processo*. Porto Alegre: Livraria do Advogado, 2005.

MARINONI, Luiz Guilherme. *Técnica processual e tutela dos direitos*. 4. ed. São Paulo: Revista dos Tribunais, 2013.

──; ARENHART, Sérgio Cruz; MITIDIERO, Daniel. *Novo curso de processo civil*, vol. 2: tutela dos direitos mediante procedimento comum. São Paulo: RT, 2015.

──; ARENHART, Sérgio Cruz; MITIDIERO, Daniel. *O novo processo civil*. São Paulo: RT, 2015.

──. MITIDIERO, Daniel. Direitos fundamentais processuais. In: SARLET, Ingo W.; ──; ──. *Curso de direito constitucional*. 2. ed. São Paulo: Revista dos Tribunais, 2013.

———. *Derecho fundamental a la tutela judicial efectiva*. Disponível em <https://www.academia.edu/1595825/derecho_fundamental_a_la_tutela_judicial_efectiva>. Acesso em 10.10.2014.

———. *Do processo civil clássico à noção de direito a tutela adequada ao direito material e à realidade social*. Disponível em <http://www.abdpc.org.br/abdpc/artigos/Luiz%20G%20Marinoni%20(9)%20%20formatado.pdf>. Acesso em 10.10.2014.

———; ARENHART, Sérgio Cruz. *Curso de processo civil*, vol. 3: execução. 2. ed. São Paulo: Revista dos Tribunais, 2008.

———; MITIDIERO, Daniel. *Curso de direito constitucional*. 2. ed. São Paulo: Revista dos Tribunais, 2013.

MARTINS DA SILVA, Américo Luís. *Do precatório-requisitório na execução contra a Fazenda Pública*. 2. ed. Rio de Janeiro: Lumen Juris, 1998.

MATTOS, Sérgio Luis Wetzel de. *Devido processo legal e proteção dos direitos*. Porto Alegre: Livraria do Advogado, 2009.

———. O princípio da adequação do processo na visão de Galeno Lacerda. *Revista de Processo*, Ano 38, n. 226, Porto Alegre, dez. 2013, p. 147/161.

MEDINA, José Miguel Garcia. *Execução*: teoria geral, princípios fundamentais e procedimento no processo civil brasileiro. 5. ed. São Paulo: RT, 2017.

MITIDIERO, Daniel. *Colaboração no processo civil*: pressupostos sociais, lógicos e éticos. 3. ed. São Paulo: Revista dos Tribunais, 2015.

———. *Processo civil e estado constitucional*. Porto Alegre: Livraria do Advogado, 2007.

———. *Elementos para uma teoria contemporânea do processo civil brasileiro*. Porto Alegre: Livraria do Advogado, 2005.

———. (coord). *O processo civil no Estado Constitucional*. Salvador: Juspodivm, 2012.

———; AMARAL, Guilherme Rizzo (coord.). *Processo civil*: estudos em homenagem ao professor doutor Carlos Alberto Alvaro de Oliveira. São Paulo: Atlas, 2012.

———. Direito fundamental ao processo justo. *Revista Magister de Direito Civil e Processual Civil*, n. 45, Porto Alegre, nov.-dez./2011, p. 22-34.

———. A colaboração como modelo e como princípio no processo civil. Originalmente publicado no alemão: Kooperation als Modell und Prinzip im Zivilprozess. ZZPInt, n. 18, 2013, p. 379-391. Disponível em <https://www.academia.edu/10250562/Cooperação_como_ Modelo_e_como_Princ%C3%ADpio _no_Processo_Civil>. Acesso em 28.01.2015.

———. O processualismo e a formação do Código Buzaid. In: JOBIM, Marco Félix; TELLINI, Denise Estrella; JOBIM, Geraldo Cordeiro (Org.). *Tempestividade e efetividade processual*: novos rumos do processo civil brasileiro. Caxias do Sul: Plenum, 2010, p. 109-130.

MORAES, Alexandre. *Constituição do Brasil interpretada e legislação constitucional*. 5. ed. São Paulo: Atlas, 2005.

NASCIMENTO, Carlos Valder do; JUSTEN FILHO, Marçal. *Emenda dos precatórios*: fundamentos de sua inconstitucionalidade. Belo Horizonte: Forum, 2010.

NERY JR., Nelson. *Princípios do processo na Constituição Federal*. 11. ed. São Paulo: RT, 2013.

NICOLITTI, André. *A duração razoável do processo*. 2. ed. São Paulo: RT, 2014.

NOVAIS, Jorge Reis. *Contributo para uma teoria do Estado de direito*: do Estado de direito liberal ao Estado social democrático de direito. Coimbra: Gráfica de Coimbra, 1987.

NUNES, Dierle José Coelho. *Processo jurisdicional democrático*: uma análise crítica das reformas processuais. Curitiba: Juruá, 2009.

———. Uma breve provocação aos processualistas: o processualismo constitucional democrático. In: ZUFELATO, Camilo; YARSHELL, Flávio Luiz (org.). 40 anos da Teoria ———. *Teoria do processo contemporâneo*: por um processualismo constitucional democrático. Disponível em <http://www.fdsm.edu.br/site/posgraduacao/volumeespecial/02. pdf>. Acesso em 10.03.15.

PARIZ, Ângelo Aurélio Gonçalves. *O princípio do devido processo legal*: direito fundamental do cidadão. Coimbra: Almedina, 2009.

PEREZ LUÑO, Antonio-Enrique. *Derechos humanos, Estado de Derecho y Constitución*. 6. ed. Madrid: Tecnos, 1999.

———. *Los Derechos Fundamentales*. 6. ed. Madrid: Tecnos, 1995.

PERLINGEIRO, Ricardo. *Execução contra a Fazenda Pública*. São Paulo: Malheiros, 1999.

———. *Contempt of court e fazenda pública*. Niterói: Editora da UFF, 2015, e-Book.

PIÇARRA, Nuno. *A separação dos poderes como doutrina e princípio constitucional*: um contributo para o estudo das suas origens e evolução. Coimbra: Coimbra, 1989.

PINHO, Humberto Dalla Bernardina de. *Direito processual civil contemporâneo*: processo de conhecimento, procedimentos especiais, processo de execução, processo nos tribunais e disposições finais e transitórias. v. 2. 4. ed. São Paulo: Saraiva, 2017.

PORTANOVA, Rui. *Princípios do processo civil*. 8. ed. Porto Alegre: Livraria do Advogado, 2013.

PORTO, Sérgio Gilberto; PORTO, Guilherme Athayde. *Lições sobre teorias do processo*: civil e constitucional.Porto Alegre: Livraria do Advogado, 2013.

———; USTÁRROZ, Daniel. *Lições de direitos fundamentais no processo civil*. Porto Alegre: Livraria do Advogado, 2009.

———. (org.) *As garantias do cidadão no processo civil*: as relações entre constituição e processo. Porto Alegre: Livraria do Advogado, 2003.

———. Apontamentos sobre duas relevantes inovações no projeto de um novo CPC. *Revista Jurídica*, v. 58, n. 401, Porto Alegre, mar./2011, p. 49-61.

———. *Coisa julgada civil*. 4. ed. São Paulo: Revista dos Tribunais, 2011.

———; CARVALHO, Fabrício de Farias. A intervenção federal pelo descumprimento de decisão judicial consistente no inadimplemento de precatório à luz da jurisprudência do Supremo Tribunal Federal. *Revista Jurídica*, Porto Alegre, n. 443, set/2014, p. 93-110.

RAWLS, John. *Uma teoria da justiça*. 2. ed. São Paulo: Martins Fontes, 2002.

RIBEIRO, Darci Guimarães. *Da tutela jurisdicional às formas de tutela*. Porto Alegre: Livraria do Advogado, 2010.

———. *La pretensión procesal y la tutela judicial efectiva*. Barcelona: Bosch, 2004.

———. A garantia constitucional do postulado da efetividade desde o prisma das sentenças mandamentais. In: MOLINARO, Carlos Alberto; MILHORANZA, Mariângela Guerreiro; PORTO, Sérgio Gilberto. *Constituição, jurisdição e processo*. Sapucaia do Sul: Notadez, 2007, p. 135-160.

ROSAS, Roberto. *Direito processual constitucional*: princípios constitucionais do processo civil. 3 ed. São Paulo: RT, 1999.

SACCO, Rodolfo. *Introdução ao Direito Comparado*. São Paulo: Revista dos Tribunais, 2001.

SANTOS, Boaventura de Sousa; MARQUES, Maria Manuel Leitão; PEDROZO, João. *Os tribunais nas sociedades contemporâneas*. Oficina do CES – Centro de Estudos Sociais. Coimbra, n. 65, nov. 1995. Disponível em: <https://estudogeral.sib.uc.pt/bitstream/10316/ 10965/1/ Os%20Tribunais%20nas%20Sociedades%20Contempor%C3%A2neas.pdf>. Acesso em: 20.01.2015.

SARLET, Ingo Wolfgang. *A eficácia dos direitos fundamentais*. 12. ed. Porto Alegre: Livraria do Advogado, 2015.

———. (Org.) *et al*. *Dimensões da Dignidade*: ensaios de filosofia do direito e direito Constitucional. 2. ed. Porto Alegre: Livraria do Advogado, 2013.

———; LEITE, George Salomão (Coord.). *Jurisdição constitucional, democracia e direitos fundamentais*. Salvador: Juspodivm, 2012.

——; MARINONI, Luiz Guilherme; MITIDIERO, Daniel. *Curso de direito constitucional*. 2. ed. São Paulo: Revista dos Tribunais, 2013.

SARMENTO, Daniel. Neoconstitucionalismo no Brasil: riscos e possibilidades. In: *Por um constitucionalismo inclusivo*. Rio de Janeito: Lumen Juris, 2010.

——. O neoconstitucionalismo no Brasil: riscos e possibilidades. In: *Leituras complementares de Direito Constitucional* – Teoria da Constituição. Marcelo Novelino (org.). Salvador: Juspodivm, 2007.

——. Constitucionalismo: trajetória histórica e dilemas contemporâneos. In: SARLET, Ingo W.; LEITE, George Salomão (Coord.). *Jurisdição constitucional, democracia e direitos fundamentais*. Salvador: Juspodivm, 2012, p. 87-124.

SCALABRIN, Felipe; RAATZ, Igor. O processo civil no estado democrático de direito na superação do modelo de processo do estado liberal. *Revista Direitos Fundamentais e Justiça*. Porto Alegre, n. 14, p. 269-296, jan./mar. 2011.

SHIMURA, Sérgio; WAMBIER, Teresa Arruda Alvim. (coord.). *Processo de execução*. São Paulo: RT, 2001.

SILVA, Augusto César Pereira da. Previsão orçamentária de precatório, sequestro e julgamento da Emenda 62. *Revista Jus Navigandi*, Teresina, ano 18, n. 3601, 11 maio 2013. Disponível em: <http://jus.com.br/artigos/24414>. Acesso em 05.05.2015.

SILVA, Fábio Agustinho da. *O devido processo legal nos países membros do Mercosul*. Porto Alegre: Núria Fabris, 2015.

SILVA, José Afonso da. *Curso de direito constitucional positivo*. 35. ed. São Paulo: Malheiros, 2012.

——. *Aplicabilidade das normas constitucionais*. 2. ed. São Paulo: RT, 1982.

SILVA, Ovídio A. Baptista da. *Jurisdição e execução na tradição romano-canônica*. 3. ed. Rio de Janeiro: Forense, 2007.

——; GOMES, Fábio Luiz. *Teoria geral do processo civil*. 4. ed. São Paulo: RT, 2006.

SILVA, Osmar Vieira da. O contempt of court (desacato à ordem judicial) no Brasil. *Revista Jurídica da UniFil*, ano IV, n. 4, sem data. Disponível em <http://web.unifil.br/docs/juridica/04/Revista%20Juridica_04-7.pdf>. Acesso em 13.05.2015.

SOMMERMAN, Karl-Peter. *A execução por quantia certa contra a Fazenda Pública no direito alemão*. Trad. Luis Greco. Disponível em <http://daleth.cjf.jus.br/revista/seriecadernos/vol23/artigo04.pdf>. Acesso em 01.05.2015.

SOUZA JR., Cezar Saldanha. *A supremacia do direito no estado democrático e seus modelos básicos*. Porto Alegre: Do Autor, 2002.

STARCK, Christian. Dignidade humana como garantia constitucional: o exemplo da Lei Fundamental alemã. In: SARLET, Ingo W. (org.) *et al*. *Dimensões da Dignidade*: ensaios de filosofia do direito e direito Constitucional. 2 ed. Porto Alegre: Livraria do Advogado, 2013.

STRECK, Lenio Luiz. *Verdade e consenso*. 3. ed. Rio de Janeiro: Lumen Juris, 2009.

——; MOTTA, Francisco Borges. *Para entender o novo Código de Processo Civil*: da dignidade da pessoa humana ao devido processo legal. R. Opin. Jur., Fortaleza, ano 14, n. 19, p.112-128, jul./dez. 2016.

TARUFFO, Michele. *La giustizia civile in Italia dal'700 a oggi*. Bologna: Soc. Editrice il Mulino, 1980.

——. *La motivazione della sentenza civile*. Padova: CEDAM, 1975.

——. *Processo civil comparado*: ensaios. Apres. Org. Trad. Daniel Mitidiero. São Paulo: Marcial Pons, 2013.

THEODORO JR., Humberto. *Processo de execução e cumprimento da sentença*. 28. ed. São Paulo: LEUD, 2014.

——; NUNES, Dierle; BAHIA, Alexandre Melo Franco; PEDRON, Flávio Quinaud. *Novo CPC – fundamentos e sistematização*. Rio de Janeiro: Forense, 2015.

——. Princípios gerais do direito processual civil. *Revista de Processo*, n. 23. São Paulo: RT, 1981, p. 173-181.

——. *As Novas Reformas do Código de Processo Civil*. 2. ed. Rio de Janeiro: Forense, 2007.

TORRES, Artur Luis Pereira. *Constitucionalização e humanização do processo*: a dimensão processual da dignidade como decorrência sistêmica da concepção, constitucional e democrática, do direito de agir para o Brasil do século XXI. Tese (Doutorado em Direito) – Faculdade de Direito, PUCRS. 179 f. Porto Alegre, 2014. Texto no prelo gentilmente cedido pelo autor.

——. *Fundamentos de um direito processual civil contemporâneo*, parte I. Porto Alegre: Arana, 2016.

——. *CPC passado a limpo*: parte geral, procedimento comum e cumprimento de sentença, vol. I. Porto Alegre: Livraria do Advogado, 2018.

TUCCI, Rogério Lauria; TUCCI, José Rogério Cruz e. *Constituição de 1988 e processo*: regramentos e garantias constitucionais do processo. São Paulo: Saraiva, 1989.

URIARTE, Oscar Ermida; AVILÉS, Antônio Ojeda (Coords.). *El Derecho Sindical en América Latina*. Madrid: Fundación de Cultura Universitária, 1995.

VIANA, Juvêncio Vasconcelos. *Efetividade do processo em face da Fazenda Pública*. São Paulo: Dialética, 2003.

VIRGÍLIO, Renata Espíndola. *O papel do Poder Judiciário e do processo civil no Estado liberal e social*. Jus Navigandi, Teresina, ano 19, n. 3952, 27 abr. 2014. Disponível em: <http://jus.com.br/artigos/27979>. Acesso em 10.11.2014.

WAMBIER, Luiz Rodrigues. Anotações sobre o princípio do devido processo legal. *Revista de Processo*, n. 63. São Paulo: RT, 1991.

——; TALAMINI, Eduardo. *Curso avançado de processo civil*, vol. 1. 14. ed. São Paulo: Revista dos Tribunais, 2014

——; WAMBIER, Teresa Arruda Alvim; MEDINA, José Miguel Garcia. *Breves comentários à nova sistemática processual civil*. 3. ed. São Paulo: RT, 2005.

WATANABE, Kazuo. *Da cognição no processo civil*. Campinas: Bookseller, 2000.

YARSHELL, Flávio Luiz. *Curso de direito processual civil*, vol. I. São Paulo: Marcial Pons, 2014.

ZANETI JR., Hermes. *A constitucionalização do processo*. 2. ed. São Paulo: Atlas, 2014.

ZAVASCKI, Teori Albino. *Processo de execução* – parte geral. 3. ed. São Paulo: RT, 2004.

——. Inexigibilidade das sentenças inconstitucionais. *Revista da AJUFERGS*. Disponível em: <http://www.esmafe.org.br/web/revista/rev03/02_teori_albino_zavascki.pdf>. Acesso em 20.04.2015.

ZUFELATO, Camilo; YARSHELL, Flávio Luiz (org.). *40 anos da Teoria Geral do Processo*: passado, presente e futuro. São Paulo: Malheiros, 2013.

Impressão e acabamento
Rotermund
Fone (51) 3589 5111
comercial@rotermund.com.br